이 책을 추천합니다!

모든 분쟁 유형을 총망라한 상담 사례!
곁에 있으면 든든하다!

흔히 저작권법이 어렵다고 이야기합니다. 그러나 이 책은 쉽습니다. 딱딱한 법률 용어에 거부감을 느끼는 사람도 이 책이라면 가벼운 마음으로 펼쳐서 쉽게 읽을 수 있습니다. 어려운 내용을 이토록 쉽게 풀어서 전달할 수 있는 건 저자가 오랫동안 연구와 실무를 함께해 온 최고의 저작권법 전문가이기 때문입니다.

〈된다! 저작권 문제 해결〉은 콘텐츠 관련 종사자라면 꼭 알아야 할 저작권법의 핵심 내용과 실제 현장에서 바로 활용할 수 있는 문제 해결 방법을 제시합니다. 저자의 온·오프라인 상담 사례를 정리한 질문 & 답변 108개는 저작권과 관련된 분쟁 유형을 총망라하고 있습니다. 그래서 여러분이 동영상, 글꼴, 음원, 사진 등의 자료를 유튜브나 블로그, 쇼핑몰 등 어느 곳에서 어떤 용도로 활용하든 이 책만 곁에 있다면 든든할 것입니다. 또한 무료로 이용할 수 있는 콘텐츠 제공 사이트를 비롯해 유튜브 저작권 정책, 원격 수업에서 주의해야 할 점까지 꼼꼼하게 다룹니다.

내 저작권을 지키고 싶다면, 남의 저작권을 침해하고 싶지 않다면 이 책을 펼치세요. 어떤 질문을 하더라도 저작권 전문 변호사한테 신뢰할 만한 답변을 바로 들을 수 있는 경험을 할 것입니다.

— 정현순(한국저작권보호원 저작권보호심의위원회 사무처장, 변호사)

저작권을 콘텐츠 비즈니스의 '창과 방패'로 만들고 싶은 분들의 필독서!

〈된다! 저작권 문제 해결〉은 저작권법 교수로서, 또 변호사로서 저작권과 관련하여 누구보다 다양하고 풍부한 사례를 다루어 온 저자의 풍부한 경험과 노하우가 잘 정리되어 있습니다. 이 책은 저작권 관련 핵심을 빨리 파악할 수 있게 해줄 뿐만 아니라 유튜브 저작권 정책, 코로나19로 실시한 원격 수업 등과 관련된 최신 저작권 분야의 이슈도 상세하게 다뤄서 속 시원한 해답을 얻을 수 있습니다. 특히 둘째마당의 Q&A 108개는 구체적인 상황별 질문과 친절한 답변으로 구성해서 유사한 사례에서도 적용할 수 있도록 문제 해결의 열쇠를 제공할 것입니다.

그동안 저작권 현장에서 일하면서 잘못된 지식이나 막연한 두려움 때문에 저작권을 비즈니스 무기로 만들 기회를 놓치는 경우도 많이 보았습니다. 이 책은 저작권을 콘텐츠 비즈니스의 '창과 방패'로 만드는 매뉴얼이 필요한 분께 필독서가 될 것입니다.

— 현영민(한국저작권위원회 등록임치팀장)

- -

저작권 분야의 대가가 알려 주는 구체적인 실무 가이드

전 세계에서 발생한 코로나19 사태로 비대면 비즈니스가 크게 성장하고 있습니다. 그중에서도 유튜브 등 영상 업계의 성장 속도가 놀라울 정도인데, 이 과정에서 콘텐츠 권리에 관한 이해도가 그리 높지 않아 다양한 분쟁이 발생하고 있습니다. 〈된다! 저작권 문제 해결〉에는 저작권법의 대가인 저자의 구체적인 실무 가이드가 담겨 있습니다. 콘텐츠를 제작하거나 이를 활용하는 분이라면 다양한 상담 사례와 국내외 생생한 판례를 소개한 이 책을 통해 사전에 저작권 분쟁 예방을 위해 준비할 것을 강력히 추천해 드립니다. 딱딱하고 어려운 저작권법을 알기 쉽게 설명한 이 책만 있다면 막연한 불안감에서 벗어나 업무에 집중할 수 있을 것입니다.

— 최성호(법무법인 비트 대표 변호사)

유튜브·SNS·콘텐츠

저작권 문제 해결

된다!

오승종 지음

25년간 저작권을 다뤄온
판사 출신 변호사의 실무 답변 **108가지**

이지스퍼블리싱

된다!
유튜브 · SNS · 콘텐츠
저작권 문제 해결

초판 발행 • 2020년 5월 15일
초판 4쇄 • 2022년 7월 1일

지은이 • 오승종
펴낸이 • 이지연
펴낸곳 • 이지스퍼블리싱(주)
출판사 등록번호 • 제313-2010-123호
주소 • 서울시 마포구 잔다리로 109 이지스 빌딩 4층
대표전화 • 02-325-1722 | **팩스** • 02-326-1723
홈페이지 • www.easyspub.co.kr | **페이스북** • www.facebook.com/easyspub
Do it! 스터디룸 카페 • cafe.naver.com/doitstudyroom | **인스타그램** • instagram.com/easyspub_it

기획 및 책임편집 • 최윤미 | **편집진행** • 이희숙, 박명희 | **표지 디자인** • 정우영 | **내지 디자인** • 트인글터
삽화 • 김학수 | **본문 전산편집** • 트인글터 | **교정교열** • 박명희 | **인쇄** • SJ프린팅
마케팅 • 박정현, 한송이, 이나리 | **독자지원** • 오경신
영업 및 교재 문의 • 이주동, 김요한(support@easyspub.co.kr)

ISBN 979-11-6303-161-1 03360
가격 18,000원

유튜버, 디자이너, 마케터, 쇼핑몰 운영자, 학교·학원 선생님 등

유튜브 시대의 친절한 저작권법 교과서

저작권을 모르면 내 지식 자산이 한순간에 사라질 수 있어요!

인터넷이 발달하고 유튜브, 인스타그램을 비롯한 1인 미디어가 대세를 이루는 요즈음, 저작권 문제는 어느 특정한 사람만이 아니라 우리 주변에서 누구나 부딪힐 수 있습니다. 구독자 240만 명을 보유하고 3억 원을 벌었다는 한 유튜버의 영상이 저작권 침해로 삭제되거나 비공개로 전환된 사건, 한 글꼴 제작업체가 교육청과 초·중·고등학교를 상대로 손해배상 소송을 제기한 사건, 선거 홍보에 저작권자 동의 없이 유명 캐릭터를 사용해 하루 만에 관련 게시물을 모두 삭제한 사건 등 저작권 침해 사례가 급증하고 있습니다. 저작권은 관심 없고 콘텐츠를 제작하는 데만 신경 쓰다가 공들여 쌓아 놓은 콘텐츠가 하루아침에 무너져 버린 것입니다.

교통 법규를 모르고 운전할 수 없듯이, 저작권법을 모르면 자기가 어떤 권리를 가지고 있는지 몰라 적절한 보호를 받을 수도 없습니다. 그런데 더 큰 문제는 다른 사람의 권리를 자기도 모르게 침해하는 것입니다. 내용증명과 고소장을 받고 나서야 알게 되는 경우가 많습니다. 또 합의금을 노리고 의도적으로 미끼 콘텐츠를 인터넷에 올려놓고 침해를 유도하는 사례도 많습니다.

이 책은 법에 거부감이 들어 가까이하고 싶어 하지 않는 일반인도 아주 쉽게 이해할 수 있도록 설명한 왕초보 저작권 기본서입니다. 내 저작권을 지키고 남의 저작권을 침해하지 않도록 이 책이 길잡이 역할을 할 것입니다.

비즈니스의 필수 무기, 저작권 지식을 담았어요!

첫째마당은 콘텐츠 종사자라면 반드시 알아야 할 저작권법의 핵심 내용만 간추려서 친절하게 소개합니다. 평소에 법을 접할 기회가 없다 보니 법률 용어가 딱딱하기도 하지만 알 듯 모를 듯 해서 부담스러워하는 분들도 이해하기 쉽도록 풀어서 설명했습니다. 저작권은 기본적으로 어떤 권리이고 어떤 콘텐츠

가 저작권의 보호를 받는지, 또한 콘텐츠를 이용할 때 어느 범위를 넘어서면 저작권 침해의 책임을 져야 하는지는 물론이고, 초상권·디자인보호법·상표법 등 저작권과 밀접하게 관련된 권리와 법도 함께 설명합니다. 03장의 무료 영상·이미지·음원·글꼴(서체·폰트) 사이트까지 알고 나면 막연한 불안감에서 벗어나 어느 정도 마음 편하게 일할 수 있을 것입니다.

둘째마당은 저작권 상담 사례 600여 개 중에서 108개를 추려 Q&A 형식으로 담았습니다. 실제 현장에서 어떤 문제들이 자주 발생하는지, 그리고 어떻게 대처해야 하는지를 생생하게 알려 줍니다. 내 창작물의 저작권을 지키기 위한 질문은 04장에, 다른 사람의 저작권을 침해해서 문제를 해결해야 하는 분들을 위한 질문은 05장에 모았습니다. 꼭 순서대로 읽지 않아도 됩니다. 차례에서 나와 연관 있는 질문을 찾아 먼저 읽어 보세요.

셋째마당은 저작물과 저작자를 더 깊이 알아볼 수 있도록 구성했습니다. 저작물은 저작권법에 기초해서 표현 형식과 작성 방식에 따라 11가지 종류로 구분하고, 저작자의 권리인 저작인격권·저작재산권을 조목조목 더 자세히 배워 봅니다.

최신 저작권법과 원격 수업 관련 자료를 반영했어요!

이 책은 2020년 2월 4일 개정된 저작권법을 기준으로 집필했습니다. 또한 〈스페셜〉 코너에서는 유튜브 저작권 정책, 원격 수업과 저작물 관련 팁도 최신 자료를 반영했습니다. 유튜브 등 1인 미디어 산업과 제4차 산업혁명이 진행되면서 저작권법 분야도 기존의 해석이나 기준이 바뀌기도 하고 새로운 견해도 나오고 있습니다. 그래서 이 책의 해석과 기준은 학계와 실무에서 가장 일반적인 견해를 따르고자 했습니다. 그렇지만 판단하는 사람에 따라 다르게 해석할 수도 있어 국내외 다양한 판례를 함께 소개하여 실제 저작권 문제가 생겼을 때 객관적인 판단 기준으로 삼을 수 있도록 했습니다. 나아가 시대와 사회가 변화함에 따라 이 책의 내용도 계속 수정·반영해 나갈 것입니다.

이 책을 통해 콘텐츠 관련자들이 저작권에 관한 막연한 두려움에서 벗어나 자유롭게 창작 활동과 투자를 하고, 또 앞으로 발생할 수 있는 위험을 예방할 수 있기를 바랍니다.

오승종(osjlaw@naver.com)

이 책은 처음부터 끝까지 순서대로 읽지 않아도 됩니다. 자신에게 필요한 내용부터 찾아보세요.

콘텐츠 관련자라면 꼭 읽어 보세요!

첫째 마당 저작권, 이것만은 꼭 알고 넘어가요

[1, 2장] 저작권법의 기본 용어
저작물·저작자·저작권

함께 알아 두면 좋은 권리와 법
초상권·퍼블리시티권/부정경쟁방지법·상표법·디자인보호법

[3장] 무료 저작물 사이트 소개
영상·이미지·사진·음원·글꼴

유튜브, 웹 사이트, 디자인, 쇼핑몰, 교육 등 분야별로 구분한 상담 사례에요. 골라서 읽으세요!

둘째 마당 저작권 문제, Q&A로 간단히 해결해요

[4장] 내 저작권을 지키기 위한 질문·답변 32개

[5장] 남의 저작권을 침해하지 않기 위한 질문·답변 76개

국내외 생생한 판례와 함께해요!

셋째 마당 알아 두면 더 좋은
유형별 저작물, 저작인격권, 저작재산권

[6장] 유형별 저작물 11가지

[7, 8장] 저작자의 권리
저작인격권·저작재산권

● **이런 내용도 있어요**

★ 유튜브 저작권 정책
★ 내 저작권 침해 해결 방법
★ 원격 수업에서 교사·학생이 주의할 점

★ 학교 교육에서 저작물 이용 방법
★ 표절의 기준과 저작권 침해 여부 판단하기

저작권 문제, Q&A로 간단히 해결해요

유튜브

11

학교 · 원격수업

디자인

13

웹·쇼핑몰

웹·쇼핑몰

셋째
마당

알아 두면 더 좋은
유형별 저작물, 저작인격권, 저작재산권

표현 형식에 따른 분류

작성 방법에 따른 분류

첫째
마당

저작권,
이것만은 꼭 알고
넘어가요

유튜브·인스타그램을 비롯한 1인 미디어가 대세를 이루는 요즈음, 나만의 콘텐츠 비즈니스 모델을 만들려면 저작권을 제대로 배워 법률적 위험을 예방해야 합니다. 첫째마당에서는 꼭 필요한 저작권의 기본 지식을 추려서 쉽게 이해할 수 있도록 소개하겠습니다.

01

저작권,
왜 알아야 하나요?

'정보가 돈이다'라는 말이 있지요. 요즘은 언제 어디서나 쉽게 정보를 접할 수 있습니다. 정보가 돈이 되고 재산이 되는 현대 사회에서 자신의 정보를 어떻게 지켜야 하는지 그리고 다른 사람의 정보를 어떻게 사용할지 알아보겠습니다.

01-1 • 저작권은 콘텐츠 비즈니스의 필수 조건
01-2 • 저작권법, 왜 논란이 많은 건가요?

01-1 저작권은 콘텐츠 비즈니스의 필수 조건

지금 미디어 세계는 사람과 사람, 사람과 기기, 기기와 기기가 초고속 네트워크로 연결되는 초연결 사회입니다. 그것을 가능하게 하는 플랫폼의 중심에 유튜브를 비롯한 페이스북, 인스타그램, 카카오, 트위터, 블로그, 인터넷 카페 등 각종 SNS가 있습니다.

모바일 시대를 살아가는 우리는 누구나 이런 플랫폼에서 미디어의 생산 주체이자 권력자로 탈바꿈할 수 있습니다. 이른바 대중 미디어에서 1인 미디어 시대로 미디어의 권력이 이동하고 있는 것이지요. 이런 상황에서 콘텐츠는 땅이나 건물처럼 큰 가치를 지닌 자산이 되고 있습니다.

콘텐츠 관련 일을 하고 있다면 꼭 알아야 해요

이처럼 중요한 콘텐츠(창작물)를 어떻게 이용해야 하는지, 저작자(창작자, 크리에이터)에게는 어떤 권리가 있는지, 그 권리가 어디까지 미치는지를 확정해 주는 법적·제도적 기반이 바로 저작권법입니다. 새로운 콘텐츠를 만들려면 노력도 해야 하고 비용도 많이 들고 시간도 오래 걸립니다. 그래서 이러한 결과물을 인정하고 저작자의 권리를 보호하기 위해 저작권법이 생긴 것이지요.

이전 사회에서 민법과 상법이 기본법이었다면, 콘텐츠가 중심이 되는 사회에서는 저작권법이 기본법이라 할 수 있습니다. 교통 법규를 모르고 운전할 수 없듯이, 저작권법을 모르고 콘텐츠 사업을 경영하는 것은 매우 위험합니다. 저작권법을 모르면 자기에게 어떤 권리가 있는지 알 수 없을 뿐더러 적절한 보호도 받을 수 없겠지요? 그런데 더 큰 문제는 없는 권리를 있다고 착각해 쓸데없는 분쟁을 일으키거나 다른 사람의 권리를 자신도 모르는 사이에 침해하는 것입니다.

함께 보면 좋은
동영상 강의

1인 미디어 창작자라면 꼭 알아야 해요

다른 사람의 콘텐츠(저작물)를 이용할 때는 기본적으로 저작권자에게 허락을 받아야 하는 것은 잘 알고 있지요? 특히 많은 사람에게 배포하거나 공연, 방송, 전송 등의 방법으로 전달하는 경우에는 꼭 허락을 받아야 합니다.

▶ 정당한 금액을 지불하고 음악 스트리밍 서비스나 책, 영상 등을 이용하는 건 괜찮습니다. 저작권법은 콘텐츠를 이용할 때마다 매번 허락을 받으라는 제도는 아니니까요.

예전에는 주로 출판사나 신문사, 방송사 등에서 저작권법에 관심을 가졌다면, 이제는 스마트폰만 있으면 누구나 콘텐츠를 쉽게 복제·전달할 수 있는 시대가 되면서 저작권 분쟁 요소가 다양해지고 있습니다.

특히 1인 미디어 창작자는 경험이 적고 저작권 교육을 받을 기회가 부족하다 보니 잘못 알았던 저작권 정보 때문에 힘들어 하는 경우가 많습니다. 저작권 침해는 돈을 물어 준다고 해서 끝나는 게 아니라 형사 책임도 질 수 있으니까요. 만약 영리를 목적으로 하거나 상습으로 저작권을 침해했을 때에는 권리자가 고소를 하지 않아도 공소(형사 재판)할 수 있다는 점을 꼭 알아 두세요.

▶ 비영리 목적으로 콘텐츠를 사용하더라도 저작권법 제23조에서 제35조의 5 자유 이용 규정에 해당하지 않는다면 저작권자의 허락을 받아야 합니다. 50~53쪽을 참고하세요.

함께 보면 좋은
동영상 강의

알아두면 좋아요! 저작권은 지식재산권의 한 종류

지식재산권은 문학·미술·음악·음반·발명·디자인 등 인간의 지적 활동으로 만들어진 창작물을 보호하는 권리입니다. 지식재산권은 특성에 따라 산업재산권, 저작권, 신지식재산권으로 나뉩니다. 그러니까 저작권은 지식재산권의 한 종류이지요. 지식재산권에는 어떤 권리가 있는지 한번 훑어보고 넘어가세요.

- **산업재산권:** 실용·경제 산업 분야에서 나온 창작물을 보호하는 권리
- **저작권:** 문학·미술·음악·사진·영화·무용 등 문화 분야의 창작물을 보호하는 권리
- **신지식재산권:** 전통적인 산업재산권이나 저작권 외에 20세기에 들어 새롭게 나타난 경제적 가치를 지닌 지적 창작물을 보호하는 권리

지식재산권

산업재산권 분야	저작권 분야	신지식재산권 분야
• 특허권	• 저작인격권	• 퍼블리시티권
• 실용신안권	• 저작재산권	• 반도체칩 회로 배치 설계권
• 디자인권	• 저작인접권	• 생명공학기술권
• 상표권		• 영업비밀보호권 등

이 책에서는 이 분야를 주로 다룹니다.

01-2 저작권법, 왜 논란이 많은 건가요?

법률 용어는 불명확하게 표현되어 있어요

법은 될 수 있는 한 명확한 용어로 되어 있어야 합니다. 그래야 할 수 있는 일과 해서는 안 될 일을 구분할 수 있으니까요.

그런데 저작권법을 비롯해 콘텐츠와 관련된 법은 중요한 개념인데도 대부분 불명확하게 표현되어 있습니다. 그래서 법적 분쟁이 자주 발생하고 오래가는 경우가 많습니다.

예를 들어 저작물은 창작성이 있어야 하고 저작권 침해는 실질적 유사성이 있어야 합니다. 그런데 '창작성' 은 단어만 봐도 뜻을 알 수 있지만 '실질 적 유사성'이란 뭔지 이해하기 힘들지요?

▶ 실질적 유사성이란 쉽게 말해 매우 비슷하다는 뜻입니다. 442쪽에서 자세히 설명합니다.

창작성이나 실질적 유사성은 저작권법에서 가장 중요한 개념인데, 이는 상황에 따라 사람마다 판단이 다를 수 있어요. 그래서 저작권 문제가 생겼을 때 올바르게 판단하려면 다양한 사례를 검토하여 판단 기준을 세워 두는 것이 좋습니다. 여러분도 02장의 저작권 기초 지식을 쌓아서 둘째마당에서 소개하는 다양한 사례 Q&A를 통해 저작권 침해를 판단하는 기준을 세우세요. 그러면 어떠한 상황에 부딪히더라도 나에게 맞는 문제 해결 방법을 찾을 수 있을 것입니다.

다른 지식재산권법에서 사용하는 용어는 어떤가요?

저작권법뿐 아니라 특허법, 상표법 같은 다른 지식재산권법도 불명확한 개념이 많습니다. 예를 들어 '특허 침해'는 균등 발명이냐 아니냐에 따라 결정되고, 상표 침해는 유사성이 있느냐 없느냐에 따라 결정됩니다. 균등이나 유사성 모두 불명확한 개념이어서 다툼이 일어나기 쉽지요. 상표법은 02-6절을 참고하세요.

- **균등 발명**: 발명 A와 발명 B를 서로 바꾸어도 물건의 전체 기능이나 효과에 차이가 없는 경우를 말해요.
- **유사성**: 상표 A와 상표 B가 비슷해서 소비자가 혼동을 일으킬 우려가 있는 경우를 말해요.

법률 용어는 사전에 나온 뜻과 다를 수 있어요

법은 약속이므로 어떻게 약속을 하느냐에 따라 의미가 달라집니다. 그래서 법률 용어의 정의는 사전의 뜻풀이와 다른 경우가 많아요. 법률 용어를 사전에 나온 의미로 막연히 이해했다가는 큰 낭패를 볼 수 있지요. '공연'을 예로 들어 사전의 뜻풀이와 저작권법에서 정의한 의미를 비교해 봅시다.

표준국어대사전	저작권법 제2조(정의)
공연(公演) 음악, 무용, 연극 따위를 많은 사람 앞에서 보이는 일	3. "공연"은 저작물 또는 실연·음반·방송을 상연·연주·가창·구연·낭독·상영·재생 그 밖의 방법으로 공중에게 공개하는 것을 말하며, 동일인의 점유에 속하는 연결된 장소 안에서 이루어지는 송신(전송을 제외한다)을 포함한다.

법률적 의미에서 동일인의 점유란 무엇 ▶ 동일인의 점유란 어떤 장소나 물건
을 실제로 관리하는 사람이 같은 것을
이고 동일인의 점유에 속하는 연결된 장 말해요.

소란 뭘까요? 왜 이렇게 표현해야 할까요? 이처럼 법률적 의미는 한

자어를 사용해서 말 자체도 어려울 뿐 아니라 무슨 뜻인지 쉽게 와 닿

지도 않습니다.

또한 저작재산권의 내용인 복제권·공 ▶ **저작재산권**이란 문학, 예술, 학술에
속하는 창작물로 발생하는 모든 재산
연권·공중송신권·전시권·배포권·대여 권을 보호해 주는 권리예요.

권·2차적저작물작성권 등의 개념도 전시권을 제외하고는 모두 별도

의 정의 규정을 두고 있다는 것도 알아 두세요. 이런 개념은 매우 중요

하지만 사전에 나온 의미와 달라서 혼동할 수 있습니다. 따라서 만약

이런 개념에 속하는 행위를 할 때에는 반드시 정의 규정을 확인해 봐

야 하므로 확실히 알아 두는 게 좋겠죠? 처음에는 어렵게 느껴지겠지

만 차차 익숙해질 테니 조금만 인내하고 따라오세요.

이제 본격적으로 저작권법을 배워 봅시다.

함께 보면 좋은
동영상 강의

02

저작권법,
기본 용어만 알면 쉬워요

법률 용어는 한자어로 이루어져 있고 내용도 딱딱해서 누구나 부담스러워 합니다. 또한 사례나 판례를 보면 정답이 없는 경우도 있어 더욱 난감해집니다. 하지만 나의 창작물을 지키고 다른 사람의 권리를 침해하지 않으려면 저작권법을 알아야 합니다.

02장에서는 저작권법에 등장하는 중요 개념과 정의 내용을 이해하기 쉽게 설명했습니다. 가장 기본적이면서 자주 나오는 법률 용어이니 어렵더라도 익숙해질 수 있도록 개념을 확실히 이해하기 바랍니다.

02-1 저작물 — 어떤 콘텐츠가 저작권 보호를 받나요?

저작물이란 특별히 저작권의 보호를 받는 콘텐츠를 말합니다. 그러면 어떠한 저작물이 저작권의 보호를 받을 수 있는지 알아봅시다. 저작권법 제2조 제1호에서는 저작권의 대상(객체)인 저작물을 "인간의 사상 또는 감정을 표현한 창작물"로 정의합니다. 이 정의에서 **저작물이 갖춰야 할 요건 3가지**를 찾을 수 있어요.

> **저작물이 갖춰야 할 3가지 요건**
> 1. 저작물은 인간의 사상이나 감정이어야 해요.
>   따라서 인공 지능(AI)이 만들어 낸 음악은 저작물에 포함되지 않겠지요.
> 2. 저작물은 표현돼야 해요.
>   머릿속에서는 완성되었다고 하더라도 아직 표현하지 않았다면 저작물이 아닙니다.
> 3. 저작물은 창작물이어야 해요.
>   남의 것을 베낀 것은 저작물이라고 할 수 없지요.

이와 같이 콘텐츠가 저작물이 되려면 창작성(originality)이라는 요건을 갖춰야 해요. 즉, 저작물을 판단하는 기준은 작품의 작성 과정이 독자적이었는가와 누가 하더라도 같거나 비슷하지 않은 최소한의 개성을 갖췄는가입니다. 저작물이 갖춰야 할 3가지 요건 중에서 창작성에 관해 좀 더 자세히 알아보겠습니다.

창작성의 의미

① 독자적으로 작성했는가?

독자적 작성은 쉽게 말해서 다른 작품을 베끼지 않았다(not copied)는 것을 뜻합니다. 베끼지 않았다는 것은 새롭다는 것과 비슷해 보이지만 완전히 다릅니다. 신규성이 새로운 것에 초점이 맞춰져 있

▶ 창작성은 작품의 가치(예술적·산업적·문화적 가치)를 따지지 않아요. 예술적 가치가 의심되는 개성 없는 상품이 상업적으로 크게 성공한 경우를 예로 들 수 있어요. 반대로 경제적 가치가 없고 상업적으로 전혀 인기를 끌지 못했어도 창작성이 인정되는 경우는 더 많습니다.

다면, 창작성은 독자적인 것, 즉 모방하지 않은 것에 초점이 맞춰져 있습니다.

발명과 비교해서 설명해 볼까요? 발명품이 특허를 받으려면 신규성이 필요해요. 남의 것을 베끼지 않고 독자적으로 열심히 연구해서 발명했다고 하더라도 같은 발명이 이미 존재한다면, 즉 신규성이 없다면 특허를 받을 수 없어요.

그러나 저작물은 기존에 있던 작품과 비슷하더라도 베끼지 않고 독자적으로 창작한 것이라면 저작권의 보호를 받을 수 있어요. 신규성은 새로운 것, 이전에 없던 것이어야 하지만 독자적 작성, 곧 창작성은 새

로운 것이어야 할 필요는 없어요.

그래서 저작물 중에는 이미 있는 기존 작품과 똑같은 것들이 적지 않습니다. 특히 음악 분야에서 그런 경우를 자주 볼 수 있어요. 음악의 핵심은 멜로디(가락)인데, 예전부터 있던 어떤 음악의 멜로디와 비슷한 경우를 심심치 않게 볼 수 있어요. 그러나 베낀 것이 아니라면 저작물로 인정받을 수 있어요.

② 최소한의 개성이 있는가?

최소한의 개성이란 일반적 또는 통상적이 아니라는 것으로 이해하면 쉽습니다. 예를 들어 동그라미를 그려 보라고 하면 굳이 남이 그려 놓은 동그라미를 베끼지 않아도 누구나 같거나 비슷한 모양으로 그릴 거예요. 이처럼 누가 하더라도 같거나 비슷하게 표현되는 콘텐츠는 최소한의 개성이 없다고 해요. 최소한의 개성이 없는 콘텐츠는 창작성이 없어서 저작물이 될 수 없고, 따라서 저작권의 보호를 받지 못합니다. 누가 그런 작품으로 저작권을 주장하겠는가 싶지만 현실은 그렇지 않아요. 더구나 흥미로운 것은 이른바 대박 상품 중에 그런 경우가 생각보다 많다는 사실이에요. 카카오톡 이모티콘 중에 스마일 이미지나 윈도우 바탕화면의 휴지통 같은 아이콘은 누가 그려도 비슷하겠지만 이런 이미지들은 경제적 가치가 매우 높습니다.

함께 보면 좋은
동영상 강의

아이디어도 저작권 보호를 받나요

콘텐츠가 저작물로 인정받아 저작권의 보호를 받는다고 하더라도 모든 부분이 해당하는 것은 아닙니다. 하나의 저작물 속에도 저작권 보호를 받을 수 있는 부분과 그렇지 못한 부분이 섞여 있어요. 따라서 저작권 침해냐 아니냐를 판단하려면 두 저작물을 비교해 보면서 저작권 보호를 받을 수 있는 부분과 그렇지 못하는 부분을 구분해야 해요. 이때 사용하는 방법이 **아이디어·표현 이분법**입니다.

앞에서 저작물은 '인간의 사상이나 감정을 표현한 창작물'이라고 했지요? 이때 사상이나 감정을 통틀어 **아이디어**라고 해요. 그리고 아이디어를 언어, 소리, 형상, 영상 등으로 나타낸 것이 **표현**이에요. 이처럼 저작물은 아이디어와 표현으로 구성됩니다.

아이디어 중에는 창작성이 있는 작가만의 독창적인 것(A)도 있고, 다른 사람의 아이디어를 가져온 경우(B)도 있어요. 또 표현도 작가가 스스로 창작한 표현(C)이 있고, 다른 사람의 표현을 모방한 경우(D)도 있어요. 아이디어는 창작성이 있든(A) 없든(B) 보호를 받지 못합니다. 그러므로 저작권 보호를 받는 부분은 창작성이 있는 표현(C)뿐입니다. 다음 그림에서 C 부분만 저작권의 보호를 받습니다.

아이디어·표현과 창작성의 관계

구분	창작성 있음	창작성 없음
아이디어	A	B
표현	C	D

저작권 보호를 받을 수 있어요.

챗GPT와 같은 생성형 인공지능이 만들어낸 결과물은 저작권 보호를 받을 수 없습니다

최근 챗GPT와 같은 생성형 인공지능이 만들어낸 결과물이 저작권으로 보호받을 수 있는지와 관련하여 뜨거운 논쟁이 벌어지고 있습니다. 특히 디자인이나 캐릭터 등 미술 저작물 분야, 광고 음악이나 배경음악, 음원 소스 등과 같은 음악 저작물, 더 나아가서는 웹 소설 같은 어문 저작물 분야에서 생성형 인공지능이 만들어내는 결과물의 수준이 비약적으로 발전하고 있습니다. 이에 따라 기존 창작자들의 창작 영역이나 일자리가 사라지지 않을까 우려하는 견해도 많습니다. 이 문제와 관련하여 현재까지는 순수하게 인공지능만 사용해 만든 결과물은 저작권 보호를 부정하는 것이 다수의 견해입니다. 생성형 인공지능으로 만든 결과물에 창작성이 있더라도, 즉 기존의 작품을 베끼지 않았고 누가 하더라도 같거나 비슷하지 않을 정도의 최소한의 개성을 갖춘 표현이 들어 있더라도 그 표현을 만들어 낸 것이 오로지 인공지능이라면, 인간이 아닌 인공지능은 권리능력*이 없으므로 저작권의 보호를 받을 수 없습니다.

'인간이 인공지능에게 키워드 등을 입력하는 조작 행위를 했다'고 주장할 수 있는 데요. 키워드 입력 정도만으로는 창작적 기여를 한 것으로 볼 수 없어서, 그 인간 역시 저작권을 받을 수 없습니다. 결국 결과물을 만들어 낸 인공지능과, 키워드 입력한 인간 모두 저작권을 가질 수 없습니다.

미국 저작권청이 공표하여 시행한 2023. 3. 16.자 지침 역시 비슷한 입장입니다. 지침에는 저작권 등록을 신청하는 신청자로 하여금 등록출원 작품에 인공지능 생성 콘텐츠가 포함되어 있는지, 인간 저작자가 기여한 부분은 어떤 부분인지 밝히도록 규정하고 있습니다. 그래서 등록출원 작품 중 인간이 창작적으로 기여한 부분과 인공지능이 생성한 부분을 구분한 후, 인간이 창작적으로 기여한 부분이 있으면 그 부분에 한하여 저작권을 인정하고, 인공지능이 창작한 부분은 저작권 보호를 부여하지 않겠다는 것입니다. 우리나라에서도 저작권법이 개정되지 않는 이상 결국 이와 같은 방향으로 정리되지 않을까 생각합니다.

* '권리능력'이란 사회에서 권리와 의무의 주체가 될 수 있는 법적 자격을 말합니다.

저작물 살펴보기 — 사진, 영상, 2차적 저작물

저작권법에서는 저작물을 표현 형식에 따라 9가지 유형으로 나누고 있어요. 이 외에 9가지 유형의 원저작물을 번역하거나 편곡·각색 등의 방법으로 새롭게 창작한 **2차적 저작물**과 다양한 소재를 모아서 배열하거나 구성한 **편집 저작물**이 있습니다(제4조, 제5조, 제6조).

콘텐츠는 어느 유형에 속하느냐에 따라 여러 가지 다양한 쟁점을 불러일으킵니다. 여기에서는 사람들이 가장 궁금해 하고 관심이 많은 사진, 영상, 2차적 저작물만 소개하겠습니다.

저작권법에서 예시한 저작물의 유형 11가지

표현 형식에 따른 분류
- 어문 저작물
- 음악 저작물
- 연극 저작물
- 미술 저작물
- 건축 저작물
- 사진 저작물★
- 영상 저작물★
- 도형 저작물
- 컴퓨터 프로그램 저작물

→

작성 방법에 따른 분류
- 2차적 저작물★
- 편집 저작물

★ 표시를 제외한 나머지 8가지 저작물은 셋째마당 06장에서 자세히 설명합니다.

함께 보면 좋은
동영상 강의

① 사진 저작물

사진 저작물은 어떤 대상을 사진기로 찍어 필름 등에 나타내어 만드는 창작물입니다. 사진 저작물은 이미 존재하는 피사체를 기계적·화학적 방법을 이용하여 재현해 낸다는 점에서 미술 저작물이나 건축 저작물 등 다른 시각적 저작물과 구별되는 특성이 있습니다.

그런데 사진처럼 재현한 작품에 과연 창작성이 있다고 볼 수 있는지 오랫동안 다툼이 있어 왔습니다. 재현은 창작이라기보다는 단순한 복제로 보았기 때문입니다. 증명사진, 여권 사진, 제품 사진처럼 피사체를 기계적으로 충실하게 재현해 내는 데 그친 사진은 창작성이 없으므로 저작물로 볼 수 없습니다.

▶ 사진 저작물에는 사진과 유사한 방법으로 제작된 것도 포함됩니다. 예를 들어 그라비어(gravure, 사진 요판) 인쇄, 사진 염색을 비롯하여 디지털 사진, 청사진 등이 있습니다.

온라인 쇼핑몰의 제품 사진이나 포토샵 등 이미지 처리를 한 사진

단순해 보이는 제품 사진이어도 실제로는 포토샵 등 이미지 처리를 해 온라인에 올라와 있는 경우가 많습니다. 특히 온라인 쇼핑몰의 제품 사진처럼 배경이 연출되었거나 후보정 작업을 한 경우 창작성이 있다고 볼 수 있으니 주의하세요. 시계나 귀금속 등을 소개하는 책자(카탈로그)의 사진도 마찬가지입니다. 이런 사진은 고도로 숙련된 사진작가가 촬영한 것이어서 저작권의 보호를 받을 수 있다는 점을 염두에 두고 저작권자에게 허락을 받고 사용하는 것이 안전합니다.

> **알아두면 좋아요!** **제조회사 홈페이지의 사진도 함부로 가져다 쓰지 마세요!**
>
> 가끔 온라인 쇼핑몰 운영자가 제품 사진을 일일이 촬영해서 올리는 것이 귀찮아 제조회사 홈페이지에서 퍼다가 사용하는 경우가 있는데, 저작권 침해의 책임을 질 수 있으므로 조심해야 합니다.

연예인 화보 사진

사진 저작물이 성립하려면 피사체 선택, 구도 설정, 빛의 방향과 양의 조절, 카메라 앵글의 설정, 셔터 찬스의 포착 등에서 개성과 창조성이 있어야 합니다. 그런 점에서 연예인 화보 사진은 사진 저작물로 볼 수 있습니다.

다른 사람의 물건이나 반려동물을 촬영한 사진

물건(또는 동물)의 소유자는 그것을 사용, 수익할 수 있는 권리를 독점합니다(민법 제211조). 수익이란 이익을 얻는 것을 말해요. 다른 사람이 자신의 물건이나 동물을 촬영하여 영리 목적으로 이용하는 것을 금지할 수 있다는 뜻입니다. 따라서 소유자의 허락을 얻어 촬영하는 것이 원칙입니다.

▶ 다만 저작권법 제28조(공표된 저작물의 인용) 또는 제35조의5(저작물의 공정한 이용)의 규정에 따라 허락 없이 이용할 수 있는 경우도 있습니다.

 알아두면 좋아요! **다른 사람의 강아지를 찍은 사진도 허락받고 사용해야 해요!**

산책하다 예쁜 강아지가 있어 사진을 찍었는데 SNS 계정에 올려도 될까요? 경주마가 질주하는 모습이 멋있어서 사진을 찍었는데 웹 사이트에 올려도 될까요? 동호인을 대상으로 유튜브 채널을 개설했는데, 길에 주차해 있는 스포츠카 사진을 찍어서 올려도 될까요?

모두 안 됩니다. 유튜브, SNS가 활발해지면서 사진이나 동영상 저작권 문제로 분쟁이 많이 일어나고 있습니다. 물건이나 동물은 소유주가 있으므로 촬영하려면 먼저 소유주의 허락을 받아야 해요. 소유자는 물건이나 동물을 사용하고 이익을 얻을 수 있는 권리를 독점하기 때문입니다.

알아두면 좋아요! 초상화 사진은 화가, 사진사, 모델에게 허락받고 사용해야 해요!

동네 사진관에서 인물 사진을 찍었는데 사진 속 인물이 나중에 유명한 탤런트가 되었다면, 사진사는 이 사진을 출력하여 광고에 이용해도 될까요?

안 됩니다. 유명한 탤런트냐 아니냐가 중요한 게 아닙니다. 촬영 대상, 즉 모델에게는 저작권은 없지만 초상권과 퍼블리시티권이 있으므로 모델을 촬영한 사진을 사진사가 허락받지 않고 사용하면 초상권이나 퍼블리시티권 침해로 소송에 휘말릴 수 있습니다. 저작권법에서는 이러한 경우를 대비해서 "위탁에 의한 초상화 또는 이와 유사한 사진 저작물의 경우에는 위탁자의 동의가 없는 때에는 이를 이용할 수 없다"는 특별 규정을 두었습니다(제35조 제4항).

그러므로 초상화의 저작권은 화가에게, 사진의 저작권은 사진사에게 있습니다. 그러나 화가나 사진사에게 허락을 받았다고 해서 마음대로 사용하면 안 됩니다. 초상화에 나오는 모델(위탁자)의 허락도 함께 받아야 합니다.

② 영상 저작물

영상 저작물은 연속적인 영상을 기계 또는 전자 장치로 재생하여 보거나 들을 수 있는 창작물입니다(저작권법 제 2조 제13호). 영상 저작물도 다른 저작물과 마찬가지로 창작성을 갖추어야 합니다. 따라서 CCTV나 블랙박스처럼 창작성 없이 단순하게 촬영한 영상은 영상 저작물이라고 할 수 없겠죠. 길거리에 비디오카메라를 설치하여 아무런 조작도 하지 않은 채 지나가는 사람들을 자동으로 촬영했다면 단순한 녹화물에 지나지 않습니다.

영상 저작물이 되려면 카메라 앵글과 구도의 선택, 몽타주 또는 커트 등의 기법, 필름 편집 등 지적이고 창조적인 활동이 있어야 합니다. 또한 소재의 선택과 배열, 제작 과정에서 제작자의 개성이 가미되었다면 창작성을 인정받을 수 있습니다.

영상 저작자와 영상 제작자의 구별

'영상 저작물에 관한 특례' 규정(저작권법 제5장 제99조, 제100조, 제101조)을 이해하려면 영상 저작자와 영상 제작자를 구별할 수 있어야 합니다.

구분	설명	필요 요소	예
영상 저작자	영상 저작물의 창작을 직접 담당하는 사람	창작	프로듀서, 감독(총감독, 촬영 감독, 조명 감독, 의상 감독, 무대 감독) 등
영상 제작자	영상물 전체를 기획하고 투자를 하거나 영상물 창작에 물질적으로 기여한 사람	기획, 책임, 제작	기획·투자가, 제작자

저작권법은 저작자를 보호하는 법이지만 저작자가 아닌 사람도 보호해 줍니다. 바로 제작자입니다. 저작권법은 영상 저작물, 음반, 데이터베이스의 제작자에게도 일정한 권리를 주어 보호합니다. 투자한 사람을 보호해 주어야 안심하고 제작할 수 있기 때문이죠.

영상물의 대본이나 시나리오 작가, 영상물에 사용한 배경 음악이나 주제가 등의 작사가·작곡가도 영상물 속에 창작한 부분이 들어 있는 만큼 일정한 저작권을 갖습니다. 이 밖에 영화나 연극 등에 출연한 배우도 실연자라고 하여 저작인접권으로 보호해 주고 있어요. 영상 장면은 실연자인 배우의 허락 없이 영화 이외의 광고 등 상업적 목적으로 사용할 수 없으며 배우는 초상권, 퍼블리시티권도 행사할 수 있어요.

▶ 저작인접권과 실연자는 첫째마당 02-4절에서, 초상권과 퍼블리시티권은 02-5절에서 자세히 다룹니다.

③ 2차적 저작물

2차적 저작물은 원저작물을 번역, 편곡, 변형, 각색, 영상 제작과 같은 방법으로 만든 창작물을 말해요. 영어 소설을 우리말로 번역한다든가, 클래식 곡을

한 저작물 안에 있는 요소 2개 중 하나만 복사해서 사용하는 경우

만약 요소가 2개 들어 있는 일러스트에서 그중 하나만 그대로 복사해서 사용했다면 수정·변형·개작이 아니므로 2차적 저작물, 즉 새로운 저작물이라고 보기 어렵습니다. 단순히 원저작물을 일부 복제한 것으로 보는 것이 맞습니다.

1차적 저작물이냐 2차적 저작물이냐 하는 것은 저작물 안에 들어 있는 요소의 개수에 따라 달라지는 게 아닙니다. 1차적 저작물은 원저작물 자체를 말하고, 2차적 저작물은 원저작물을 수정·변형·변경·개작하는 등 원저작물을 바탕으로 만든 새로운 저작물을 말해요.

재즈로 편곡하거나, 2차원 그림을 3차원 인형으로 변형하거나, 성인용 소설을 어린이용 만화로 각색하거나, 소설을 영화로 만들면 모두 2차적 저작물이 됩니다.

2차적 저작물은 원저작물의 내면적 형식을 유지한 채 번역, 편곡, 변형, 각색, 영상화(영상 제작) 등의 방법으로 외면적 형식을 다르게 표현한 거예요. 예를 들어 소설이 원저작물이고 영화가 2차적 저작물이되려면 두 작품이 내면적 형식인 스토리는 그대로 유지하면서 외면적 형식이 소설에서 영화로 바뀌어야 하죠. 따라서 2차적 저작물이 되려면 다음 3가지 요건이 필요해요.

2차적 저작물이 되는 3가지 요건

1. 원저작물을 기초한 것이어야 해요.
2. 원저작물에는 없는 새로운 창작성을 부가하는 실질적 변형이 있어야 해요.
3. 원저작물과 실질적 유사성이 유지되어야 해요.

▶ 실질적 유사성은 첫째마당 01-2절에서 잠깐 설명했어요. 자세한 내용은 〈스페셜 05〉 '표절의 기준과 저작권 침해 여부 판단하기'의 442쪽을 참고하세요.

복제·표절·모방의 구별

원저작물을 번역, 편곡, 변형, 각색, 영상 제작과 같은 방법으로 만들다 보면 복제나 표절에 휘말리는 경우도 있습니다. 복제·표절·모방은 어떻게 다른지 알아봅시다.

구분	복제	표절	모방
설명	허락도 받지 않고 원저작물과 똑같이 만드는 것을 말해요. ⑨ 책 복사하기	원저작물을 몰래 본떠서 마치 자기 저작물인 것처럼 공표하는 것을 말해요.	원저작물을 본떠서 자기 나름대로 재창조하는 것을 말해요.
침해	복제권을 침해한 거예요.	2차적저작물작성권을 침해한 거예요.	2차적저작물작성권을 침해할 수 있어요.
판단	쉽게 판단할 수 있어요.	쉽게 판단하기 어려워요.	실제로 비슷한지 판단하기가 까다로워요.

▶ 438쪽 〈스페셜 05〉 '표절의 기준과 저작권 침해 여부 판단하기'를 참고하세요.

불법 복제물 신고 사이트

문화체육관광부 산하 한국저작권보호원이 운영하는 COPY112 사이트에서 저작물 보호 요청을 하거나 불법 복제물을 신고할 수 있습니다.

한국저작권보호원 불법 복제물 신고 COPY112(https://www.copy112.or.kr/)

02-2 저작자 — 누가 저작자일까요?

저작권법에서는 저작권의 주체인 저작자를 저작물을 창작한 자로 정의하고 있습니다. 그러면 저작물을 창작할 때 비용과 재료, 노력을 투자한 사람도 저작자가 될까요?

저작자가 되는 조건

저작물은 정신 활동의 산출물이고, 저작자는 저작물을 창작한 사람입니다. 저작물을 창작한다는 것은 작품에 자신

▶ 창작자는 아니지만 배우나 가수처럼 저작물을 해석하거나 확산시키는 데 도움을 주어 문화 발전에 기여하는 사람에게는 저작인접권이 있어요. 저작인접권자는 02-4절에서 설명합니다.

의 사상이나 감정을 창작성 있는 표현으로 나타내는 것을 말해요. 그래서 단순히 기계처럼 작업한 사람이나 비용·재료·노력 등 물질로 기여한 사람은 저작자가 될 수 없습니다. 자신의 사상이나 감정을 창작성 있는 표현으로 작품에 나타낸 사람, 즉 창작으로 기여한 사람이 저작자가 됩니다.

함께 보면 좋은
동영상 강의

이런 사람은 저작자가 될 수 없어요!

사상이나 감정은 혼자만의 것이 아닙니다. 나보다 앞선 사람들의 문화유산을 받아들이고 그것이 쌓여서 형성되었기 때문이죠. 또 창작성 있는 표현도 그것이 정말 혼자 독창적으로 생각해서 나온 표현이 아닐 수도 있습니다. 어떤 콘텐츠를 제작하는 데 동기 부여를 해주거나 오류를 수정해 주는 등 창작 활동에 도움을 준 사람도 있기 때문이죠. 이런 사람도 저작자가 될 수 있는지 판단하는 일은 쉽지 않습니다.
다음과 같은 경우 저작자로 볼 수 없어요.

저작자가 아닌 경우

- 창작의 모티프나 동기만 제공한 사람
- 저작자의 지휘 감독 아래 단순 작업에 종사한 조수
  - 소설가가 구술하는 내용을 필기하여 원고를 작성한 사람
  - 영상 콘텐츠를 제작할 때 장비를 준비하여 설치한 사람
  - 진행자가 작성한 스크립트를 PPT 파일로 만든 사람
  - 교수가 논문을 작성할 때 자료 정리를 도와준 조교 등
- 창작을 의뢰한 자
- 감수자, 교정자 등

▶ 공동 저작자라는 용어도 있어요. 공동 저작자가 되는 경우는 43쪽 〈알아두면 좋아요!〉를 참고하세요.

콘텐츠를 공동으로 제작한 경우

두 사람 이상이 함께 콘텐츠를 제작했다면 저작물은 누구의 것이 될까요? 그 기준은 각자 이바지한 부분을 분리할 수 있는가에 달려 있어요. 저작권법에서는 각자 이바지한 부분을 분리하여 이용할 수 있는 경우를 **결합 저작물**, 분리하여 이용할 수 없는 경우를 **공동 저작물**로 규정합니다.

① 결합 저작물 — 권리를 분리할 수 있어요

예를 들어 A, B 두 사람이 문제집 1번부터 20번까지 설명하는 동영상 강의를 만들어서 유튜브에 올렸습니다. 이때 A는 1번에서 10번까지, B는 11번에서 20번까지 설명했다면 이 동영상을 두 개로 분리 편집해서 각자 10문제씩 나누어 올릴 수도 있어요. 이런 동영상을 **결합 저작물**이라고 합니다.

▶ 결합 저작물과 공동 저작물을 구분하는 이유는 저작물 제작에 참여한 사람들이 갖게 되는 권리가 달라지기 때문이에요.

결합 저작물은 단독 저작물이 모여 있는 것과 같아서 각자 저작권을 행사할 수 있어요. 따라서 저작자는 권리를 언제든 분리할 수 있고 참여한 부분에 한해서 행사할 수도 있어요.

② 공동 저작물 — 계약서는 필수!

이와 달리 A가 문제를 만들어 강의를 하고 B가 촬영했다면, 이 동영상 강의에서 각자 이바지한 부분을 분리해서 이용하는 것은 불가능하죠. 이런 동영상을 **공동 저작물**이라고 해요.

저작권법

제2조(정의)

21. "공동저작물"은 2인 이상이 공동으로 창작한 저작물로서 각자의 이바지한 부분을 분리하여 이용할 수 없는 것을 말한다.

공동 저작물은 권리를 행사할 때 제작에 참여한 전원 합의가 필요해요. 따라서 콘텐츠를 공동으로 제작할 경우에는 권리 행사 방법이나 정산 방법 등을 미리 계약서 같은 서면으로 서로 합의해 두는 것이 안전합니다.

지금까지 설명한 결합 저작물과 공동 저작물을 정리하면 다음과 같습니다.

결합 저작물과 공동 저작물의 구별

구분	결합 저작물	공동 저작물
이용 허락 및 양도	• A가 작성한 부분을 이용하려면 A의 허락만 얻으면 됨 • A는 자기가 작성한 부분을 B의 동의를 얻지 않고 제3자에게 자유롭게 양도 또는 이용을 허락해 줄 수 있음	• A와 B의 허락을 모두 얻어야 함 • A는 자기 분담이라고 생각되는 부분을 분리하여 양도할 수 없음
저작자 사후 관련★	A가 작성한 부분은 누구라도 자유롭게 이용할 수 있지만, B가 작성한 부분은 B 유족의 허락을 받지 않으면 이용할 수 없음	B의 유족이 허락하지 않으면 저작물 전체는 물론이고 A의 분담 부분만 이용하는 것도 불가능함

★ 표시는 A가 사망한 후 70년이 경과했지만 B는 아직 70년이 경과하지 않은 경우를 말합니다.

 공동 저작자가 되는 경우

공동 저작자는 공동 저작물에만 해당하는 개념입니다. 다음과 같은 경우 실제 창작자가 아니어도 공동 저작자가 될 수 있습니다.

• 감수자나 교정자가 상당 부분 보정 가필을 하거나 내용 편집을 한 경우에는 창작 행위가 있었다고 보고 공동 저작자 또는 편집 저작자로 인정받아요.
• 촬영한 영상의 오류를 수정하거나 편집할 부분을 주도권을 가지고 한 경우에는 공동 저작자로 인정할 수 있어요.

창작자가 아닌 사람을 저작자로 합의한 경우

실제로는 C가 창작했는데 C와 D 사이에 합의하여 D를 저작자로 하기로 약속한 경우를 알아보겠습니다. 다음은 이러한 합의를 하는 다양한 이유입니다. 과연 저작자는 누가 될까요?

① 사실은 C가 창작했지만 대외적으로 D를 저작자로 해두어야 앞으로 콘텐츠를 이용한 사업이나 투자금을 회수하는 데 편리해서 C와 D가 합의한 경우

② D가 창작해야 하는데 스스로 창작할 능력이나 시간이 없어서 C에게 창작하게 하면서 대외적으로는 D를 저작자로 표시하기로 C와 합의한 경우

③ C, D, E, F, G 등 여러 사람이 창작했는데 분쟁을 예방하기 위해 그중 D 한 사람만 저작자로 하고 나머지는 저작자의 지위를 포기하기로 합의한 경우

3가지 경우 모두 합의한 내용과 상관없이 실제 창작 활동을 한 사람이 저작자가 됩니다. 즉, ①과 ②에서는 C가, ③에서는 C, D, E, F, G 모두 저작자입니다.

▶ ②의 경우를 대작(代作)이라고 해요. 유명 연예인이나 정치인, 기업가 등이 다른 사람에게 자서전을 집필하게 하는 경우가 여기에 해당합니다.

그럼 이러한 합의는 아무런 효력이 없는 걸까요? 그렇지는 않습니다. 이런 합의를 했다고 해서 저작자의 지위가 바뀌는 것은 아니지만, 저작재산권을 D에게 양도하는 합의를 한 것으로 해석할 수 있어요.

왜냐하면 저작자의 지위를 누가 갖느냐의 문제와 저작권을 누가 갖느냐의 문제는 다르기 때문입니다. 저작권은 저작인격권과 저작재산권으로 나뉘는데, 그중에서 저작인격권은 저작자라는 지위와 분리할 수 없는 권리이므로 양도되지 않습니다. 따라서 앞에서 살펴본 합의는

▶ 저작재산권과 저작인격권은 첫째마당 02-3절과 셋째마당 07장, 08장을 참고하세요.

저작자의 지위나 저작인격권을 양도하는 합의로는 효력이 없지만, 저작재산권을 D에게 양도하는 합의로는 효력이 있습니다.

서로 저작자라고 다투는 경우

저작물을 놓고 서로 저작자라고 다투는 경우 저작권법 제8조(저작자 등의 추정)는 다음과 같이 이름이 표시된 사람을 저작자로 먼저 추정하는 규정을 두고 있어요.

- **제1항**: 저작물의 원본이나 그 복제물에 저작자로서 실명(實名) 또는 널리 알려진 이명(異名)을 일반적인 방법으로 표시한 자 ▶ 이명이란 예명·아호·약칭 등을 말해요.
- **제2항**: 저작물을 공연 또는 공중송신하는 경우에 저작자로서 실명 또는 널리 알려진 이명으로 표시된 자

직원이 창작한 경우

콘텐츠의 제작 기법이 발달하고 규모도 커지면서 하나의 콘텐츠를 여러 사람이 공동으로 작업하거나 회사 같은 조직체에서 직원들(종업원)이 함께 일하는 경우가 많아지고 있습니다. 이렇게 여럿이 함께 만든 콘텐츠는 각자 이바지한 부분을 분리해서 이용하는 것이 사실상 불가능하므로 대부분 공동 저작물이 될 수밖에 없어요.

그러나 저작권법은 회사 명의로 공표되는 콘텐츠(저작물)는 직원과 회

저작권법

제9조(업무상저작물의 저작자)

법인 등의 명의로 공표되는 업무상저작물의 저작자는 계약 또는 근무규칙 등에 다른 정함이 없는 때에는 그 법인 등이 된다. 다만, 컴퓨터프로그램저작물(이하 "프로그램"이라 한다)의 경우 공표될 것을 요하지 아니한다.

사의 공동 저작물이 아니라 처음부터 회사(사용자)가 저작자가 된다는 규정을 두고 있습니다(저작권법 제9조). 이렇게 회사가 저작자인 저작물을 **업무상 저작물**이라고 합니다. 업무상 저작물이 되는 5가지 요건은 다음과 같습니다.

업무상 저작물이 되는 5가지 요건

1. 회사가 콘텐츠 제작을 기획해야 해요.
2. 회사 업무에 종사하는 자가 작성해야 해요.
3. 업무상 작성하는 콘텐츠여야 해요.
4. 회사 명의로 공표되는 것이어야 해요.
5. 계약 또는 근무 규칙 등에 다른 규정이 없어야 해요.

함께 보면 좋은 **동영상 강의**

업무상 저작물이 되는 요건 5가지 중 '회사 명의로 공표되는 것이어야 해요'에서 '공표된'이 아니라 '공표되는'이라고 규정되어 있는 점을 주의하세요. 다만 컴퓨터 프로그램 저작물인 경우에는 공표되지 않아도 업무상 저작물에 해당하므로 저작권은 회사에게 있습니다.

알아두면 좋아요!

'공표되는'의 의미

'공표되는'이란 반드시 공표가 되어 있어야 하는 것은 아닙니다. 회사 명의로 공표하기로 예정되어 있기만 하면 이 요건은 충족됩니다.

애니메이션이라든가 온라인 게임, 컴퓨터 프로그램 같은 것은 공표되기 전에 오류가 있는지 최종 확인하기 위해 베타 버전을 만드는데, 이런 베타 버전은 공표되지 않습니다. 그러나 공표를 한다면 회사 명의로 공표될 것이므로 베타 버전의 권리도 회사에게 있습니다.

02-3 저작권 — 어떤 권리인가요?

저작권은 저작자의 권리, 즉 저작자가 자신의 저작물에 대해 갖는 권리입니다. 이 권리는 저작물을 창작한 순간부터 발생하므로 따로 등록할 필요는 없어요. 그러나 저작권을 등록해 두면 누가 저작자인지 논란이 발생하거나 창작 시점에 관한 분쟁이 생겼을 때, 여러 사람이 저작권을 양도받았다고 주장할 때 법적 혜택을 받을 수 있어요.

 저작권 등록하기

저작권은 한국저작권위원회에서 쉽고 편리하게 등록할 수 있습니다. 비용은 온라인으로 신청할 경우 저작권 등록은 23,600원(컴퓨터 프로그램: 53,600원), 양도 등 권리 변동 등록은 78,240원(컴퓨터 프로그램: 84,000원)입니다.

▶ 저작권 등록비는 2020년 5월 기준입니다. 저작권 등록 절차는 둘째마당 04장 129쪽에서 자세히 설명합니다.

한국저작권위원회(https://www.copyright.or.kr)

저작권의 종류

저작권 분야는 크게 저작인격권, 저작재산권, 저작인접권으로 나뉩니다. 저작인격권의 권리는 3가지, 저작재산권과 저작인접권의 권리는 각각 7가지로 구성됩니다.

저작권 분야

저작인격권	공표권, 성명표시권, 동일성유지권★
저작재산권	복제권★, 공연권, 공중송신권, 전시권, 배포권, 대여권, 2차적저작물작성권
저작인접권	성명표시권, 동일성유지권★, 복제권★, 배포권, 대여권, 공연권, 방송권, 전송권

★는 첫째마당 02-3절에서 다루는 내용만 표시한 것입니다.

1인 미디어가 크게 유행하는 요즈음 자신도 모르게 다른 사람의 저작권을 침범하거나 자신의 저작권이 침해당하는 일이 발생하곤 합니다. 이 중에서 저작권 문제가 가장 많이 일어나는 권리는 동일성유지권, 복제권, 2차적저작물작성권이에요. 이 3가지 권리를 자세히 알아봅시다.

① 동일성유지권

동일성유지권은 저작인격권 중에서 문제가 가장 많이 발생하는 분야입니다. 다른 사람의 저작물을 이용할 때 내용이나 형식, 제목 등을 함부로 변경하면 동일성유지권을 침해한 것입니다.

유튜브에서 자기 계발 서적을 요약해서 소개하는 영상을 볼 수 있는데요, 이때 잘못 요약하거나 편집하면 동일성유지권 침해가 될 수 있으니 주의해야 해요. 또 오디션 프로그램에서 기존 대중가요를 변형해서 부르는 경우가 많습니다. 이런 경우도 동일성유지권 침해가 되므로 원저작자에게 개작과 편곡할 것을 미리 허락받아야 합니다.

② 복제권, 2차적저작물작성권

저작권을 알려면 먼저 저작물과 2차적 저작물, 복제를 구분할 수 있어야 합니다. 이 용어는 앞에서 자세히 설명했지만 다시 한번 간단히 짚고 넘어가겠습니다.

▶ 2차적 저작물은 셋째마당 06-10절에서 자세히 설명합니다. 복제·표절·모방도 구분할 수 있어야 해요. 39쪽을 참고하세요.

저작물은 저작자가 만든 창작물이고, 이 저작물(원저작물)을 이용해서 다시 창작한 것이 2차적 저작물이죠. 그리고 복제는 원저작물과 똑같이 만드는 거예요. 복제는 창작성이 없다는 점에서 2차적 저작물과 구별됩니다.

저작권은 '~할 수 있는 권리'입니다. 즉, 복제권은 복제할 수 있는 권리이고, 2차적저작물작성권은 2차적 저작물을 만들 수 있는 권리겠죠. 복제권과 2차적저작물작성권은 원저작물과 마찬가지로 원저작자에게 있습니다.

출판 사업자의 권리

출판 사업자는 자기가 제작한 책의 복제권, 배포권을 가집니다. 복제는 책을 복제할 권리, 배포권은 서점 등에 책을 배포할 권리를 말해요. 대여권과 전송권을 가지려면 저작권자와 따로 계약을 해야 합니다.

▶ 대여권은 책을 빌려줄 권리, 전송권은 책을 온라인으로 전송하거나 판매할 권리를 말해요.

저작물을 이용할 수 있게 허락받기

저작자의 허락 없이 저작물을 복제하여 사용했다면 불법 복제한 것이므로 복제권 침해가 됩니다. 또한 원저작물과 똑같지는 않지만 실질적으로 유사하게 만들었다면 표절이 되어 2차적저작물작성권 침해가 됩니다. 그럼 저작권을 당당하게 사용할 수 있는 방법은 없을까요? 저작권을 침해하지 않고 이용할 수 있는 방법은 이용 허락을 받고 사용하는 것입니다. 이때 저작자가 요구하는 이용 방법과 조건의 범위 안에서만 이용해야 해요.

저작권법

제46조(저작물의 이용허락)

① 저작재산권자는 다른 사람에게 그 저작물의 이용을 허락할 수 있다.

② ①의 규정에 따라 허락을 받은 자는 허락받은 이용 방법 및 조건의 범위 안에서 그 저작물을 이용할 수 있다.

③ 제1항의 규정에 따른 허락에 의하여 저작물을 이용할 수 있는 권리는 저작재산권자의 동의 없이 제3자에게 이를 양도할 수 없다.

허락 없이 저작물을 이용할 수 있는 경우

저작권법에서는 저작자의 허락을 받지 않고도 저작물을 자유롭게 이용할 수 있도록 규정해 두었습니다. 이렇게 자유 이용 규정을 두는 이유는 저작권법이 문화 발전을 목적으로 제정되었기 때문이에요.

저작권법

제1조(목적)

이 법은 저작자의 권리와 이에 인접하는 권리를 보호하고 저작물의 공정한 이용을 도모함으로써 문화 및 관련 산업의 향상 발전에 이바지함을 목적으로 한다.

저작자의 허락을 받지 않고도 저작물을 자유롭게 이용할 수 있는 규정은 저작권법 제23조부터 제35조의5까지 정해 놓았습니다. 이렇게 권리자의 허락이 없어도 저작물을 자유롭게 이용할 수 있는 경우가 많다는 것은 저작권법의 큰 특징입니다. 같은 지식재산권법 중에서 산업재산권 분야인 특허법, 디자인보호법, 상표법에는 이런 자유 이용 규정이 거의 없습니다.

함께 보면 좋은
동영상 강의

저작물을 자유롭게 이용할 수 있는 저작권법 규정

- 제23조(재판 등에서의 복제)★
- 제24조(정치적 연설 등의 이용)
- 제24조의2(공공저작물의 자유이용)★
- 제25조(학교교육 목적 등에의 이용)★
- 제26조(시사보도를 위한 이용)
- 제27조(시사적인 기사 및 논설의 복제 등)
- 제28조(공표된 저작물의 인용)
- 제29조(영리를 목적으로 하지 아니하는 공연·방송)
- 제30조(사적이용을 위한 복제)★
- 제31조(도서관 등에서의 복제 등)★

- 제32조(시험 문제를 위한 복제)★
- 제33조(시각장애인 등을 위한 복제 등)
- 제33조의2(청각장애인 등을 위한 복제 등)
- 제34조(방송사업자의 일시적 녹음·녹화)
- 제35조(미술저작물 등의 전시 또는 복제)
- 제35조의2(저작물 이용과정에서의 일시적 복제)
- 제35조의3(부수적 복제 등)★
- 제35조의4(문화시설에 의한 복제 등)★
- 제35조의5(저작물의 공정한 이용)★

★는 2020년 2월 4일 일부 개정 또는 신설된 규정을 표시한 것입니다. 국가법령정보센터(http://www.law.go.kr/)에서 '저작권법'을 검색해 보세요.

다만 저작권법 제25조와 제31조는 완전한 자유 이용이 아니어서 대학 이상의 학교 및 국가나 지방자치단체가 운영하는 교육 기관은 저작재산권자에게 보상금(문화체육관광부 고시 기준)을 지급해야 해요.

▶ 고등학교와 그에 준하는 학교 이하의 학교에서 복제 등을 하는 경우에는 보상금을 지급하지 않아도 됩니다(저작권법 제25조 제6항).

그럼 여기서는 저작물을 자유롭게 이용할 수 있는 규정 중 대표적으로 다음 2가지를 살펴보겠습니다.

① 공표된 저작물을 정당하게 인용하기

저작권법 제28조에 나오는 '공표된 저작물'의 인용은 자유 이용 중에서 저작권 분쟁이 가장 많이 발생하는 규정입니다. 그런데 인용하기 위한 요건 중에 ① 어느 범위까지가 정당한 범위인지, ② 어떤 경우가 공정한 관행에 합치되는지 모호한 경우가 많습니다. 그래서 인용을 하는

▶ 합치(合致)란 의견이나 주장이 서로 맞아 일치하는 것을 의미해요. 법률 용어가 어렵더라도 이번에 알아 두세요.

사람과 인용을 당하는 사람 사이에 서로 견해가 달라서 다툼이 많이 발생합니다.

인용이 적용되기 위한 요건을 좀 더 상세히 살펴볼까요? 먼저 ① 정당한 범위인지를 판단하는 기준으로 널리 사용하는 것은 주종 관계입니다. 질적·양적인 면에서 인용하는 나의 저작물이 주(主)가 되고, 인용되는 다른 사람의 저작물이 종(從)이 되는 관계에 있어야 해요.

다음으로 ② 공정한 관행에 합치해야 한다는 것은 인용하는 나의 저작물과 인용되는 다른 사람의 저작물을 명확하게 구분해야 한다는 것입니다. 어떻게 해석하느냐에 따라 다를 수 있지만 두 요건에 맞는다면 자유롭게 인용할 수 있습니다.

② 저작물의 공정한 이용

저작물의 공정한 이용(저작권법 제35조의5)은 자유 이용을 포괄적으로

허용해 준다는 점에서 큰 의미가 있습니다. 원저작자의 이익을 부당하게 해치지 않는다면 공정한 이용이라고 볼 수 있어요.

그런데 공정한 이용이란 개념은 매우 추상적이죠? 공정한 이용인지 아닌지는 사람마다 다르게 판단할 수 있으니까요. 그래서 공정한 이용 여부를 판단하는 요건을 제2항에서 제시하고 있어요. 자신이 저작자의 이익을 해치지 않고 공정하게 이용했는지를 판단하려면 제2항의 4가지 요건을 종합적으로 살펴야 합니다.

저작권법

제28조(공표된 저작물의 인용)

공표된 저작물은 보도·비평·교육·연구 등을 위하여는 정당한 범위 안에서 공정한 관행에 합치되게 이를 인용할 수 있다.

제35조의5(저작물의 공정한 이용)

① 저작물의 통상적인 이용 방법과 충돌하지 아니하고 저작자의 정당한 이익을 부당하게 해치지 아니하는 경우에는 저작물을 이용할 수 있다.

② 저작물 이용 행위가 제1항에 해당하는지를 판단할 때에는 다음 각 호의 사항 등을 고려하여야 한다.

   1. 이용의 목적 및 성격

   2. 저작물의 종류 및 용도

   3. 이용된 부분이 저작물 전체에서 차지하는 비중과 그 중요성

   4. 저작물의 이용이 그 저작물의 현재 시장 또는 가치나 잠재적인 시장 또는 가치에 미치는 영향

02-4 저작인접권
― 실연자, 음반 제작자, 방송 사업자의 권리

배우나 가수, 연주자와 같이 저작물을 직접 창작하지는 않지만 해석하거나 전달하는 사람들이 있습니다. 이 사람들은 창작에 준하는 활동을 하면서 저작물의 가치를 높이는 역할을 합니다. 그래서 저작권법에서는 실연·음반·방송과 관련된 일을 하는 실연자, 음반 제작자, 방송 사업자에게 저작권보다는 약하지만 그에 준하는 저작인접권 (neighboring rights)을 부여해 보호해 주고 있습니다. 저작인접권자인 실연자, 음반 제작자, 방송 사업자의 권리를 간단히 살펴보겠습니다.

함께 보면 좋은 **동영상 강의**

▶ 저작권의 3가지 분야
  • 저작인격권
  • 저작재산권
  • 저작인접권

실연자의 권리

실연자(實演者)란 무대에서 실제로 연기하는 배우와 가수, 연주자 등을 말합니다. 실연자도 저작자와 마찬가지로 인격권으로 성명표시권과 동일성유지권을 갖습니다. 예를 들어 가수가 뮤직비디오를 찍을 때 자신의 이름을 표시하고 실연 내용과 형식을 함부로 편집되지 않을 권리를 갖습니다.

▶ 배우, 가수, 연주가, 무용가뿐만 아니라 마술이나 서커스를 하는 사람도 실연자라고 해요.

즉, 성명표시권은 실연이나 실연의 복제물에 실연자의 실명이나 이명을 표시할 권리이고, 동일성유지권은 실연자가 자신의 실연 내용과 형식을 똑같이 유지할 권리입니다.

다만 실연자에게는 인격권 중에 공표권이 주어지지 않는데, 이는 처음부터 공표를 전제로 실연을 하거나 실연과 동시에 공표가 이루어지기 때문입니다. 이 밖에 실연자는 저작권법에 따라 복제권, 공연권, 공중송신권, 전시권, 배포권, 대여권 등의 권리를 갖습니다. 이를 실연자 재산권이라고 해요.

최근 디지털 기술의 발달로 유튜브 등 인터넷을 기반으로 하는 다양한 형태의 송신 서비스가 나타나고 있습니다. 그중에는 인터넷 방송이라는 이름으로 제공되는 것이 많은데, 이 중에서 이용자가 개별적으로 선택한 시간에 이용하는 주문형(on demand) 서비스는 저작권법의 **전송**에 해당합니다. 따라서 이러한 서비스를 송신하려면 전송권을 갖고 있는 실연자의 허락을 받아야 합니다.

실연자의 권리

인격권	실연자의 재산권			
• 성명표시권	• 복제권	• 공연권	• 방송권	• 전송권
• 동일성유지권	• 배포권	• 대여권	• 방송·디지털음성송신에 대한 보상청구권	

음반 제작자의 권리

음반 제작자는 자기가 제작한 음반의 복제권, 배포권, 대여권, 전송권 등을 갖습니다. 그 권리의 내용은 저작자가 갖는 권리와 거의 유사합니다. 복제권은 음반 제작자가 자신의 음반을 복제할 권리를, 배포권은 배포할 권리를, 대여권은 상업용 음반을 영리 목적으로 대여할 권리를, 전송권은 자신의 음반을 전송할 권리를 말해요. 글자 그대로여서 이해하기 쉽죠?

음반 제작자의 권리

음반 제작자의 재산권
• 복제권 • 배포권 • 대여권 • 전송권
• 공연·방송·디지털음성송신에 대한 보상청구권

방송 사업자의 권리

방송 사업자는 KBS나 SBS, MBC, EBS 같은 지상파 방송 사업자도 있고, 종합 유선 방송 사업자나 위성 방송 사업자, IPTV 방송 사업자도 있습니다. 방송 사업자는 자신의 방송에 대해 복제권과 동시중계방송권을 갖습니다. 복제권은 방송 사업자가 자신의 방송을 복제할 권리를, 동시중계방송권은 자신의 방송을 동시 중계할 권리를 말합니다.

다만 유튜브 방송이나 개인 MCN(multi-channel network) 방송은 저작권법상 전송의 개념일 뿐 방송이 아니므로 제목에 방송이라고 이름을 붙여도 방송 사업자가 아닙니다.

방송 사업자의 권리

방송 사업자의 재산권
• 복제권 • 동시중계권 • 공연권

저작권법

제2조(정의)

4. "실연자"는 저작물을 연기 · 무용 · 연주 · 가창 · 구연 · 낭독 그 밖의 예능적 방법으로 표현하거나 저작물이 아닌 것을 이와 유사한 방법으로 표현하는 실연을 하는 자를 말하며, 실연을 지휘, 연출 또는 감독하는 자를 포함한다.

6. "음반제작자"는 음반을 최초로 제작하는 데 있어 전체적으로 기획하고 책임을 지는 자를 말한다.

9. "방송 사업자"는 방송을 업으로 하는 자를 말한다.

02-5 함께 알아 두면 좋은 권리
— 초상권, 퍼블리시티권

유명한 가수, 배우 등 연예인(유명 인사)의 사진이나 영상을 찍거나 사용할 경우 초상권을 침해한다는 것은 일반적으로 잘 알고 있습니다. 그러나 이때 초상권뿐만 아니라 퍼블리시티(publicity)권도 동시에 발생한다는 점을 알고 있어야 해요. **초상권**은 자신의 얼굴이나 모습, 이름, 이미지 등이 허락 없이 촬영되거나 이용되지 않을 권리입니다. 그리고 **퍼블리시티권**은 자신의 초상이나 이름 등을 상업적으로 이용할 수 있는 권리를 말합니다.

퍼블리시티권이 상업적으로 이용하는 권리라고 해서 유명 연예인만 가질 수 있는 것은 아닙니다. 최근에는 광고, 홍보 등에 일반인이 모델로 등장하는 경우도 많아서 연예인이 아니어도 특정인을 지속적으로 또는 중심적인 모델로 촬영하거나 사진, 영상 등을 활용할 때는 퍼블리시티권을 침해하지 않는지 주의해야 합니다.

함께 보면 좋은
동영상 강의

제35조의3(부수적 복제 등)

사진촬영, 녹음 또는 녹화(이하 이 조에서 "촬영 등"이라 한다)를 하는 과정에서 보이거나 들리는 저작물이 촬영등의 주된 대상에 부수적으로 포함되는 경우에는 이를 복제·배포·공연·전시 또는 공중송신할 수 있다. 다만, 그 이용된 저작물의 종류 및 용도, 이용의 목적 및 성격 등에 비추어 저작재산권자의 이익을 부당하게 해치는 경우에는 그러하지 아니하다.

이러한 사회 현상을 반영하여 2019년 11월 26일 저작권법에 '부수적 복제 등'에 관한 규정을 신설해서 2020년 5월 27일부터 시행되었습니다.

우연히 사진·영상에 찍힌 경우

길에서 찍힌 경우

길을 지나가는 사람이나 광장에 모인 사람은 어차피 공개된 장소에 모습을 드러낸 것이라고 볼 수 있어요. 그러므로 영상이나 사진 등에 우연히 일시적으로 사람을 촬영했다고 해서 초상권이나 퍼블리시티권의 침해로 보기는 어렵습니다.

그러나 지나가는 사람 중에 특정인을 지속적으로 또는 중심 모델로 하면 초상권, 퍼블리시티권 침해가 됩니다.

식당이나 카페에서 찍힌 경우

또한 식당이나 카페 같은 곳은 사적인 공간인 경우가 많기 때문에 허락도 받지 않고 촬영해서 공개하면 문제가 될 수 있어요. 가끔 보면 레스토랑이나 카페 등에서 찍은 사진이나 영상을 유튜브에 올리는데, 초상권 때문에 사람을 모두 모자이크 처리하면 감상할 만한 가치가 떨어지겠지요? 하지만 배경에 사람의 모습이 알아볼 수 있을 정도로 분명하다면 지속적으로 노출되지 않도록 모자이크 처리를 해주는 것이 좋습니다.

공공 보도 영상물에 찍힌 경우

도박의 위험성과 중독성을 알리는 보도 영상을 제작하려고 카지노나 경마장을 촬영
하면 어떤 문제가 발생할까요? 비록 배경에 사람들이 잠깐 등장해도 얼굴이나 모습
이 알아볼 수 있을 정도이면 명예 훼손이 될 수 있습니다.

또한 음주 운전으로 면허가 취소되어 교육받는 사람이 많다는 뉴스를 방송하면서
교육받는 사람들의 모습을 촬영해서 내보내서 인격권 침해와 명예 훼손으로 소송을
제기한 사례도 있습니다. 그러므로 영상의 내용에 따라 특정인에게 모욕을 줄 수 있
다면 누구인지 식별할 수 없을 정도로 반드시 모자이크 처리를 해야 합니다.

초상권과 퍼블리시티권의 차이점

두 권리가 비슷해 보이지요? 하지만 분명히 구분해야 합니다. 초상권
은 인격적 권리인 데 반해 퍼블리시티권은 재산적 권리입니다. 초상
권 침해는 정신적 손해배상인 위자료를 청구하지만, 퍼블리시티권 침
해는 재산적 손해배상을 청구하게 됩니다. 보통 초상권과 퍼블리시티
권 침해의 손해배상 청구는 함께 진행되 ▶ 초상권은 인격적 권리이므로 반드시
는 경우가 많습니다.   본인만 주장할 수 있습니다.

- **초상권**: 인격적 권리 → 위자료 배상
- **퍼블리시티권**: 재산적 권리 → 재산적 손해배상

함께 보면 좋은
동영상 강의

02-6 함께 알아 두면 좋은 법
— 부정경쟁방지법, 상표법, 디자인보호법

다른 사람의 콘텐츠를 허락 없이 이용하는 경우 저작권 문제로만 끝나지 않는다는 말을 들어봤나요? SNS가 발달한 요즈음 이런 문제가 적지 않게 발생하고 있습니다. 저작권 침해는 성립하지 않지만 다른 권리를 침해하여 손해배상을 해야 하는 경우도 있습니다. 그러므로 콘텐츠와 관련한 분쟁이 발생했을 때 저작권법뿐만 아니라 관련 법도 알아 두면 좋습니다. 콘텐츠와 관련한 분쟁에서 저작권법 외에 특별히 유의해야 할 부정경쟁방지법, 상표법, 디자인보호법을 살펴보겠습니다.

부정경쟁방지법

부정경쟁방지법은 저작권법과 관련하여 가장 주의해야 해요. 이 법의 정식 명칭은 '부정경쟁방지 및 영업비밀 보호에 관한 법률'입니다. 쉽게 말해 부정하게 경쟁하는 것을 방지하기 위한 법률이에요. 다른 사람이 노력해 쌓아 온 명성을 허락도 받지 않고 이용한다면 부정경쟁방지법에 저촉될 수 있는 거예요. 이 법에서 콘텐츠 분쟁과 관련하여 특히 문제가 되는 것으로 혼동 초래 행위와 성과 도용 행위가 있습니다. 혼동 초래 행위와 성과 도용 행위에는 어떤 것이 있는지 알아봅시다.

① 혼동 초래 행위 — 헷갈리게 해서 이익을 얻으려는 경우

상품(콘텐츠)의 주체가 누구인지, 상품(콘텐츠)의 품질이 어떠한지 혼동을 일으키는 행위 등을 말해요. 상품의 제목, 캐릭터의 명칭, 슬로건이나 광고 문구 등에서 볼 수 있습니다.

제목

저작권법은 제목을 보호하지 않습니다. 따라서 다른 사람이 이미 사용한 제목이라고 하더라도 저작권법에서는 허용됩니다. 그러나 대중에게 널리 알려진 제목을 허락 없이 이용하면 혼동을 초래하는 행위가 되어 부정경쟁방지법에서는 금지하고 있습니다.

> **사례**
> **유명한 시 제목을 마음대로 가져다 쓴 경우**
>
> 〈그대가 옆에 있어도 나는 그대가 그립다〉라는 제목의 시가 있습니다. 이 제목을 가져다 쓴다면 어떤 문제가 발생할까요? 저작권법에서는 제목을 보호해 주지 않으므로 문제가 되지 않습니다. 그러나 사람들에게 널리 알려진 이 시의 제목을 시인의 허락도 받지 않고 가져다 쓴다면 부정경쟁행위가 될 수 있습니다. 마치 내 창작물이 시인과 어떤 관계가 있는 것처럼 혼동을 일으킬 수 있기 때문입니다. 실제로 어느 커피 회사 광고 영상물에서 이 시의 제목을 자막으로 사용했다가 부정경쟁방지법의 혼동 초래 행위로 문제가 된 적이 있습니다.

캐릭터의 명칭

캐릭터의 명칭도 제목에 해당하므로 저작권 보호를 받지 못합니다. 따라서 저작권법에서는 보호받지 못하지만 부정경쟁방지법의 보호는 받을 수 있습니다. 예를 들어 미키마우스처럼 유명한 캐릭터의 명칭을 함부로 사용하면 저작권법이 아니라 부정경쟁방지법을 위반하는 문제가 발생합니다.

슬로건, 광고 문구

슬로건이나 짧은 광고 문구, 개그 멘트 같은 것은 일반적으로 저작권법에서는 보호를 받지 못합니다. 그러나 이런 문구도 대중에게 널리 알려지면 부정경쟁방지법의 보호를 받을 수 있습니다. 그러면 어떤 경우에 혼동 초래 행위가 될까요? 다음 요건을 동시에 갖추고 있다면 혼동 초래 행위가 될 수 있습니다.

> **혼동 초래 행위의 요건**
> * 제목이나 문구 등이 국내에서 일반인에게 널리 알려진 것이어야 해요.
> * 일반인에게 혼동을 일으킬 우려가 있어야 해요.

그러나 국내 일반인에게 널리 알려진 상호이지만 사용해도 부정경쟁방지법에 위배되지 않는 경우가 있습니다. 주변에서 'SBS 노래방'이나 '래미안 부동산 중개업소'라는 상호를 본 적이 있지요? 하지만 노래방 상호에 SBS를 붙였다고 해서 사람들이 그 노래방을 SBS에서 운영하고 있다고는 생각하지 않습니다. 마찬가지로 부동산 중개업소 상호에 래미안을 붙였다고 해서 사람들이 같은 이름의 건설 회사와 특별한 관계가 있다고는 생각하지 않습니다. 이와 같이 혼동을 일으킬 우려가 없는 경우는 부정경쟁방지법에 위반되지 않습니다.

② 성과 도용 행위 — 다른 사람의 성과를 가로채는 경우

성과 도용 행위라는 말이 참 어렵죠? 다른 사람이 열심히 투자하고 노력해서 이루어 놓은 성과를 허락 없이 가져다 쓰는 것을 말해요. 부정경쟁방지법에서는 이러한 성과 도용 행위를 금지하고 있어요.

부정경쟁방지법

제2조

① 카. 그 밖에 타인의 상당한 투자나 노력으로 만들어진 성과 등을 공정한 상거래 관행이나 경쟁 질서에 반하는 방법으로 자신의 영업을 위하여 무단으로 사용함으로써 타인의 경제적 이익을 침해하는 행위

그런데 이 규정은 매우 포괄적이어서 자칫 적용 범위가 매우 넓어질 우려가 있습니다. 다른 사람이 노력한 성과를 무단 이용했다고 해서 곧바로 성과 도용 행위가 성립하는 것은 아닙니다. 저작권법에서 허용되는 행위를 부정경쟁방지법의 성과 도용 행위로 규제하려면 다음과 같은 엄격한 요건을 갖추어야 합니다.

성과 도용 행위의 요건
- 부정한 수단으로 타인의 성과나 아이디어를 취득하는 행위여야 해요.
- 경쟁자의 영업을 방해하는 행위여야 해요.

이와 같이 공정한 거래 질서와 자유로운 경쟁 질서에 비추어 볼 때 현저하게 위반해서 정당화될 수 없는 경우에만 성과 도용 행위로 규제한다는 것입니다.

피부과 병원에서 before & after 사진을 홍보용으로 사용하는 경우를 많이 볼 수 있습니다. 이러한 사진은 누가 촬영해도 같거나 비슷할 수밖에 없어서 창작성이 없다고 판단하여 저작권의 보호를 받지 못합니다. 그러나 병원에서 before & after 사진을 축적하려면 오랜 기간 많은 환자를 수술해야 하고, 또한 그 환자들에게 일일이 사진을 사용할 수 있도록 동의를 받는 등 상당한 투자와 노력을 해야 합니다. 그러므로 이런 사진을 허락 없이 다른 병원에서 이용한다면, 저작권 침해는 되지 않지만 성과 도용 행위로 부정경쟁방지법을 위반한 책임을 져야 합니다.

상표법

저작권 외에 주의해야 할 또 다른 권리로 상표권이 있습니다. 저작권과 상표권은 각각 별도로 성립할 수 있으며 먼저 성립한 권리에 우선권이 있습니다.

그런데 상표권은 특허청에 상표 등록을 해야 비로소 생기지만 저작권은 창작과 동시에 생기므로 저작권이 먼저 성립됩니다. 따라서 저작권자와 상표권자가 다르면 저작권자가 우선하므로 상표권자는 저작권자의 허락 없이 상표권을 사용할 수 없습니다. 상표권 침해가 되려면 다음 요건에 해당해야 합니다.

상표권의 침해 요건
- 상표를 허락 없이 사용해야 해요.
- 이와 같은 행위가 상표적 사용에 해당해야 해요.

상표적 사용을 이해하려면 상표가 뭔지 알아야 해요. 상표는 상품에 기호나 문자, 도형 등으로 출처를 표시하기 위해 사용합니다. 즉, 상표는 어떤 상품이나 서비스가 누구로부터 나온 것인지를 표시해 주므로 상표의 본질적인 기능은 출처 표시라고 할 수 있습니다. 이렇게 상품이나 서비스의 출처(제공자)를 표시하기 위해 사용하는 것을 상표적 사용이라고 합니다. 따라서 어떤 도형이나 이미지, 단어 조합을 출처 표시가 아니라 단지 제품을 설명하려고 사용했다면 상표적 사용이 아니므로 상표권 침해가 성립하지 않습니다.

예를 들어 A에게 상표권이 등록되어 있는 《수학의 정석》을 기본 교재로 해서 강의 동영상을 제작한다고 가정해 보겠습니다. 이때 강의 제목을 책 제목과 똑같이 '수학의 정석'이라고 한다 해서 A가 강의하는 것을 의미하는 것이 아니므로 상표권 침해에 해당하지 않습니다.

디자인보호법

저작권 침해는 되지 않지만 디자인보호법에서 규정한 디자인권을 침해하는 경우가 있습니다. 대표적인 것이 글꼴(서체) 디자인입니다. 저작권법은 글꼴 자체를 저작물로 인정하지 않아 보호하지 않습니다. 다만 글꼴을 담은 글꼴 파일은 컴퓨터 프로그램으로 보고 보호하고 있을 뿐입니다. 그러므로 글꼴 파일을 불법으로 내려받지 않았다면 저작권 침해로 볼 수 없습니다.

제94조

② 글자체가 디자인권으로 설정등록된 경우 그 디자인권의 효력은 다음 각 호의 어느 하나에 해당하는 경우에는 미치지 아니한다.

1. 타자·조판 또는 인쇄 등의 통상적인 과정에서 글자체를 사용하는 경우

2. 제1호에 따른 글자체의 사용으로 생산된 결과물인 경우

그러나 글꼴을 디자인으로 출원하여 등록을 받으면 디자인보호법으로 보호받을 수 있습니다. 다만 타자나 조판, 인쇄 등의 통상적인 과정에서 글꼴을 사용하는 경우와 그 결과 생산된 결과물에는 디자인권의 효력이 미치지 않습니다.

▶ 무료 글꼴을 제공하는 웹 사이트는 첫째마당 03-4절에서 소개해요.

함께 보면 좋은
동영상 강의

03

실무에 꼭 필요한
저작권 무료 사이트

저작권이 강화되면서 콘텐츠 창작의 부담으로 작용하기도 합니다. 그래서 이러한 저작권의 부담을 덜어 주고자 저작물 기증을 통해 합법적으로 활용할 수 있는 저작물을 제공하는 웹 사이트가 생겨났습니다. 03장에서는 실무에 꼭 필요한 영상·이미지·음원·글꼴 등의 저작물을 무료로 사용할 수 있는 사이트를 소개하겠습니다.

03-1 공유 저작물 사이트, 자유롭게 이용해요

지금까지 저작권뿐 아니라 저작권과 관련된 법을 알아봤습니다. 어렵고 복잡해서 머리가 아프다고요? 그러나 저작권은 영원히 보호해주는 것은 아닙니다. 저작권법에서는 저작자가 사망한 후 70년까지로 저작권 보호 기간을 규정해 놓았습니다. 이 기간이 만료된 저작물은 누구나 자유롭게 이용할 수 있어요. 또 저작권 보호 기간은 남아 있지만 저작자가 스스로 권리를 주장하지 않겠다고 하는 저작물도 있어요. 모든 사람이 자유롭게 이용할 수 있도록 풀어 놓은 것입니다. 이렇게 누구나 자유롭게 이용할 있는 저작물을 공유 저작물이라고 해요.

저작물 이용 허락 조건 — CCL

크리에이티브 커먼즈 라이선스(CCL: creative commons license)는 저작물에 이용 조건을 미리 달아 놓고, 그에 맞게 사용하도록 탄생한 국제적인 운동이자 약속 기호입니다.

▶ CCL은 누구나 쉽게 이해할 수 있도록 조건을 간략한 이미지 기호나 약자로 표시했습니다. CCL은 미국에서 시작해 현재 전 세계 70여 개 국가에서 사용하고 있습니다.

저작자가 자신의 저작물에 CCL을 표시해 놓으면, 이용자는 번거로운 절차 없이 표시된 조건만 준수한다면 저작물을 얼마든지 이용할 수 있습니다.

먼저 간략하게 표현한 이미지 기호나 약자가 무엇을 나타내는지 알아

보겠습니다.
CCL에는 4가지 이용 허락 조건을 적용한 6가지 라이선스가 있습니다.

CCL의 이용 허락 조건 4가지

(i) BY	저작자와 출처를 표시하세요. Attribution
($) NC	비영리 목적으로만 사용할 수 있어요. non commercial
(=) ND	변경하거나 다른 창작물에 이용하지 마세요. no derivative works
(o) SA	내 저작물을 이용해 새로운 저작물을 창작한 경우, 같은 조건으로 공유를 허락해야 해요. share alike

CCL의 종류 6가지

라이선스	이용 허락 조건	설명
cc (i) BY	• 저작자 표시	저작자의 이름과 저작물의 제목, 출처 등 저작자에 관한 내용을 표시하세요.
cc (i)($) BY NC	• 저작자 표시 • 비영리	저작자를 표시하면 자유롭게 이용할 수 있지만, 영리 목적으로 사용할 수 없어요.
cc (i)(=) BY ND	• 저작자 표시 • 변경 금지	저작자를 표시하면 자유롭게 이용할 수 있지만, 변경(편집·수정)할 수 없어요.
cc (i)(o) BY SA	• 저작자 표시 • 동일 조건 변경 허락	저작자를 표시하면 자유롭게 이용할 수 있고 변경할 수도 있지만, 2차적 저작물에도 원자작물과 같은 조건으로 공유(CCL)를 허락해야 해요.
cc (i)($)(o) BY NC SA	• 저작자 표시 • 비영리 • 동일 조건 변경 허락	저작자를 표시하면 자유롭게 이용할 수 있고 변경할 수도 있지만, 영리 목적으로 사용할 수 없고 2차적 저작물에도 원자작물과 같은 조건으로 공유(CCL)를 허락해야 해요.
cc (i)($)(=) BY NC ND	• 저작자 표시 • 비영리 • 변경 금지	저작자를 표시하면 자유롭게 이용할 수 있지만, 영리 목적으로 사용할 수 없고 변경(편집·수정)해서도 안 돼요.

출처: 사단법인 코드(http://ccl.cckorea.org/about/)

렛츠씨씨 — CCL 저작물 검색 사이트

CCL 저작물은 렛츠씨씨(http://www.letscc.net/)에서 검색할 수 있습니다. Let's CC는 우리나라에서 CCL을 보급하고 홍보, 교육을 담당하는 사단법인 코드에서 운영하는 검색 사이트입니다.

렛츠씨씨(http://www.letscc.net/)

공유마당 — 공유 저작물 제공 사이트

공유마당(https://gongu.copyright.or.kr/)은 한국저작권위원회와 문화체육관광부에서 운영하는 공유 저작물 제공 사이트입니다. 이 사이트에서는 저작권 보호 기간이 만료된 저작물을 중심으로 기증 저작물과 한국미술협회와 업무 협약을 맺어 수집한 현대 미술 작품과 저명한 사진작가들이 제공한 기록 사진 등을 자유롭게 이용할 수 있도록 제공하고 있어요.

공유마당에서 제공하는 저작물도 CCL과 같은 자유 이용 허락 조건이 붙어 있습니다. 자세한 내용은 공유 마당 홈페이지에서 확인하세요.

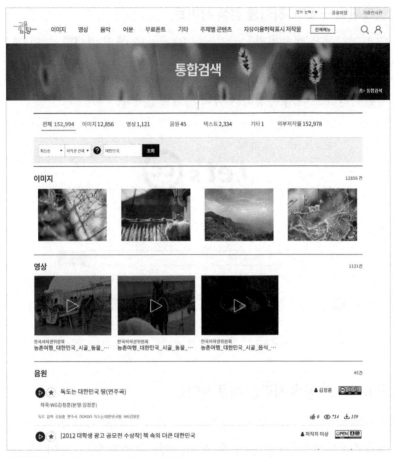

공유마당(https://gongu.copyright.or.kr/)

03-2 무료 영상·이미지 사이트 소개

영상과 이미지를 무료로 제공하는 사이트를 알고 있으면 동영상을 제작할 때 매우 편리해요. 먼저 무료 영상 사이트부터 알아봅시다.

모든 영상을 제작하는 사이트 ─ 비디보

비디보(https://www.videvo.net/)는 모든 영상을 제작할 때 사용할 수 있는 무료 영상물을 제공하는 사이트입니다. 이 사이트에서 제공하는 영상물은 상업적으로도 이용할 수 있는데 대부분 상영 시간이 짧아요. 사용 조건은 4가지 유형으로 나뉘는데 가장 자유롭게 이용할 수 있는 것은 로열티 프리(royalty free) 유형입니다. 다른 유형은 라이선스 규정이 일반인이 이해하기 어려운 복잡한 내용으로 되어 있으므로 로열티 프리 유형 영상물만 이용하는 것이 좋습니다.

비보디(https://www.videvo.net/)

감성적인 영상을 제공하는 사이트 — 마즈와이(Mazwai)

마즈와이(https://mazwai.com/)는 출처를 밝히면 상업적으로 사용할 수 있는 영상을 제공하는 사이트입니다. 마즈와이는 감성적이고 영상미가 뛰어난 영상물을 제공하는데, 시작점과 끝점을 지정해서 원하는 구간만 내려받을 수도 있습니다.

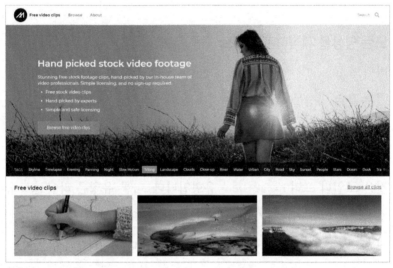

마즈와이(https://mazwai.com/)

상업적으로 이용할 수 있는 이미지 사이트 — 언스플래시

언스플래시(https://unsplash.com/)는 자유롭게 사용할 수 있는 이미지의 인터넷 소스를 제공하는 사이트입니다. 고해상도 감성 이미지를 많이 제공하며 상업적 목적으로도 이용할 수 있습니다.

언스플래시(https://unsplash.com/)

회원 수가 가장 많은 공유 이미지 사이트 — 픽사베이

픽사베이(https://pixabay.com/ko/)는 회원 수가 가장 많은 공유 이미지 사이트입니다. 이 사이트에서 제공하는 이미지에는 픽사베이 라이선스가 적용되며 상업적으로도 이용할 수 있습니다. 다만 셔터스톡(Shutterstock) 이미지는 픽사베이가 자체 수입 목적으로 판매하는 유료 이미지이므로 사용할 때 주의해야 해요. 따라서 셔터스톡 이미지를 제외하고 무료 이미지만 이용하면 됩니다.

픽사베이(https://pixabay.com/ko/)

아기자기한 아이콘을 무료로 제공하는 사이트

아이콘을 무료로 내려받을 수 있는 아이콘파인더와 플래티콘 사이트를 소개합니다.
두 사이트 모두 아기자기하고 완성도 높은 아이콘이 많습니다. 다만 무료 아이콘과
유료 아이콘, 상업적으로 사용하면 안 되는 아이콘으로 구분되어 있으니 잘 판단해
서 사용하세요!

아이콘파인더(https://www.iconfinder.com)

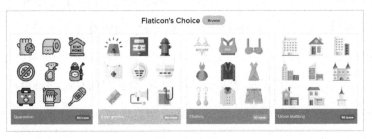

플래티콘(https://www.flaticon.com)

03-3 무료 음원 사이트 소개

영상을 만들 때 좀 더 효과적이고 재미있게 표현하려면
배경 음악이 필요합니다. 여기서는 무료 음원을 제공하
는 사이트를 소개합니다.

음악과 효과음을 제공하는 사이트 — 오디오 라이브러리

오디오 라이브러리(https://www.youtube.com/audiolibrary)는 음악과
효과음을 무료로 제공하는 사이트입니다. 저자 표시(ⓘ)만 해주면 되
는 음원과 저자 표시조차 하지 않아도 되는 음원으로 구성됩니다.
음악은 장르별·악기별·연주 시간·분위기별로 검색할 수 있고, 효과
음도 도구 소리, 무기 소리, 동물 소리, 날씨, 교통수단 소리, 공포 등
다양하게 갖추고 있어요. 이 사이트의 장점은 영상에 어울리는 음원
을 쉽게 검색해서 이용할 수 있다는 것입니다. 또 재생 시간을 확인할
수 있어 적절한 시간의 음원을 선택해서 활용할 수 있습니다.

유튜브의 오디오 라이브러리(https://www.youtube.com/audiolibrary/music?nv=1)

출처를 표시하지 않아도 되는 사이트 — 효과음연구소

효과음연구소는 다양한 효과음을 제공하는 사이트입니다. 이 사이트
의 장점은 출처를 표시하지 않아도 자유롭게 이용할 수 있다는 것입
니다.

효과음연구소(https://soundeffect-lab.info/)

그 밖에도 사운드 클라우드, 벤사운드, 인컴피티치 등의 사이트를 방
문하면 다양한 음악이나 효과음을 검색해서 자유롭게 이용할 수 있습
니다.

- 사운드 클라우드(https://soundcloud.com/)
- 벤사운드(https://www.bensound.com/)
- 인컴피티치(https://incompetech.com/)

03-4 무료 글꼴 사이트 소개

요즘 기업이나 공공 기관에서 무료로 배포한 글꼴은 대부분 영리 목적으로 이용할 수 있습니다. 이 글꼴은 자유롭게 수정하고 재배포도 할 수 있습니다. 단,

글꼴 자체를 유료로 판매하는 것은 금지하고 있으며, 글꼴의 출처를 표시하도록 권장하고 있습니다.

제공하는 무료 글꼴의 종류에 따라 사용 범위를 다르게 규정할 수 있으니 확인하고 사용하는 것이 좋습니다. 특히 유튜브 영상은 광고가 붙어 수익이 창출되므로 영리성이 있습니다. 따라서 영리 목적으로 글꼴을 이용할 수 있는지 꼭 확인하세요.

▶ 영상을 제작하다 보면 무심코 유료 글꼴을 사용해서 곤란을 겪는 경우가 있습니다.

상업적으로 사용할 수 있는 무료 한글 글꼴

글꼴	제작처	글꼴	제작처
noto sans cjk KR 본고딕	구글	TT투게더	투게더그룹
야체	야놀자	레코체	레시피코리아
나눔고딕 나눔바른고딕 나눔명조 나눔손글씨 붓 나눔손글씨 펜	네이버	마포한아름 마포금빛나루 마포꽃섬 마포당인리발전소	마포구
통큰서체	롯데마트	동그라미재단체	동그라미재단

글꼴	제작처	글꼴	제작처
몬소리체	티몬	빙그레체	빙그레
독도체	FONCO	즐거운이야기체	tvN
서울남산체 서울 한강체	서울시	한나체, 주아체 도현체, 연성체	우아한 형제들 제작
제주고딕체 제주명조체	제주시	고도체 godo rounded 고도 마음체	고도몰
부산체	부산시청	스웨거체	스웨거
이순신 돋움체	아산시	KoPub체	한국출판인회의
오성과 한음체 포천 막걸리체	포천시청	청소년체	한국청소년활동진흥원
경기천년체	경기도	한돋움체 한울림체	한국수력원자력
미생체	윤태호 작가	한글누리체	국립한국박물관

상업용 무료 한글 글꼴 모음 사이트 — 눈누

눈누는 상업적으로 사용할 수 있는 무료 한글 글꼴을 모아 놓은 웹 사이트입니다. 입력 창에 문구를 입력해 보면서 글꼴에 따라 느낌이 어떻게 달라지는지 미리 볼 수 있어요. 글꼴 이름을 클릭하면 사용 범위도 살펴볼 수 있어요.

눈누(https://noonnu.cc/)

카테고리	사용 범위	허용 여부
인쇄	브로슈어, 포스터, 책, 잡지 및 출판용 인쇄물 등	O
웹사이트	웹페이지, 광고 배너, 메일, E-브로슈어 등	O
영상	영상물 자막, 영화 오프닝/엔딩 크레딧, UCC 등	O
BI/CI	회사명, 브랜드명, 상품명, 로고, 마크, 슬로건, 캐치프레이즈	O
임베딩	웹사이트 및 프로그램 서버 내 폰트 탑재, E-book 제작	O
포장지	판매용 상품의 패키지	O
OFL	폰트 파일의 수정/ 복제/ 배포 가능. 단, 폰트 파일의 유료 판매는 금지	X

글꼴의 사용 범위

스페셜 01 유튜브 저작권 정책을 알아봐요

유튜브는 세계 최대 동영상 플랫폼이다 보니 저작권 문제도 다양하게 발생합니다. 이 코너는 유튜버와 영상 콘텐츠 비즈니스 관련자뿐 아니라 일반 유튜브 사용자까지 보호해 주는 안내서 역할을 할 수 있도록 구성했습니다.

유튜브 정책과 가이드라인

유튜브에서는 저작권과 관련하여 가이드라인을 제시하고 있습니다. 유튜브 고객센터에 접속해서 [정책, 안전 및 저작권 → 저작권 및 권한 관리] 항목을 클릭해 보세요. 유튜브의 저작권 정책과 각종 신고 양식을 살펴볼 수 있습니다.

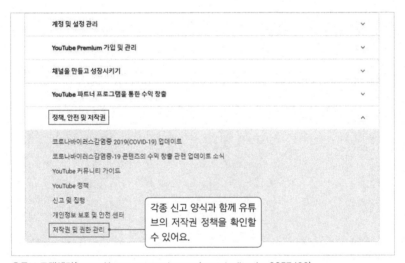

유튜브 고객센터(https://support.google.com/youtube#topic=9257498)

유튜브 저작권 정책에서는 유튜브 영상에 포함된 콘텐츠의 저작권을 관리할 수 있는 방법을 다양하게 제시하고 있어요.

유튜브 저작권 정책
- 콘텐츠 ID 시스템
- 저작권 게시 중단을 요청할 수 있는 웹 양식
- 저작권 대조 도구(copyright match tool)
- 콘텐츠 검증 프로그램(CVP) 등

함께 보면 좋은
동영상 강의

유튜브 저작권 정책 중에 '콘텐츠 ID를 이용하는 방법'과 '웹 양식을 이용하여 게시 중단을 요청하는 방법'을 알아보겠습니다.

유튜브의 독특한 저작권 관리 시스템 — 콘텐츠 ID 시스템

유튜브 영상에는 저작권 보호를 받는 음악이나 효과음, 이미지, 영상, 텍스트 등의 콘텐츠가 알게 모르게 포함된 경우가 많습니다. 콘텐츠 ID는 이러한 다양한 콘텐츠의 저작재산권을 손쉽게 관리할 수 있는 도구입니다.

① 콘텐츠 ID란?

구글에서는 저작권과 관련된 분쟁을 예방하고 애써 만든 영상이 제대로 활용되지 못하거나 사라지지 않도록 콘텐츠 ID(CID: contents identification)라는 매우 독특하고 획기적인 저작권 관리 시스템을 개발하여 유튜브 플랫폼에서 운용하고 있습니다. 그래서 콘텐츠 저작권자는 이 콘텐츠 ID 시스템으로 자신의 콘텐츠를 이용한 영상물이 유튜브에 올라와 있는지 간단하게 검색할 수 있습니다. 그러므로 콘텐츠 ID는 대규모 게시 중단이 필요할 경우 적합한 도구입니다.

유튜브의 '콘텐츠 ID 시스템'을 소개하는 영상(https://youtu.be/9g2U12SsRns)

② 콘텐츠 ID 시스템의 작동 원리

그럼 콘텐츠 ID 시스템은 어떻게 작동하는지 알아봅시다. 콘텐츠 저작권자가 자신의 콘텐츠를 식별할 수 있는 시청각(동영상 또는 오디오) 참조 파일을 유튜브에 제공하면 그 콘텐츠의 지문 파일을 만든 후 보관합니다. 모든 콘텐츠는 지문 파일이 각각 다르므로 이것으로 콘텐츠를 식별할 수 있습니다. 그 결과 콘텐츠 저작권자는 유튜브에 올린 동영상 중에 자신의 콘텐츠가 포함되어 있는지 유튜브 데이터베이스를 통해 검색하고 확인할 수 있는 것입니다.

또한 유튜브 플랫폼 자체에서도 동영상이 올라오면 이 데이터베이스에 쌓인 지문 파일과 대조해서 검사를 합니다. 만약 지문 파일과 일치하는 동영상을 찾으면 콘텐츠 저작권자에게 자동으로 통보해 줍니다. 이러한 과정은 모두 자동화된 콘텐츠 ID 시스템으로 이루어집니다.

▶ 프로그램이 하는 작업이다 보니 영상이나 소리가 왜곡될 경우 필터링이 되지 않기도 합니다.

③ 콘텐츠 ID 시스템으로 저작물 관리하기

그러나 콘텐츠 ID 시스템을 누구나 사용할 수 있는 것은 아닙니다. 유튜브는 일정한 자격 요건을 갖춘 저작권자에게만 콘텐츠 ID를 부여합니다. 저작권 자는 유튜브에 제시한 참조 파일의 독점적 권리, 즉 저작권을 소유해야 하고 그 증거를 제시할 수 있어야 합니다. 유튜브는 이러한 자격 요건을 갖춘 저작 권자에게만 콘텐츠 ID를 사용하도록 승인합니다.

지문 파일로 불법 저작물을 걸러내서 차단하거나 삭제하는 것을 흔히 필터 링이라고 해요. 콘텐츠 ID 시스템이 획기적이라고 평가받는 것은 저작권 침 해 영상물을 적발해서 차단하는 필터링에만 목적을 두고 있지 않기 때문입 니다.

그렇다면 저작권자는 콘텐츠 ID 시스템으로 유튜브에서 자신의 콘텐츠가 이 용된 사실을 알았을 때 어떻게 대응해야 할까요? 유튜브는 차단, 수익 창출, 추적 중에서 선택할 수 있도록 하고 있습니다.

차단	자신의 콘텐츠와 일치하는 동영상을 유튜브에서 볼 수 없도록 요청합니다. 국가별로 차단할 수도 있어요.
수익 창출	자신의 콘텐츠와 일치하는 동영상에 광고를 실어 수익을 창출할 수 있어요. 경우에 따라 수익을 공유할 수 있어요.
추적	자신의 콘텐츠와 일치하는 동영상에 대한 조치를 보류하고 시청률 통계 정보를 추적하여 콘텐츠가 인기를 끌고 있는 국가 등의 세부 정보를 얻을 수 있어요.

▶ 영상물을 통해 자신의 콘텐츠를 홍보하는 효과를 누릴 수도 있어서 콘텐츠 저작권자가 의도적으로 영상을 막지 않는 경우도 있습니다.

이처럼 저작권자가 콘텐츠 ID 시스템을 이용해 권리를 주장하면 문제의 동 영상을 올린 사람은 다음과 같이 대응할 수 있습니다.

아무런 조치를 취하지 않음	콘텐츠 ID에 의한 저작권 주장에 동의한다면, 별다른 조치를 취할 필요가 없습니다. 만약 저작권 주장에 동의하지 않는다면 나중에 언제든지 이의를 제기할 수 있어요.
콘텐츠 자르기	동영상에서 소유권이 주장된 콘텐츠를 잘라낼 수 있어요.
음악 삭제	동영상에 포함된 음원에 저작권 주장이 제기되었다면, 동영상을 수정하거나 새 동영상을 올릴 필요 없이 음원만 삭제(음소거)할 수 있어요.
음악 교체	동영상에 포함된 음원에 저작권 주장이 제기되었는데 계속 사용하고 싶다면, 무료 음원으로 오디오 트랙을 교체할 수 있어요.
수익 공유	유튜브 파트너 프로그램에 가입했고 동영상에 음원이 포함되었다면, 음원 저작권자와 수익을 공유할 수도 있어요.
이의 신청	동영상 콘텐츠의 권한을 모두 보유하고 있거나 유튜브의 콘텐츠 ID 시스템이 동영상을 잘못 확인했다고 판단된다면 이의를 신청할 수 있어요. ▶ 단, 이의 제기 절차를 반복적으로 또는 악의적으로 남용하면 동영상이나 채널에 불이익이 발생할 수 있습니다.

콘텐츠 ID 권리 주장으로 이의 제기 신청서가 제출되면 저작권자에게 알림이 전송되며, 저작권자는 30일 이내에 응답해야 합니다. 저작권자가 이의 제기를 했을 때 취할 수 있는 조치는 다음과 같습니다.

저작권 주장 취소	이의 제기 내용에 동의한다면 저작권 주장을 취소할 수 있어요.
저작권 주장 유지	저작권 주장이 여전히 타당하다고 생각하면 이를 유지할 수 있어요.
동영상 게시 중단 요청	저작권자는 저작권 게시 중단 요청을 하여 유튜브에서 동영상을 삭제할 수 있으며, 이 경우 사용자의 계정에 저작권 위반 경고가 표시돼요.
아무런 조치를 취하지 않음	저작권자가 30일 내에 응답하지 않으면 저작권 주장이 만료돼요.

웹 양식을 이용해 콘텐츠의 게시 중단 요청하기

콘텐츠 ID를 부여받지 못한 저작권자도 유튜브에서 제공하는 다양한 시스템을 활용하여 자신의 저작권을 침해한 영상물의 게시 중단(삭제)을 요청할 수 있습니다. 저작권자는 유튜브에서 제공하는 게시 중단 웹 양식을 이용해 자신의 저작권을 침해한 동영상 운영자에게 일괄적 또는 개별적으로 게시 중단을 요청(신고)할 수 있습니다. 저작권자가 저작물의 게시 중단을 요청할 수 있는 가장 빠르고 간단한 방법은 웹 양식을 제출하는 것입니다.

저작권자는 **저작물 게시 중단 알림** 웹 양식을 이용해 유튜브에 공식적인 게시 중단을 요청해야 합니다. 이 요청은 저작권자 또는 저작권을 위임받은 대리인이 제출할 수 있습니다.

▶ 저작물 게시 중단 알림(takedown notice)은 저작권자의 요청(통지)에 따라 동영상을 내리는 것을 말해요.

게시 중단 알림 웹 양식(https://support.google.com/youtube/answer/2807622?hl=ko)

저작권 침해 신고서

어떤 문제가 있습니까?
- ○ 부적절한 콘텐츠(과도한 노출, 폭력 등)
- ○ 내 모습이 허가 없이 이 동영상에 나타납니다.
- ○ 악용사례/괴롭힘(타인이 나의 권리를 침해)
- ○ 개인정보 보호(타인이 내 이미지 도용)
- ○ 상표권 침해(타인이 내 상표를 도용)
- ● 저작권 침해(타인이 내가 만든 자료 무단 복사)
- ○ 기타 법적 문제(키 생성기 또는 일련 번호 제공 등 기술적 장치의 우회 포함)

저작권 침해 - 누가 영향을 받습니까?
- ● 나
- ○ 내 회사, 조직 또는 의뢰인
- ○ 다른 저작권 소유자

삭제할 동영상
- 삭제할 저작권 침해 동영상 URL:
  [　　　　　　　　　　　　　　　　　　]
  저작권 침해 동영상에 대해 설명해주세요.
- 다음 중 하나를 선택: [　　　　　　　　　▼]
- ＋ 다른 동영상 추가

저작권 침해 신고서를 제출하려면 다음 필수 입력란을 작성하세요.

사용자 정보를 알려주세요.
- 저작권 소유자 이름(YouTube 사용자 이름 또는 별명):
  사용 중지된 콘텐츠 대신 저작권 소유자 이름이 YouTube에 게시되므로, 이 이름은 침해가 의심되는 저작물에 대한 설명과 함께 내 요청의 공개 기록에 포함됩니다. 실명과 이메일 주소를 비롯한 다른 정보는 전체 게시 중단 알림에 포함되며 업로더에게 제공될 수 있습니다.
  [　　　　　　　　　　　　　　]
- 위반사항 신고 자격:
  [　　　　　　　　　　　　　　]

기본 이메일 주소: altz_44@easyspub.co.kr

- 실명(회사명이 아닌 성 및 이름):
  [　　　　　　　　　　　　　　]
- 상세주소:
  [　　　　　　　　　　　　　　]
  [　　　　　　　　　　　　　　]
- 도시:
  [　　　　　　　　　　　　　　]

저작권 침해 신고서

이 신고서를 제출하면 유튜브에서는 해당 동영상의 게시를 중단하고, 저작권 고지에서 "동영상 게시 중단: 저작권 위반 경고"라는 문구를 표시합니다. 저작권자가 직접 권리 주장을 하면 유튜브는 그 내용을 동영상을 올린 사용자에게 이메일로 통지합니다. 사용자는 유튜브 스튜디오에서 권리 주장의 구체적인 내용을 확인할 수 있습니다.

저작권자라고 주장하는 자의 요청으로 자신의 동영상이 게시 중단되어 이의가 있다면 반론 통지를 제출하여 콘텐츠 복원을 요청할 수 있습니다.

유튜브의 저작권 반론 통지

유튜브의 저작권 반론 통지는 저작권 침해가 의심되어 삭제된 동영상을 복원해 줄 것을 요청하는 법적 조치입니다. 그럼 반론 통지는 언제 제출해야 할까요?
업로드한 동영상이 실수나 잘못 판단하여 사용이 중지된 경우에만 반론 통지를 제출할 수 있습니다. 그 외에는 반론 통지를 제출할 수 없어요.

그러나 유튜브의 저작권 정책은 저작권에 관한 기본 개념을 알고 있다는 전제 아래 작성되어 있을 뿐만 아니라, 영문 가이드라인을 구글 번역기로 번역해 놓은 수준이어서 일반 유튜버가 이해하기가 어렵습니다. 내용도 핵심 사항만 간략하게 기록되어 있어서 가이드라인만으로는 복잡하고 다양한 저작권 문제에 적절하게 대응하기가 쉽지 않습니다. 또한 유튜브 가이드라인을 이해하고 그대로 따랐다고 해서 저작권 문제로부터 완전히 자유로울 수 있는 것도 아닙니다. 그러므로 이 책을 통해 저작권의 개념을 먼저 이해하고, 둘째마당의 분야별 상담 사례 중에서 유튜브 관련 내용을 참고하여 판단의 기준을 세워 보세요.

K-pop 커버 노래방 사건

한 유튜버는 K-pop 커버 영상을 만들면서 유튜브 저작권 정책에 따라 유튜브 본사와 파트너십 관계를 맺은 한국음악저작권협회에 동영상 매출 수익을 배분했습니다. 그러나 노래를 원곡이 아니라 변형해서 사용했기 때문에 원저작자들이 저작권 이슈를 제기한 사건이 있었습니다.

- 헌법, 법률, 대법원 판례, 법령 해석 사례 등 검색
  국가법령정보센터 http://www.law.go.kr 044-200-6789/6790

- 저작권 등록·양도·신탁·교육·상담 등 권리 변동
  한국저작권위원회 https://www.copyright.or.kr 1800-5455
  한국저작권보호원 https://www.kcopa.or.kr 1588-0190
  한국문예학술저작권협회 http://www.ekosa.org 02-508-0440
  한국복제전송저작권협회 http://www.korra.kr 02-2068-2880

- 대중가요(작사가·작곡가)의 저작물 사용 승인
  한국음악저작권협회 https://www.komca.or.kr 02-2660-0400

- 음원 사용 승인 및 음원 사용료 협상
  한국음반산업협회 http://www.riak.or.kr 02-3270-5900
  한국음악실연자연합회 http://www.fkmp.kr 02-745-8286

- 미술·건축·사진 저작물 사용 승인
  한국미술저작권관리협회 http://www.sack.or.kr 02-325-3824

- 불법 복제물 방지·신고
  한국소프트웨어저작권협회 https://www.spc.or.kr 02-567-2567
  한국저작권보호원 COPY112 https://www.copy112.or.kr 1588-0190

- 영상 정보 처리 기기 운영 및 공공 저작물 관리
  한국콘텐츠진흥원 http://www.kocca.kr 1566-1114
  공유마당 https://gongu.copyright.or.kr 1800-5455

- 분쟁 조정 신청
  한국저작권위원회 https://www.copyright.or.kr 1800-5455
  콘텐츠분쟁조정위원회 http://www.kcdrc.kr 1588-2594

- 표준계약서 내려받기
  문화체육관광부 https://www.mcst.go.kr 044-203-2000

둘째
마당

저작권 문제, Q & A로
간단히 해결해요

첫째마당에서 저작권은 왜 알아야 하는지, 저작권법을 이해하려
면 알아야 할 기본 개념을 배웠다면 둘째마당은 관심 있는 질문
중심으로 읽어 보세요. 상담 사례 108가지를 통해 다양한 저작
권 문제를 어떻게 해결하는지 알아보겠습니다.

내 저작권 보호하기

첫째마당에서 배운 저작권법 기초 지식을 바탕으로 자신의 창작물을 지키려면 어떻게 해야 하는지 Q & A 사례를 통해 다양한 문제 해결 방법을 자세히 알아보겠습니다. 유튜브, 디자인, 웹 사이트, 인터넷 쇼핑몰, 학교 수업 교재 등으로 구분하였으니 상황에 맞게 빨리 찾아 읽고서 문제를 해결해 보세요.

001 콘텐츠는 모두 저작권 보호를 받을 수 있나요?

아닙니다. 콘텐츠(저작물)가 저작권 보호를 받으려면 창

작성(originality)이 있어야 합니다.

콘텐츠에 창작성이 있다는 것은 남의 것을 베끼지 않고

(not copying, independently create), 최소한의 개성(minimum creativity)

이 담겨 있어야 한다는 것쯤은 알고 있지요?

여기서 최소한의 개성이란 누가 하더라도 같거나 비슷하게 **표현되**

는 것이서는 안 된다는 거예요. 따라서   ▶ 저작권의 보호를 받을 수 있는 저작

콘텐츠가 저작권의 보호를 받으려면 이   물의 조건을 자세히 알고 싶다면 첫째
                                      마당 02-1절을 참고하세요.
2가지 내용을 담고 있어야 합니다.

창작성 있는 콘텐츠가 되려면!
1. 남의 것을 베끼지 않아야 해요.
2. 최소한의 개성이 있어야 해요.

콘텐츠는 대부분 창작성이 있을 것 같지만 사실 그렇지 않은 경우도

많습니다. 특히 경제적으로 수익을 크게 올린 저작물 중에 창작성이

없어서 저작권 보호를 받지 못하는 경우도 있어요.

예를 들어 1999년 말 한 CF에 소품으로 등장해서 엄청나게 많이 팔린 '빤짝이 곰' 인형은 대법원에서 창작성이 없다는 판결까지 받았지요. 또한 유명 스포츠 선수의 밀회 장면을 포착한 파파라치 사진이나 어린이에게 글자 카드로 한글을 가르치는 '신기한 한글나라', 수십억 원의 설계비를 지급한 지하철 설비도면 등 대박난 콘텐츠에도 창작성이 없다고 해서 저작권 보호를 받지 못했습니다.

원저작물을 가공하면 창작성을 인정받을 수 있어요

 사회 관계망 서비스(SNS: social network service)나 모바일 메신저 등에서 사용하는 카카오톡 이모티콘처럼 각종 아이콘이나 출판할 때 쓰는 도안(☎, 🖳, 📖, ✈), 제품 사진 등은 최소한의 개성이 없어서 저작권 보호를 받지 못하는 경우가 많습니다. 그러나 이런 개성 없는 콘텐츠도 디지털 파일로 변환하는 과정에서 그래픽 처리나 포토샵과 같은 프로그램을 이용해서 가공 작업을 하면 저작권 보호를 받을 가능성이 높아집니다.

▶ 이미지나 영상을 판매하는 업체의 콘텐츠는 함부로 사용해서는 안 됩니다. 저작권 침해는 물론 부정경쟁방지법 위반이나 민법상 불법 행위가 될 수 있기 때문이에요.

002 유튜브에 영상을 올렸는데 누군가가 허락도 받지 않고 사용했어요. 어떻게 대응해야 할까요?

유튜브에 동영상 게시 중단 요청을 하세요

내 영상이 동의 없이 다른 유튜브 영상에 사용된 것을 발견했다면 유튜브에 동영상 게시 중단을 요청할 수 있

▶ 유튜브에 동영상 게시 중단을 요청하는 방법은 82쪽 〈스페셜 01〉 '유튜브 저작권 정책을 알아봐요'를 참고하세요.

습니다.

먼저 유튜브의 저작권 정책을 알아보세요. 유튜브 고객센터에 접속해서 '정책, 안전 및 저작권' 항목을 클릭해 보세요.

계정 및 설정 관리	⌄
YouTube Premium 가입 및 관리	⌄
채널을 만들고 성장시키기	⌄
YouTube 파트너 프로그램을 통한 수익 창출	⌄
정책, 안전 및 저작권	⌃

코로나바이러스감염증 2019(COVID-19) 업데이트
코로나바이러스감염증-19 콘텐츠의 수익 창출 관련 업데이트 소식
YouTube 커뮤니티 가이드
YouTube 정책
신고 및 집행
개인정보 보호 및 안전 센터
저작권 및 권한 관리 ── 각종 신고 양식과 함께 유튜브의 저작권 정책을 확인할 수 있어요.

유튜브 고객센터(https://support.google.com/youtube#topic=9257498)

유튜브 고객센터에서 제공하는 '저작권 게시 중단 알림 제출' 웹 양식을 작성해서 제출하면 됩니다.

저작권 침해 신고서를 제출하면 유튜브에서는 동영상 게시를 중단하고 '동영상 게시 중단: 저작권 위반 경고'라는 문구를 저작권 고지로 표시합니다.

게시 중단 알림 웹 양식(https://support.google.com/youtube/answer/2807622?hl=ko)

그다음으로 경고장을 보내세요

직접 경고장을 보내는 방법도 있습니다. 일반적으로 저작권 침해 관련 경고장은 ① 상대방이 나의 저작권을 침해했다는 사실, ② 상대방이 책임을 인정하는지 여부에 관한 답변 요구, ③ 저작권 침해 행위를 중지하고 합의금 등 적절한 조치를 취해 줄 것을 요구하는 내용으로 합니다.

▶ 경고장(내용증명)을 보내는 방법은 170쪽 〈스페셜 02〉 '내 저작권 침해 해결해요'를 참고하세요.

만약 상대방이 잘못을 인정하지 않거나 합의가 잘 이루어지지 않는다면 그냥 넘어갈 것인지, 아니면 법적 절차를 밟을 것인지 결정해야 합니다. 법적 절차를 밟는다는 것은 형사 고소를 하는 방법과 민사 소송을 제기하는 방법 중에서 선택하는 것을 말합니다.

▶ 민사 소송과 형사 고소는 병행할 수 있어요. 〈스페셜 02〉 '내 저작권 침해 해결해요'의 173쪽을 참고하세요.

003 함께 작업하던 친구가 독립을 선언하면서 유튜브에서 영상을 내리라고 하네요. 친구 말대로 해야 하나요?

한 명이라도 반대하면 유튜브에서 내려야 해요

 공동 저작자 중 한 명이라도 반대한다면 유튜브에서 콘텐츠를 내려야 합니다. 비록 자신이 기여한 부분이 있다고 해도 내리는 게 맞습니다. 결국 이 영상은 아쉽지만 쓸 수 없는 콘텐츠가 되고 말겠죠.

저작권법에서는 이런 저작물을 공동 저작물이라고 하고 '공동 저작물에 관한 특례' 규정(제99조, 제100조, 제101조)을 두고 있어요. **공동 저작물이란 2명 이상 창작한 것으로, 각자 이바지한 부분을 분리해서 이용할 수 없는 저작물을 말해요**(제2조 제21항). 그러므로 영상을 공동으로 제작했다면 일단 공동 저작물이 될 가능성이 높습니다.

공동 저작물의 저작권은 저작자 모두에게 있어요

공동 저작물의 저작권은 함께 제작한 저작자 모두 합의해야만 행사할 수 있습니다(저작권법 제48조 제1항). 즉, 공동 저작자 전원이 합의해야 복제, 전송, 방송, 공연 등 저작권이 미치는 모든 행위를 할 수 있습니다. 영상을

▶ 공동 저작물을 제작할 때에는 처음부터 계약서를 쓰고 시작하는 게 좋습니다. 100쪽 Q&A 질문 004번을 참고하세요.

유튜브에 올리는 것은 전송에 해당하므로 역시 공동 저작자 모두 합의해야만 가능합니다.

이처럼 공동으로 창작을 하면 서로 분업할 수도 있고 각자 전문 분야의 능력을 합칠 수도 있어서 좋은 점도 있지만, 관계가 틀어지면 애써 만든 영상을 전혀 쓸 수 없게 된다는 단점도 있다는 것을 유의해야 합니다.

다만 대법원 판례에서는 공동 저작자가 반대하는데도 다른 저작자가 유튜브에 저작물을 올릴 경우, 저작권 침해는 되지 않지만 당사자 간의 합의를 위반한 것으로 보았어요(대법원 2014. 12. 11. 선고 2012도 16066 판결). 따라서 형사 책임은 지지 않지만 합의 위반에 대한 손해배상 책임은 져야 합니다.

004 여러 사람이 함께 만든 유튜브 영상에서 수익이 나면 어떻게 분배하나요?

제가 대본을 쓰고 저 혼자 출연한 영상인데, 나머지 친구 3명이 촬영·편집·감수를 맡아서 했어요. 그런데 감수한 친구가 어느 날 갑자기 자기가 전체 연출한 거라고 주장하는 거예요. 이럴 때 수익 분배는 어떻게 해야 하나요?

공동 저작물의 수익은 기여한 정도에 따라 나눠요

공동으로 제작한 영상은 대부분 공동 저작물이 됩니다. 만약 미리 계약을 해두었다면 계약 내용에 따라 수익을 분배하면 되지만, 그렇지 않다면 각자 기여한 정도에 따라 나누면 됩니다. 기여한 정도가 불분명하다면 저작권법은 균등한 것으로 추정합니다(저작권법 제48조 제2항). 쉽게 말하면 N분의 1로 계산한다는 거죠.

공동 제작을 할 때 계약서는 필수

영상을 공동으로 제작할 경우에는 나중에 다툼이 일어나지 않도록 수익 분배를 어떻게 할 것인지 미리 정하고 계약서를 작성해 두는 게 좋습니다. 계약서 대신 간단한 문서나 이메일이라도 꼭 남겨 놓으세요.

다만 공동 저작자가 되려면 영상을 만들 때 창작성 있게 기여해야 합니다. 이번 사례에서 감수만 한 친구는 원칙적으로 공동 저작자라고 주장할 수 없습니다. 단순한 감수만 한 것으로는 창작성을 기여했다고 보기 어렵기 때문입니다. 그러나 전체 제작 과정을 지휘하면서 의견을 적극 내고 그 의견이 실제로 반영되는 등 창작적 기여를 했다면 출연이나 촬영, 대본 집필 등을 직접 하지 않았어도 공동 저작자가 될 수 있습니다.

영상 제작자의 권리

저작권법은 '영상 저작물에 관한 특례' 규정(제99조, 제100조, 제101조)을 두고 있는데, 이 규정에 따르면 특별한 약정이 없는 경우 영상 저작물의 창작에 기여한 영상 저작자의 권리는 영상 제작자에게 양도한 것으로 추정하고 있습니다.

▶ 영상 제작자는 셋째마당 06-7절에서 자세히 설명합니다.

005 회사 지시로 촬영한 영상이 유튜브에서 엄청난 조회 수를 기록했어요. 저 혼자 작업했으니까 저한테도 권리가 있는 거죠?

동영상 제작업체 직원이에요. 회사 지시에 따라 혼자서 영상을 촬영했는데 유튜브에서 엄청난 조회 수를 기록했어요. 제가 회사에 크게 기여했는데 저작권은 회사가 모두 갖고 저한테는 아무런 권리가 없나요?

특허법에서는 회사 직원이 발명한 경우 직원이 발명자가 되고 회사는 정당한 보상을 해줘야 한다고 들었어요. 저작권법에는 그런 규정이 없나요?

업무상 저작물의 권리는 회사에게 있어요

안타깝지만 회사나 사업체의 직원으로 제작한 영상은 모든 권리가 회사에게 있습니다. 이런 저작물을 업무상 저작물이라고 해요. 업무상 저작물이 되려면 다음 5가지 요건을 갖추어야 합니다.

업무상 저작물의 5가지 요건
- 회사가 콘텐츠 제작을 기획해야 해요.
- 회사 업무에 종사하는 자가 작성해야 해요.
- 업무상 작성하는 콘텐츠여야 해요.
- 회사 명의로 공표되는 것이어야 해요.
- 계약 또는 근무 규칙 등에 다른 규정이 없어야 해요.
▶ 공표(公表)란 여러 사람에게 널리 알리는 것을 말해요.

따라서 회사 직원이 휴가 때 또는 퇴근한 후 촬영한 영상은 업무상 저작물이 아닙니다. 이런 영상은 회사에게는 아무런 권리가 없으며 직원이 모든 권리를 갖습니다.

특허법의 직무 발명과 저작권법의 업무상 저작물은 달라요

특허의 경우 발명진흥법을 두고 있어서 회사 직원이 발명해도 직원이 발명자가 되고 회사는 정당한 보상을 해줘야 한다고 규정하고 있어요. 그러나 저작권법에서 업무상 저작물에 관해서는 그런 보상 규정이 없습니다. 특허법의 발명자에 비해 저작권법에서는 이번 사례처럼 실제 창작자의 권리를 지나치게 제한하고 있다는 문제점이 있습니다.

006 실시간으로 동영상 강의를 했는데 3개월 동안 보수도 못 받고 퇴사하게 되었어요. 저작권을 가질 수 있을까요?

지난해 5월부터 7월까지 3개월간 동영상를 제작하는 회사에서 실시간 강사로 근무했어요. 저는 아르바이트로 고용되었고 회사는 개인 사업자였어요. 그런데 보수도 받지 못한 채 퇴사했는데, 강의 동영상은 회사에서 만든 거니까 회사 소유라고 하더군요. 그 후 동영상을 계속해서 판매했다고 알고 있는데 아무런 보상도 해주지 않으면서 심지어 제 프로필까지 버젓이 사용하고 있어요.

엎친 데 덮친 격으로 회사 사장님이 작고하셔서 인수인계가 제대로 이뤄지지 않아 붕 떠 있는 상황에서 제 강의 동영상이 다른 사람에게 넘어가 계속 판매되고 있다고 합니다. 그럼 이 동영상의 저작권은 누구한테 있나요? 게다가 제 전화번호까지 공개되어 어찌해야 할지 모르겠습니다. 저의 신상은 어떻게 보호받을 수 있을까요?

이 사례는 다음과 같이 2가지 경우로 나누어 봐야 합니다.

첫째, 회사가 업무상 저작물의 저작자로서 지위를 가지는 경우

저작권법에서는 회사에서 기획하여 직원(종업원)이 만든 저작물로서 회사 이름으로 공표되는 경우 회사가 저작자가 되고 회사가 모든 저작권을 갖는다고 규정하고 있습니다(저작권법 제2조 제31호, 제9조). 이 규정에 따르면 아르바이트라 해도 직원으로 일한 것이므로 강사는 동영상에 관한 권리가 없습니다.

▶ 어떤 경우에 업무상 저작물이 성립하는지는 첫째마당 02-2절 46쪽을 참고하세요.

둘째, 회사가 동영상 강의를 기획·투자하는 등 전체적으로 책임을 지는 경우

 이런 경우라면 회사는 영상 제작자가 되고 질문자는 저작자 또는 실연자가 됩니다. 저작권법에는 영상 저작물에 대한 특례 규정이 있습니다. 만약 회사가 질문자와 영상을 제작하기로 약정했다면, 특약이 없는 한 영상을 이용하는 데 필요한 권리는 회사에게 양도한 것으로 추정합니다(저작권법 제100조 제1항). 따라서 질문자가 저작자 또는 실연자로서 가지는 권리는 영상 제작자, 즉 회사에게 넘어간 것으로 보게 됩니다(저작권법 제100조 제1항, 제3항)

쉽게 말해 영상 저작물인 경우에는 일반적으로 영상 제작자에게 모든 권리가 양도되는 것으로 저작권법에서 규정하고 있어요. 따라서 질문자와 회사 사이에 특별히 약정해 둔 게 없다면 동영상에 관한 권리는 대부분 영상 제작자, 즉 회사에게 있다고 봐야 합니다.

회사에 서면으로 계약 파기와 동영상 사용 중지를 요청하세요
대가를 지급받지 못했다면 먼저 회사에 계약 파기를 선언하고 아울러 사용 중지를 요청해야 합니다. 가장 먼저 할 일은 회사에 이 내용을 서면으로 보내는 것입니다. 그 후의 일은 회사의 반응을 보면서 결정하면 됩니다.

영어 학원 강사로 일하면서 학원 요청으로 원고료도 받지 않고 학습 교재를 만들었어요. 저작권은 누구한테 있나요?

업무상 저작물이라면 저작권은 학원에게 있어요

학원에서 직원으로 근무하면서 학원을 위해 교재를 만들었고, 학원 이름으로 발행(인쇄, 배포)되었으며, 교재 표지에 학원 이름만 있고 질문자의 이름은 없다면 학원에게 저작권이 있습니다. 즉, 이런 학원 교재는 업무상 저작물에 해당합니다.

여기서 질문자가 학원의 직원인지, 아니면 프리랜서 강사 또는 외부 강사인지가 중요합니다. 직원이란 학원으로부터 지휘 감독을 받는다는 것을 의미하며, 대부분 월급을 받고 일하고 4대 보험료 등은 학원에서 납부해 줍니다. 그런데 학원 강사는 대부분 일정한 액수의 월급과 함께 수강생 수에 따른 인센티브를 더하여 받는데, 이런 경우 다소 모호하지만 직원으로 판단할 가능성이 큽니다.

만약 직원이 아니라 프리랜서나 외부 강사인데 교재 표지에 이름이 없다면 어떨까요? 결론적으로 말하면 저작권을 가질 수 있습니다.

업무상 저작물인지 아닌지 판단하는 것이 중요해요

다만 교재의 표지에 질문자의 이름이 저자로 기재되어 있다면 저작권을 주장해 볼 수 있습니다. 왜냐하면 업무상 저작물이 되어 회사(학원)가 저작권을 가지려면 회사 명의로 공표되거나 공표될 예정이어야 하기 때문입니다. 또한 원고료로 보상을 요구해서 받을 수도 있습니다.

▶ 어떤 경우에 업무상 저작물이 성립하는지는 첫째마당 02-2절 46쪽을 참고하세요.

저작권을 학원이 갖느냐(업무상 저작물), 저자인 질문자가 갖느냐(개인 저작물) 하는 문제는 결국 여러 가지 상황을 종합해서 판단해야 합니다.

동영상 제작 의뢰를 받아 프리랜서로 일했어요. 프리랜서도 저작권을 주장할 수 있나요?

프리랜서의 저작권 문제는 회사와 계약한 내용에 따라 달라져요

회사 직원이 아니라 프리랜서(또는 외주업체)로서 동영상을 제작했다면, 저작권은 일단 발주(의뢰)한 회사와 프리랜서가 맺은 계약 내용에 따라 결정됩니다. 즉, 작업한 결과물의 저작권을 회사가 갖기로 계약했다면 회사가, 프리랜서나 외주업체가 갖기로 계약했다면 프리랜서가 갖는 거죠. 이와 마찬가지로 클라이언트가 회사에 의뢰한 일이라면 회사와 클라이언트의 계약 내용에 따라 달라질 수 있어요.

프리랜서에게 일을 맡길 때에는 대부분 저작권을 회사 소유로 해서 계약을 맺습니다. 그러므로 프리랜서의 저작물은 일반적으로 회사가 저작권을 보유하게 될 가능성이 큽니다.

특별히 계약하지 않았거나, 계약서에 저작권을 규정해 놓지 않았다면 프리랜서에게 저작권이 있어요

이런 경우 동영상의 저작권은 원칙적으로 프리랜서에게 있어요. 그러나 프리랜서가 자기 재량에 따라 자유롭게 제작한 것이 아니라, 회사

판례 한솔수북과 백희나 작가 사건

한솔수북은 프리랜서 백희나 작가에게 그림책 작업을 의뢰하면서 완성된 그림책(구름빵)의 모든 저작권을 한솔수북이 갖는 것으로 계약했습니다. 그 후 백희나 작가는 그림책의 저작권은 한솔수북이 갖는다 하더라도 그림책에 등장한 '홍비', '홍시' 등 캐릭터 저작권은 자신에게 남아 있다고 주장했어요. 즉, 캐릭터의 저작권은 그림책과 별도이고 계약서에 명시되어 있지 않으므로 자신에게 남아 있다는 것입니다. 1심과 2심에서는 백희나 작가의 주장을 받아들이지 않아 캐릭터의 권리까지 한솔수북에 넘어간 것으로 판결했습니다(서울고등법원 2020. 1. 21. 선고 2019나2007820 판결). 그러나 2020년 현재 대법원에 상고되었으므로 최종 결론은 더 지켜봐야 합니다.

함께 보면 좋은
동영상 강의

의 지휘 감독 아래 지시 내용을 충실히 이행했다면 업무상 저작물이 되어 회사에게 저작권이 돌아갈 수 있습니다. 그런데 발주한 회사가 지휘 감독권을 행사했지만 프리랜서도 재량을 발휘해서 동영상을 제작했다면, 회사와 프리랜서의 공동 저작물로 봐야 합니다.

업무상 저작물의 저작권은 회사에게 있어요

그러나 102쪽 사례에서 살펴보았듯이 회사 직원(종업원)으로서 동영상을 제작했다면 업무상 저작물이 됩니다. 이때 직원이란 회사에 채용되어 고용 계약을 맺은 정식 직원이냐, 월급을 받느냐에 따라 결정되는 게 아니에요. 회사의 지휘 감독을 받느냐 그렇지 않느냐가 직원을 규정하는 중요한 요소로 작용해요.

만약 프리랜서이지만 고용되어 회사가 기획한 일을 했다면 회사로부터 구체적인 지휘 감독을 받지 않았더라도 포괄적인 고용 관계에서 포괄적인 지휘 감독에 따라 작업한 것으로 볼 수도 있습니다. 또한 고용되어 일했다면 정기적으로 급여를 받았을 테고 4대 보험료도 회사에서 납부했을 거예요. 이런 상황이라면 업무상 저작물이 되므로 동영상의 저작권은 모두 회사에게 있습니다. 이때 프리랜서가 회사에게 허락받지 않은 복사본을 만들었다면 회사의 저작권을 침해한 것으로 판단할 수 있으므로 회사의 요구에 따라 복사본을 폐기하거나 반환해야 할 의무가 있어요.

결론적으로 말하면 프리랜서이지만 회사에 고용되어 일했다면 저작물의 저작권이나 소유권을 주장하기 어렵습니다.

009 프리랜서에게 제작비를 지불하고 제작한 동영상을 받았는데 갑자기 캐릭터를 빼라고 해요. 대금을 지불한 사람이 동영상을 소유할 수 있는 거죠?

프리랜서에게 의뢰하여 캐릭터가 등장하는 동영상을 제작했어요. 캐릭터는 프리랜서가 개발한 것이고요. 이후 일정 금액을 지불하고 동영상을 받았어요. 그런데 갑자기 프리랜서가 동영상에서 캐릭터 부분을 삭제해 달라고 합니다. 처음에 캐릭터가 삽입된 동영상을 만드는 걸로 서로 합의해 놓았는데도 말이죠. 2가지 궁금한 게 있어요.

1. 동영상은 누가 소유할 수 있고, 또 동영상에 포함된 캐릭터의 권리는 누가 주장할 수 있나요?
2. 만약 동영상의 소유권이 의뢰자인 저한테 있다면 캐릭터를 제외한 부분을 변형, 수정해서 사용할 수 있나요?

특별한 약정이 없다면 동영상 저작권은 프리랜서에게 있어요

한마디로 말해 동영상의 저작권과 소유권 문제입니다. 결국 질문자와 프리랜서 사이의 계약이 어떻게 되어 있느냐에 따라 달라집니다. 그러나 당사자 간에 계약서를 작성하지 않은 채 얼마의 비용을 주고 동영상을 넘겨받는 것이 일반적입니다. 우리나라 판례에서는 이와 같이 당사자 간에 특별한 약정이 없는 경우에는 프리랜서에게 작업물의 저작권이 남아 있다고 보고 있어요.

따라서 질문자와 프리랜서 사이에 저작권에 관하여 특별한 약정을 하지 않았다면, 질문자는 사용 허락만 받은 것이고 저작권은 여전히 프리랜서에게 있다고 보는 것이 타당합니다.

저작물을 변형할 권리도 저작권자에게 있어요

저작권이 프리랜서에게 있다면 질문자가 함부로 저작물을 수정, 변형할 수 없습니다. 만약 프리랜서의 허락 없이 수정, 변형하면 프리랜서의 저작권, 그중에서도 2차적저작물작성권을 침해하게 됩니다. 이와 아울러 프리랜서의 저작인격권인 동일성유지권 침해도 성립할 수 있으니 조심해야 해요.

대금을 지불했다면 동영상에서 캐릭터를 삭제하지 않아도 돼요

다만 대가를 지급하고 동영상을 넘겨받았다면, 비록 저작권은 프리랜서에게 있어도 동영상을 사용할 권한은 질문자에게 있습니다. 따라서 프리랜서가 동영상에서 캐릭터 부분을 삭제하라고 할 권리는 없다고 봅니다. 질문자는 캐릭터가 포함된 온전한 동영상의 사용권을 취득한 것이므로, 프리랜서의 주장은 ▶ 109쪽 '한솔수북과 백희나 작가 사건' 판례를 참고하세요. 과도하다고 생각합니다.

010 웹 사이트 제작을 의뢰한 업체가 계약을 파기한 후 사이트를 오픈했는데 메인 디자인이 제가 작업한 것과 거의 똑같다면 보상받을 수 있을까요?

웹 사이트 제작을 의뢰받아 계약서도 쓰지 않은 채 메인 디자인 시안을 수정까지 해서 자료실에 올렸어요. 나머지 일을 마치려면 2주쯤 걸리는데 업체에서 갑자기 이틀 만에 끝내라 해서 분량과 스케줄이 도저히 안 돼서 못하겠다 하니 다른 사람에게 다시 의뢰하겠다고 했어요. 보수는 한푼도 못 받았어요. 자료실에 들어가 보니 데이터가 모두 삭제된 상태여서 폐기한 줄 알았어요.

일주일 후 업체에서 웹 사이트를 오픈했는데 메인 디자인이 제가 작업한 시안과 거의 똑같았어요. 이것은 명백히 저작권 침해라고 확신하고 연락했더니, 제가 작업을 제때 못 끝내서 일정에 차질이 생겨 손해를 봤으니 오히려 손해배상을 청구하겠다고 하더군요. 저한테는 개업 날짜를 말해 준 적도 없었거든요.

그러더니 도용한 사실은 인정하지만 자기랑 협의해서 만든 거니까 소유권은 회사한테 있다고 하더군요. 디자인 기획, 레이아웃, 메인 카피까지 모두 제가 혼자서 했고, 업체는 시안을 수정해 달라고 요청만 했을 뿐이에요. 혹시 몰라 원본 디자인 파일과 업체 쪽에서 오픈한 웹 사이트의 메인 디자인을 캡처해 두었어요.

업체에서 요구한 대로 보상금을 줘야 하나요, 아니면 제가 보상금을 받을 수 있나요? 업체가 디자인을 모두 폐기한 걸 어떻게 확인할 수 있나요?

계약을 파기하면 계약하지 않은 상태로 돌아가요

어떤 이유로든 계약이 파기(해제)되었다면 계약 당사자는 상대방에게 원상회복의 의무를 지며, 계약하지 않은 상태로 돌아가는 게 원칙입니다. 다만 손해배상은 별개의 문제입니다. 따라서 질문자가 작업한 디자인의 저작권은 질문자에게 있으며, 상대방은 사용해서는 안 돼요. 상대방이 계약 해제됐는데도 그대로 사용하면 저작권 침해에 해당할 가능성이 높습니다.

작업 완료 날짜를 맞추지 못해 상대방에게 입힌 손해는 별개의 문제로 처리해요

질문자에게 책임져야 할 만한 사유가 있다면 손해배상을 해야겠지요. 그러나 질문자는 작업 완료 날짜를 약속한 적이 없었다고 주장하므로, 그 부분은 다툼의 여지가 있습니다. 작업 진행 과정에서 업체가 수정해달라고 요청한 것을 공동 작업한 것이라고 한다면 과도한 주장입니다. 단순한 수정 요청만으로는 공동 저작자가 될 수 없고 창작적인 기여를 해야만 저작권을 가질 수 있어요.

또한 만약 업체와 공동 저작자가 된다고 하더라도, 질문자의 허락을 받지 못하면 업체도 공동 저작물인 웹 사이트를 이용할 수 없어요. 공동 저작물은 공동 저작자 모두 합의해야만 이용할 수 있기 때문이지요. 다만 공동 저작자 중 한 명이 다른 사람의 동의를 얻지 않은 채 공동 저작물을 이용한 경우, 판례에서는 저작권 침해까지는 아니더라도 두 사람 사이의 공동 저작물 이용에 관한 약정을 위반한 것으로 보았어요(대법원 2014. 12. 11. 선고 2012도16066 판결).

따라서 일부 공동 저작자가 다른 사람의 동의 없이 공동 저작물을 일방적으로 이용한 경우, 형사 고소는 할 수 없지만 손해배상 청구 등 민사 소송은 가능합니다.

▶ 민사 소송과 형사 고소는 〈스페셜 02〉 '내 저작권 침해 해결해요'의 173쪽을 참고하세요.

011 캐릭터와 달력을 디자인해 주고 작업비를 일부만 받았는데 거래처에서 제 디자인을 허락도 받지 않고 여기저기 사용했어요. 어떻게 대응해야 할까요?

캐릭터와 디자인을 기획하는 회사 운영자입니다. 2019년 7월경 거래처한테 캐릭터 제작 의뢰를 받아 한 캐릭터당 응용 동작을 10개씩 만들어 주기로 했어요. 이때 계약서는 안 썼고 구두로만 약속했어요. 캐릭터는 완성한 후 원본 파일을 넘겨주면 저작권을 양도하는 것으로 했어요. 하지만 2차 변형은 저희한테 허락을 받아야 하고 저희가 작업해야 한다는 조건이었습니다. 우선 기본 캐릭터 3개를 납품했는데 그 후 약속이 지켜지지 않아 그 값만 결제를 받았어요.

또한 그해 10월경 2020년 달력에 캐릭터를 넣어서 디자인을 해달라는 의뢰를 받았어요. 인쇄를 저희 회사에게 맡긴다는 조건이어서 원가에 작업해 주었죠. 그런데 이번에도 약속은 지켜지지 않았고, 그동안 작업해 준 다른 일이 잘못됐다는 이유로 결제도 일부만 받았어요. 그러고는 달력용 일러스트를 자기네 회사 홈페이지 배너와 교재, 옷, 가방 등에 사용한 거예요. 여기서 5가지 궁금한 게 있습니다.

1. 일러스트 완성본 원본 파일을 거래처에 넘겨준 적이 없으니 시안용 파일을 사용했다면 저작권 침해로 볼 수 있나요? 캐릭터와 일러스트 결제를 받았다고 해도 저작자의 허락 없이 사용해도 되는 건가요?

2. 달력용 일러스트에서 날짜 부분은 빼고 일러스트만 여기저기 사용해도 되나요? 그리고 달력에서 캐릭터만 잘라서 사용해도 저작권 침해가 되는 거 아닌가요?

3. 캐릭터를 자르고 변형해서 다른 곳에 사용했다면 불법인 거죠?

4. 거래처에서 배너나 교재, 옷, 가방 등을 없애면 어떻게 해야 할까요?

5. 만일 저작권 침해라면 뭘 준비해야 하는지(서류, 증거물 등), 보상은 얼마나 받을 수 있는지 궁금합니다.

계약 내용에 따라 달라요

 질문한 내용은 대부분 계약 내용에 따라 달라집니다. 기본적으로 저작물을 이용하도록 허락해 주면서 여러 가지 제한을 둘 수 있습니다. 예를 들어 달력에만 사용하거나 일정한 기간 동안만 사용하도록 하는 것입니다. 또 변형해서 이용할 수 있도록 허락하거나 반대로 금지할 수도 있습니다. 그런데 계약 내용이 명확하지 않은 경우에는 원칙적으로 처음에 계약한 부분만 허락해 준 것이고, 다른 방법으로 이용하는 것은 허용되지 않은 것으로 봐야 해요.

그런데 달력용 일러스트로 제작해 콘텐츠를 홈페이지 배너와 교재, 옷, 가방 등에 사용했다면 저작권 침해가 될 수 있습니다. 특히 일러스트 저작물을 넘겨준 적도 없는데 시안용 데이터를 사용했다면 분명한 저작권 침해의 책임을 물을 수 있습니다. 처음 계약한 범위를 벗어난 것이므로 저작권 침해가 성립할 가능성이 매우 높기 때문입니다.

결제 여부와 상관없이 합의한 범위를 넘어서서 저작물을 이용하면 저작권을 침해한 거예요

이러한 저작권 침해는 최초 결제가 이루어졌는지 여부와 상관없어요. 결제가 이루어졌다고 하더라도 합의된 범위를 넘어서서 저작물을 이용하면 저작권 침해가 성립하니까요.

또한 일러스트 디자인에서 배경을 빼고 캐릭터만 잘라서 사용한다거나, 캐릭터의 모습을 변형해서 사용한다면 저작권법 중에 저작인격권인 동일성유지권과 2차적저작물작성권을 침해한 것이 됩니다. 즉, 타인의 저작물을 이용해도 좋다는 허락을 받았다고 하더라도 그 저작물을 함부로 변형해서 사용하면 안 됩니다. 타인의 저작물을 변형해서 사용하려면 따로 허락을 받아야 해요. 거래처에게 저작권 침해의 책임을 물을 수 있을 것으로 보입니다.

저작권을 양도했어도 2차적저작물작성권까지 양도된 건 아니에요

 우선 원본 파일을 넘겨주면서 저작권을 양도했다고 하더라도 변형에 대한 권리는 여전히 창작자에게 있다고 봐야 해요. 저작권법 제45조 제2항에서는 저작재산권의 전부를 양도했지만 특약이 없는 경우에는 2차적저작물작성권(변형권)은 포함되지 않는 것으로 추정한다고 규정하고 있기 때문입니다.

구두 계약을 했더라도 변형에 관한 권리는 창작자가 계속 보유하고 있다고 봐야 합니다. 따라서 상대방이 캐릭터를 마음대로 변형했다면 2차적저작물작성권과 동일성유지권 침해의 책임을 물을 수 있습니다(저작권법 제13조 참조). 더구나 상대방이 이제 와서 배너 등을 삭제한다고 하더라도 이미 발생한 저작권 침해의 책임은 면제되지 않아요.

구체적인 손해배상액이 얼마나 될지는 정확히 답변하기 어렵습니다. 저작권법은 손해배상액을 산정하는 특칙을 두고 있습니다(저작권법 제125조, 제25조의2, 제126조). 일반적으로는 캐릭터나 저작물의 통상적인 사용 대가를 기준으로 개수와 사용 기간 등을 고려하여 손해배상액을 산정합니다.

▶ 민사 소송은 173쪽을 참고하세요.

대응하려면 준비할 사항

저작권 침해를 주장하려면 자신의 저작물(캐릭터, 일러스트) 사본, 상대방이 함부로 변형한 저작물의 사본, 자신의 저작물을 등록했다면 저작권 등록증, 계약서, 결제받은 영수증 등을 준비해야 합니다. 구두로만 계약을 했어도 계약은 유효합니다. 다만 계약서가 없으니 계약 내용을 입증하기가 어렵겠지요. 이 점은 상대방도 마찬가지입니다.

012 계약서도 쓰지 않고 아는 분의 지역 광고 책을 디자인했어요. 제가 만든 책 디자인의 저작권은 누가 갖나요?

경력 4년차 디자이너인데 휴직 중 아는 분의 지역 광고 책자 편집 디자인을 하게 되었어요. 주위에 알아보니 보통 한 권당 100만 원 정도 받는다고 해서 그 정도면 괜찮겠다는 생각이었죠. 그런데 자본이 하나도 없는 상태이니 70만 원에 하자고 하더군요. 모르는 분도 아니고 노는 것보다는 낫겠다 싶어 계약서도 쓰지 않고 일하기로 했어요. 그런데 참고할 자료(이미지, 사진, 디자인 등)도 없이 맨땅에 헤딩하는 식으로 디자인 포맷부터 새로 잡아야 하는 상태였어요. 디자인비도 없이 일하다 보니 내심 불만스러웠지만, 처음부터 디자인비를 따로 말한 것도 아니고, 또 아는 분이고 워낙 자본이 없다 하니 어느 정도 자리 잡으면 챙겨 주시리라 믿고 일부터 시작했죠.

12월 20일경부터 시작한 일이 해를 넘겨 2월 13일 마침내 첫 책자가 나왔어요. 첫 책이다 보니 디자인 시안도 여러 번 잡았고 그래서 작업 시간도 오래 걸렸지요. 마감 때쯤 그동안 혼자 고생했다 싶었는지 권당 100만 원으로 올려 주고 첫 책이라면서 20만 원을 더 주더군요. 그 후 3월 12일에 두 번째 책이 나왔어요. 거의 3개월 만에 책 2권을 내고 총 220만 원을 받은 거죠.

회사에서 제가 작업한 데이터를 달라고 하는데 절대로 넘기고 싶지 않습니다. 저처럼 프리랜서로 일한 경우 디자인 저작권은 누구한테 있나요? 저는 어떻게 대응하고 무엇을 준비해야 하나요?

프리랜서가 만든 저작물의 저작권은 프리랜서에게 있어요

프리랜서가 만든 저작물의 저작권은 원칙적으로 프리랜서에게 있습니다. 따라서 질문자와 고용주 사이에 특별한 계약을 체결해 둔 경우라면 그 계약이 우선이지만, 그렇지 않다면 질문자에게 저작권이 있습니다.

그러나 프리랜서라 하더라도 실제로는 고용 상태에서 작업하는 경우에는 고용주가 업무상 저작물의 저작자로서 모든 저작권을 갖게 됩니다. 즉, 저작권법에서는 프리랜서냐 직원이냐 하는 명칭이 중요한 게 아니라 고용 상태에서 직원(종업원)과 같은 지위에서 일했는지, 아니면 독립해서 프리랜서로 일했는지에 따라 저작권을 누가 갖는지 결정됩니다.

▶ 어떤 경우에 업무상 저작물이 성립하는지는 첫째마당 02-2절 45쪽을 참고하세요.

따라서 프리랜서로 일했는지, 직원으로 일했는지를 판단하는 게 중요하겠죠? 이를 판단하는 요소는 다음 5가지를 들 수 있어요.

프리랜서와 직원(종업원)을 판단하는 5가지 요소

1. 일할 때 사용하는 도구나 재료, 컴퓨터 등을 누가 제공했나요?
2. 일하는 장소가 프리랜서의 작업장이었나요, 아니면 고용주의 작업장이었나요?
3. 고용주가 작업자에게 일할 내용을 지휘, 감독했나요?
4. 작업 시간(출퇴근 시간)이 정해져 있었나요?
5. 대가를 일시금(선금, 잔금 형식)으로 지급받았나요, 아니면 정기급으로 받았나요?

데이터를 넘기지 않으려면 상대방의 계약 위반이 있어야 해요!

다만 질문자가 프리랜서로서 저작권을 갖는다 해도 이미 일정 금액을 지급받은 상태에서 데이터를 넘기지 않으려면 상대방의 계약 위반을 제시해야 해요. 그런데 질문자와 업체 사이에 구두 계약만 했고, 그것도 구체적인 보수 등을 약정한 것도 없는 것 같군요. 또 작업 결과물을 복제물로만 납품하고 원본 데이터는 넘기지 않기로 특별히 약정한 것으로도 보이지 않습니다. 따라서 업체의 계약 위반을 입증하기는 쉽지 않을 것으로 생각됩니다.

만약 작업을 의뢰한 업체에서 책을 발간할 데이터가 반드시 필요한 상황인데, 데이터를 넘겨주지 않겠다고 무작정 버텼다가는 오히려 계약 위반에 따른 손해배상 책임을 질 가능성이 있습니다.

이용허락계약과 양도계약

013 저작권에 등록한 캐릭터로 투자 회사의 방송용 애니메이션을 만들려고 하는데 어떻게 계약해야 할까요?

저작권에 등록한 캐릭터로 방송용 애니메이션을 만들려고 기획하고 있어요. 투자 회사와 계약하려고 하는데 아마추어라서 아무것도 몰라요. 4가지 궁금한 점이 있어요.

1. 주인공 캐릭터만 저작권에 등록해 놨는데 계약하기 전에 나머지 캐릭터도 등록해야 하나요?
2. 계약할 때 저작자로서의 권리와 원작료를 어떻게 제안해야 할까요? 아마추어라서 소액이어도 원작료 먼저 일시불로 받고 수익의 일부를 퍼센티지(%)로 받고 싶어요.
3. 애니메이션을 완성하면 저작권을 일부 가질 수 있나요?
4. 방송용 애니메이션을 비디오물로 판매하면 제작사가 판매 권리를 모두 갖고 저는 아무런 수익도 받을 수 없나요?

캐릭터는 모두 등록해 두는 게 좋아요

저작권에 등록하지 않았다고 해서 저작권자로서 인정받지 못하는 건 아니에요. 그러나 저작권 등록을 해두면 자신이 저작권자라고 입증할 ▶ 창작성, 아이디어·표현 이분법은 첫째마당 02-1절을 참고하세요.
때 크게 도움을 받습니다.

원작료를 퍼센티지로 받고 싶고 액수를 얼마로 할지 문의했는데 답변하기 어렵습니다. 캐릭터의 가치는 파는 사람과 사는 사람의 평가에 따라 달라지니까요.

완성한 애니메이션의 저작권은 계약 내용에 따라 달라져요

또한 완성한 애니메이션의 권리를 가질 수 있는지, 방송용 애니메이션을 비디오물로 만들어 판매하면 캐릭터 저작권자로서 권리를 가질 수 있는지는 계약을 어떻게 하느냐에 따라 달라집니다.

계약 내용에 특별한 언급이 없다면 애니메이션의 권리는 제작사가 갖는 게 원칙입니다. 방송사가 자금을 대는 등 투자를 했더라도 방송사가 제작 전체를 기획하고 책임지는 경우가 아니라면 저작권은 실제 제작한 제작사에게 있어요. 보통 외주 제작사가 권리를 갖는 경우가 많습니다.

시각적 캐릭터는 독자적인 저작권으로 인정받아요

다만 대법원 판례를 보면 시각적 캐릭터(visual character)는 독자적인 저작권을 인정하고 있어요. 따라서 방송된 애니메이션은 방송사(또는 제작사)가 권리를 모두 가진다 하더라도 계약 내용에 별다른 언급이 없다면 질문자가 창작한 캐릭터는 권리를 가질 수 있습니다.

방송 분야 표준계약서

대부분의 방송사에서는 나중에 다툼이 일어나지 않도록 계약할 때 모든 권리를 방송사가 갖는 것으로 확실하게 해두는 게 일반적입니다. 그러나 계약서의 내용이 외주 제작사에게 지나치게 불리하게 되어 있어서 문화체육관광부에서는 방송 분야 표준계약서를 공표하고 이를 사용하도록 권장하고 있어요.

표준계약서 양식은 문화체육관광부 홈페이지 → 자료공간 → 법령자료 → 표준계약서에 각 분야별로 있으므로 내려받으면 됩니다.

8가지 방송 분야 표준계약서

- 방송 프로그램 제작 표준계약서
- 방송 프로그램 방영권 구매 표준계약서
- 방송 영상 프로그램 제작 스태프 표준 근로계약서
- 방송 영상 프로그램 제작 스태프 표준 하도급 계약서
- 방송 영상 프로그램 제작 스태프 표준 위탁 계약서
- 방송 작가 집필 표준계약서
- 대중문화 예술인(가수) 방송 출연 표준계약서
- 대중문화 예술인(배우) 방송 출연 표준계약서

8가지 표준계약서는 방송 산업과 대중문화 예술의 공정한 산업 생태계 조성·발전과 방송 영상 제작·유통의 활성화를 위해 문화산업진흥기본법 제12조의2(공정한 거래 질서 구축)과 콘텐츠산업진흥법 제25조(표준계약서)에 따라 방송사, 제작사, 스태프, 방송 작가, 대중문화 예술인(가수·배우), 매니지먼트사가 각자의 상황에 맞게 사용할 수 있도록 정리한 계약서입니다.

표준계약서에는 외주 제작사가 일정한 권리를 가질 수 있도록 비교적 공정한 내용이 들어 있어요. 현재 지상파 방송사 상당수가 이 표준계약서를 사용하고 있습니다. 더 자세한 설명은 문화체육관광부 홈페이지에서 '방송 분야 표준계약서 설명(홍보) 리플릿'을 내려받아 읽어 보세요.

문화체육관광부(https://www.mcst.go.kr)

014 의뢰받아 제작한 캐릭터를 저작권에 등록할 생각인데 회사에서 먼저 디자인 등록을 해도 상관없나요?

아는 분 회사에서 캐릭터 제작을 의뢰받아 마무리 작업을 하고 있어요. 계약서는 작성하지 않았지만 캐릭터를 제가 만들었으니까 저작권을 등록할 생각인데 회사에서 디자인 등록을 하려고 해요. 저작권과 디자인 등록은 같이 해도 상관없나요? 계약서를 작성하지 않은 상태라 회사에서 어떻게 나올지 걱정돼요.

계약서를 작성하지 않아도 캐릭터를 창작했다면 저작권이 있어요

캐릭터는 창작한 사람이 저작자가 되므로 저작권도 저작자가 가지는 게 원칙입니다. 계약서를 작성하지 않았더라도 마찬가지예요. 그러나 계약서에 저작권을 회사에 양도하는 것으로 규정해 놓으면 저작자의 저작권은 회사에게 넘어갑니다.

저작권은 계약서를 작성해야만 등록할 수 있는 건 아니에요. 창작이 완성되었다면 언제라도 저작권을 등록할 수 있습니다. 이때 복제물을 함께 제출해야 합니다.

콘텐츠에 저작권과 디자인권이 모두 성립할 때 저작권이 우선해요

저작권은 창작과 동시에 발생하고, 디자인권은 등록한 후부터 비로소 발생한다는 차이점이 있어요. 첫째마당에서 살펴보았듯이 저작권은 창작이 이루어짐과 동시에 발생하므로 시간적으로 저작권이 디자인권보다 먼저 발생하는 거예요. 저작권과 디자인권은 각각 별도의 권리이므로 콘텐츠 하나에 2가지 권리가 함께 발생할 수 있어요.

한편 콘텐츠 저작권과 디자인권을 각각 다른 사람이 가질 경우 먼저 발생한 저작권자의 허락이 없으면 사용할 수 없어요. 즉, 질문자의 권리인 저작권이 우선하는 거예요. 따라서 회사에서 디자인권을 사용하려면 질문자에게 허락 또는 저작권을 양도받아야 합니다.

개인적으로 만든 캐릭터와 이미지를 입사해서 사용했다면 저작권이 회사로 넘어가나요?

입사하기 전에 틈틈이 작업한 캐릭터와 이미지가 여러 개 있는데, 나중에 상품에 그려서 팔려고 만들어 놓은 거예요. 아직 돈을 받거나 판매한 적은 없어요. 그런데 입사해서 작업할 때 회사에서 이미지와 캐릭터를 사용하자고 하는데, 그러면 저작권은 회사에 넘어가나요? 회사에서 저작권을 먼저 등록하면 저에겐 저작권이 없나요?
또 퇴사한 후에 개인적으로나 상업적으로 제가 이미지와 캐릭터를 사용할 수 없는지 궁금해요. 회사에서는 제가 저작권을 등록하지 않았으니 회사에서 먼저 등록하면 저에겐 사용권이 없다고 합니다. 그럼 제가 먼저 이미지를 등록해 놓아야 할까요?

입사하기 전에 개인적으로 작업한 저작물은 당연히 질문자에게 저작권이 있습니다. 이때 회사가 저작물을 사용하려면 다음 2가지 경우에 해당해야 합니다.

회사는 질문자에게 저작권을 양도받거나 이용 허락을 받아야 해요
저작권을 회사에 양도하면 그때부터 회사가 저작권자가 되므로, 실제 질문자가 창작했더라도 회사의 허락 없이 사용할 수 없습니다. 퇴사한 후에도 마찬가지예요. 그러나 질문자가 회사에게 저작물을 단순히 이용하는 것만 허락한다면 회사는 사용할 수만 있을 뿐 저작권은 여전히 질문자에게 있습니다.

저작권은 등록 여부와 상관없이 창작자에게 있어요

회사의 주장은 법적으로 틀렸어요. 질문자는 창작자로서 당연히 저작권을 가지며 저작권을 등록하지 않았더라도 마찬가지예요. 질문자가 창작한 이미지를 회사가 허락도 없이 등록한다면 오히려 회사가 허위 등록 등으로 법적 책임을 져야 합니다.

그러나 앞으로 불필요한 분쟁을 피하려면 일단 저작권 등록을 해놓는 것이 좋습니다. 저작권 등록은 한국저작권위원회에서 할 수 있습니다.

▶ 저작권 등록 절차는 [한국저작권위원회 홈페이지 → 사업 → 저작권 등록]에서 확인하세요. 저작권 등록 비용은 첫째마당 02-3절 47쪽에서 설명했어요.

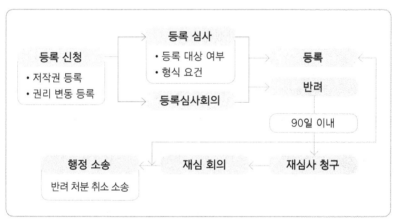

한국저작권위원회(https://www.copyright.or.kr) 저작권 등록 절차

함께 보면 좋은
동영상 강의

016 애니메이션을 제작하면 어떤 권리가 있나요?

대학 애니메이션과 학생인데 앞으로 졸업하면 콘텐츠 회사에 들어가려고 합니다. 애니메이션 작업은 여러 사람이 함께 일하는데 그럼 저작권은 누구한테 있는지 궁금해요. 작가 또는 스태프로 일하면 어떤 권리를 가질 수 있나요? 원작자, 제작자, 2차 제작자에게는 어떤 권리가 있나요?

질문이 포괄적이어서 정확하고 구체적으로 답변하기 곤란하군요. 일반적인 내용만 간단히 설명하겠습니다.

공동 저작물은 계약 내용에 따라 결정돼요

애니메이션은 이른바 영상 저작물에 해당합니다. 영상 저작물은 전체를 기획·투자하고 책임지는 제작자뿐 아니라 감독(총감독, 촬영 감독, 무대 감독, 의상 감독, 조명 감독 등), 배우, 스태프 등 여러 사람이 힘을 합쳐 만듭니다. 그러므로 완성된 애니메이션의 권리를 누가, 얼마나 갖느냐 하는 문제는 계약 내용에 따라 결정됩니다.

특별한 약정이 없으면 영상 제작자에게 모든 권리를 양도한 것으로 추정해요

저작권법에는 당사자 간에 특별한 약정을 하지 않았다면 모든 권리는 영상 제작자에게 양도한 것으로 해석하는 '영상 저작물에 관한 특례' 규정(저작법 제99조, 제100조, 제101조)이 있어요. 따라서 영상 제작자는 애니메이션을 원래 의도대로 전체적으로 이용할 수 있는 권리를 갖습니다.

다만 스토리 작가, 캐릭터 원화 작가, 배경 음악 작사가와 작곡가 등 애니메이션에 사용할 저작물의 저작자는 원작자로서 자신의 저작물을 영화에 사용할 수 있도록 허락해 줄 권리가 있어요.

스태프의 권리는 '영상 저작물에 관한 특례' 규정에 따라 영상 제작자에게 양도하는 것으로 추정됩니다. 만약 영상 제작자가 법인이고 스태프가 근로자라면 스태프는 아무 권리도 갖지 못하고 영상 제작자인 법인만 권리를 갖는 게 원칙입니다. 이런 경우 애니메이션은 업무상 저작물이 성립하기 때문입니다.

▶ 업무상 저작물은 첫째마당 02-2절 45쪽을 참고하세요.

017 저작권을 양도할 때 계약서에 2차적 저작권을 구체적으로 언급하지 않았더라도 자동으로 양도되나요?

계약서에 "위 저작물의 저작권 일체를 본 ○○회사가 갖는다."라고 되어 있는데, 이 때 2차적 저작권을 구체적으로 언급하지 않았더라도 저작권을 위임할 때 2차적 저작권은 같이 위임되는 건가요? 아니면 원제작자가 그대로 소유하는 건가요?

계약서에 2차적 저작물을 양도한다는 말이 없다면 2차적저작물작성권은 양도된 게 아니에요!

2차적 저작권은 법률 용어로 말하면 2차적저작물작성권입니다. 보통 계약서에서는 저작권을 위임한다고 하지 않고 양도한다고 합니다. A가 저작물을 창작하여 저작권을 B 회사에 양도하는 계약을 체결했는데, 계약서에 특별히 양도한다는 내용이 없으면 2차적저작물작성권은 A에게 그대로 남아 있는 것으로 추정합니다(저작권법 제45조 제2항). "2차적저작물작성권을 포함하여 모든 저작권을 B에게 양도한다."라고 분명하게 명시되어 있으면, 그때 비로소 2차적저작물작성권을 포함한 모든 저작권이 B 회사에 넘어갑니다.

이번 사례에서는 계약서에 "저작권 일체를 B 회사가 갖는다"고 되어 있는데, '일체'가 2차적저작물작성권까지 포함한 것인지는 해석에서 다툼이 있을 수 있어요. 즉, 2차적저작물작성권이 분명히 밝혀 있지 않으므로 2차적저작물작성권은 B 회사에 양도되지 않은 것으로 보는 것이 타당합니다.

다만 이는 일반적인 해석에 따른 것이고, 계약의 해석은 구체적인 계약 과정과 당사자의 관계, 지급된 대금의 액수 등을 따져서 해야 하므로 사안마다 다르게 판단할 수 있다는 것을 알아 두세요.

인터넷 쇼핑몰의 이미지를 다른 웹 사이트에서 무단으로 사용해서 민·형사 소송을 하고 싶은데 이길 수 있을까요?

인터넷 쇼핑몰을 운영하는데 업종이 비슷한 사이트에서 이미지를 도용하고 훼손해서 사용했어요. 하지만 쇼핑몰의 특성상 이런 일이 허다해서 매번 어찌해야 할지 몰라 그냥 넘어가곤 했어요. 한번은 상대방 사이트에 연락해서 삭제해 줄 것을 요청했으나 미안하다는 말은커녕 퉁명스럽기까지 했어요.

아무래도 운영자에게 경각심을 줄 필요가 있어서 법적 소송을 하고 싶은데 승산이 있을까요? 저작권을 먼저 등록해야만 민·형사 책임을 물을 수 있나요? 또한 상대방 사이트에서 판매가 하나도 이루어지지 않았다고 주장한다면 손해배상을 청구할 수 있는지 알고 싶어요.

저작물을 무단으로 복제해서 사용했는지 확인해야 해요

상대방이 질문자의 저작물을 무단으로 복제하는 등 저작권 침해 행위가 있었는지 먼저 확인해야 해요. 만약 상대방이 저작권 침해를 하지 않았는데 무작정 고소하면 질문자가 무고의 책임을 질 수도 있으니까요.

저작권을 등록하지 않았어도 저작권을 침해했다면 책임을 물을 수 있어요

상대방 웹사이트에서 이미지를 그대로 가져다 사용했다면 저작권 침해가 성립합니다. 단, 그 이미지를 질문자가 창작한 게 아니라 외주업체에게 맡겨서 제작했다면 외주업체가 저작권을 갖는 것이 원칙입니다. 그러므로 외주업체로부터 저작권을 양도받아야 비로소 침해자를 상대로 소송이나 고소를 할 수 있어요.

이때 이미지를 저작권으로 등록하지 않았더라도 상대방에게 책임을 묻는 데에는 아무런 지장이 없습니다. 저작권은 저작물을 창작함과 동시에 발생하고, 특허권이나 상표권 등과 달리 반드시 등록해야만 권리가 발생하는 것도 아니기 때문이죠.

저작권을 등록해 놓으면 창작한 날짜와 질문자가 저작권자라는 사실에 일종의 증명력(추정력)이 생기므로 소송에서 유리합니다. 하지만 저작권을 등록해 놓지 않았더라도 무단 이용자를 상대로 저작권을 침해했다는 이유로 민·형사 소송을 할 수 있습니다.

손해배상 청구는 상대방의 이익과 상관없어요

이미지를 무단으로 사용해서 웹 사이트를 운영했는데 판매가 이루어지지 않아 이익을 보지 못했다 하더라도 저작권자는 책임을 물어 손해배상을 청구할 수 있어요.

상대방에게 이익이 생겨야만 손해배상을 청구할 수 있는 건 아니기 때문입니다. 상대방이 허락도 받지 않고 저작물을 가져다 쓴 것만으로도 질문자는 이미 손해를 입은 거니까요. 이런 경우 상대방에게 저작물을 사용할 수 있도록 허락해 주고 통상 받을 수 있는 금액 정도를 손해배상으로 요청할 수 있어요.

침해 행위의 증거를 확보했다면 고소하기 전에 경고장 먼저 보내세요

상대방의 침해 행위가 확실하다면 증거 자료를 확보해야 합니다. 예를 들어 상대방 쇼핑몰 사이트에서 불법 이미지를 캡처한 출력물 등을 확보한 후 곧바로 고소하기보다는 일단 우체국에서 내용증명으로 경고장을 보내는 게 좋아요. 상대방이 내용증명을 받았으면서도 아무런 답변을 보내주지 않거나 침해 사실을 부인한다면 그때 민·형사 소송을 하면 됩니다.

> ▶ 내용증명 양식은 〈스페셜 02〉 '내 저작권 침해 해결해요'의 171쪽을 참고하세요.

한국저작권위원회의 조정 절차도 한번 생각해 보세요

민·형사 소송을 하기 전에 한국저작권위원회에서 조정 제도를 이용할 수 있어요. 조정 제도란 저작권 분쟁 당사자가 조정 신청을 한 경우 전문가로 구성된 조정부가 신속하고 공정하게 분쟁을 해결해 주는 제도예요.

> ▶ 한국저작권위원회 홈페이지에서는 조정 신청 절차와 방법 등을 상세하게 알려 주고 있으며, 전화 상담도 실시하고 있어요. 129쪽을 참고하세요.

분쟁 조정은 3개월 정도면 끝나도록 되어 있으며, 조정이 이루어지면 재판상 화해, 즉 법원의 확정 판결과 같은 효력이 발생한다는 장점이 있어요. 그러나 상대방이 응하지 않으면 조정은 성립되지 않으므로 결국 재판으로 갈 수밖에 없다는 점도 알아 두세요.

조정 제도

조정 제도란 전문가로 구성된 조정부가 저작권 분쟁 당사자의 합의를 유도함으로써 분쟁에서 신속하게 벗어날 수 있도록 지원하는 제도를 말해요. 한국저작권위원회는 1987년부터 조정 업무를 해왔으며, 저작물 이용 등으로 발생하는 다양한 저작권 침해 관련 분쟁을 해결하고 있어요.

대상	저작권 관련 분쟁
조정부	1명 또는 3명으로 구성
신청 비용	1 ~ 10만원
처리 기한	신청일로부터 3개월 이내
성립 시 효력	재판상 화해(법원의 확정 판결과 동일)
장점	전문성, 신속성, 경제성, 비밀 유지
근거	저작권법 제113조 제1호, 제114조 내지 제118조

▶ 조정 제도는 [한국저작권위원회(https://www.copyright.or.kr/) → 사업 → 조정·알선 → 조정 → 분쟁조정 바로가기]를 누르면 조정 대상과 절차, 비용, 신청 안내 등을 자세히 볼 수 있어요.

019 제가 찍은 여행 사진을 여행 정보 전문 업체에서 마음대로 퍼가서 사용했는데 신고할 수 있을까요?

스마트폰으로 찍은 여행 사진을 색감 등을 예쁘게 보정해서 SNS에 올렸는데, 여행 정보 전문 업체에서 동의도 구하지 않고 자기네 웹 사이트에 마음대로 퍼가서 올리고 홍보용 전단지에도 사용한 걸 발견했어요. 신고할 수 있을까요?

법적으로 어떤 보상을 받을 수 있는지, 이런 사례가 다시 발생하지 않게 하려면 상대방에게 어떻게 해야 하는지 알고 싶어요. 그리고 상대방 사이트에서 제 사진을 이용한 후 매출이 얼마나 발생했는지 알 수가 없는데, 어떤 내용을 근거로 손해배상을 청구해야 하나요?

당연히 신고할 수 있습니다. 사진 저작물은 촬영한 사람에게 저작권이 있으니까요. 질문자가 개인 SNS 계정에 사진을 올린 것은 감상을 하라는 것이지 마음대로 이용하라는 건 아니라고 봅니다. 더구나 여행 정보 전문 업체에서 다른 사람의 사진을 영업에 활용했다면 영리 목적으로 이용한 것이 되어 책임이 더욱 무겁습니다.

▶ 여기서 신고란 민·형사 소송이나 고소를 제기하는 것을 말해요.

사진을 촬영한 후 이미지 작업을 했다면 창작성을 인정받아요

질문 내용은 최근 문제가 많이 되고 있는 사례입니다. 사진을 기계적

사진에 창작성이 있는지 판단하는 게 중요해요

사진은 창작성이 특히 중요해서 저작물이 될 수 없는 경우도 있어요. 피사체를 있는

그대로 기술적, 기계적으로 촬영한 사진은 창
작성이 없다고 보고 저작권에서 보호해 주지
않기 때문입니다.

▶ 저작물의 창작성 요건 3가지는 첫째
마당 02-1절 28쪽을 참고하세요.

예를 들어 증명사진이나 여권 사진은 저작권 보호를 받지 못합니다. 또한 카탈로그(광
고 전단지)를 제작하려고 촬영한 제품 사진은 누가 촬영하더라도 같거나 비슷할 수밖
에 없으므로 창작성이 없어서 저작권이 생기지 않는다는 대법원 판례가 있습니다(대
법원 2001. 5. 8. 선고 98다43366 판결).

으로만 촬영한 게 아니라 이미지 작업까지 했다면 창작성이 있을 가
능성이 높으므로 저작권을 가질 수 있어요. 즉, 같은 사진이라 하더라
도 이미지화한 사진, 예술성 있는 사진은 저작권
보호를 충분히 받을 수 있습니다. 다만 창작성이
있는지 판단은 매우 주관적이어서 다툼이 일어날
수 있다는 점도 알아 두세요.

창작성을 인정받으면 민·형사 소송에서 이길 수 있어요

이번 사례와 같이 창작성을 인정받은 저작물을 허락도 받지 않고 함
부로 가져다 사용하면 저작권 침해가 성립해요. 즉, 저작권 중에서 복
제권, 2차적저작물작성권 침해에 해당합니다. 만약 전단지에 사진을
넣어 홍보용으로 배포하면 배포권을 침해하는 것이며, 인터넷에 올리
면 전송권을 침해하는 것입니다.

그러므로 질문자는 여행 정보 전문 업체를 상대로 손해배상을 청구할

수 있고, 또 형사 처벌을 받도록 수사 기관에 고소할 수도 있어요. 다만 형사 고소는 피해 사실을 안 날로부터 6개월 이내에 해야 한다는 점을 잊지 마세요.

한국저작권위원회에 조정 신청을 해도 돼요

민·형사 소송은 시간도 오래 걸리고 비용도 들어가므로 먼저 상대방에게 사진의 사용 중지(SNS에서 사진 내리기)를 요청하고, 그래도 계속 사용한다면 우체국에서 내용증명으로 경고장을 보내는 게 좋습니다.

▶ 한국저작권위원회의 조정 제도는 137쪽 〈알아두면 좋아요!〉에서 자세히 설명합니다.

또한 한국저작권위원회의 조정 제도를 이용하는 방법도 있어요. 한국저작권위원회에 조정신청을 하면 간편하고 빠르게 절차가 진행된다는 장점이 있어요.

그러나 한국저작권위원회의 조정은 구속력이 없으므로 상대방이 조정에 응하지 않거나 조정이 성립되지 않으면 결국 정식 재판으로 넘어가야 해요. 그렇게 되면 2중 절차를 밟는 셈이 될 수 있으니 소송과 조정 중에서 어느 쪽을 선택할지 잘 결정해야 합니다. 어느 쪽을 선택하더라도 한번 정도는 저작물을 무단 이용하는 사람들에게 내용증명으로 경고장을 보내서 적절한 조치를 요구하는 것이 좋습니다.

상대방 사이트에서 매출이 얼마나 발생했는지 알아보려면 소송해야 해요

보통 수사 기관이나 법원에 의뢰하여 관할 세무서에 매출 신고한 내

역을 조회하는 방법이 있습니다. 그러나 매출을 신고하지 않았거나 축소해서 신고했다면 또 다른 방법을 강구해야 합니다. 예를 들어 수사 기관에 의뢰하여 관련 장부를 압수하거나, 상대방 웹 사이트의 과금 체계가 전자적 금전 결제 방식으로 이루어지는 경우 또는 다른 과금 기관을 이용하는 경우에는 사실 조회를 해보는 방법이 있습니다.

'과금'이란 어려운 말이 나왔는데, 서비스를 제공한 쪽에서 사용자에게 사용료를 거두어들이는 것을 말해요.

▶ 상대방에게 내용증명으로 경고장을 보내는 방법은 〈스페셜 02〉 '내 저작권 침해 해결해요'의 170~171쪽을 참고하세요.

개인적으로 사실 조회를 하면 조회 기관에서는 개인정보라고 하여 답변해 주지 않는 것이 보통입니다. 따라서 사실 조회는 소송을 제기한 이후 법원을 통해 신청해야 답변받을 가능성이 높아집니다.

▶ 손해배상은 173~174쪽을 참고하세요.

함께 보면 좋은
동영상 강의

공모전 출품과 저작권

020 개인 SNS 자료실에 있는 이미지를 사업용 포털 사이트에서 도용했다면 보상받을 수 있나요?

며칠 전부터 어떤 포털 사이트에서 제가 작업한 일러스트 이미지를 허락 없이 사용하여 플래시 배너를 2가지 형태로 제작했더군요. 마일리지를 얻으려고 제 개인 SNS에 공개 자료로 올려놓은 이미지였어요. 그래서 참고로만 사용해야 하고 절대 사업용(영리 목적)으로 사용할 수 없다는 문구도 분명히 표시해 놓았어요.

그래서 상대방에게 항의 전화를 했더니 지금 배너를 내렸다고 사과를 하면서 없던 일로 하자고 하더군요. 이런 경우 보상받을 방법이 있나요? 참고로 그 사이트의 배너 광고를 캡처해 두었고, 플래시 배너 역시 링크가 걸린 상태로 내려받아 놓았어요.

보상도 받을 수 있고, 형사 고소도 할 수 있어요

이런 경우 저작권 중에 복제권과 2차적저작물작성권 침해에 해당해요. 배너 광고를 캡처해 두었고, 플래시 배너도 링크가 걸린 상태로 내려받아 놓았다면 관련 증거도 확보한 셈입니다. 따라서 저작권 침해 사실을 입증하는 것은 그리 어렵지 않을 것으로 보입니다. 상대방이 전화로 사과를 했더라도 이 메일이나 문서로 잘못을 인정하는 내용을 받아 두면 더 확실합니다.

저작재산권과 저작인격권 침해에 따른 손해배상을 받을 수 있어요

저작재산권과 저작인격권 침해에 따른 손해배상을 모두 받을 수 있는데, 문제는 손해배상액을 정하는 거예요. 저작재산권 침해에 따른 손해배상액은 어느 정도 정형화되어 있지만, 저작인격권 침해에 따른 손해배상액은 정해진 규칙이 없어서 매우 유동적입니다.

다만 저작권법은 상대방이 침해 행위로 이익을 얻은 경우에는 이익금을 손해배상액으로 정하고(저작권법 제125조 제1항), 또 침해 저작물의 통상적인 사용료에 해당하는 금액을 손해배상액으로 정하기도 해요(저작권법 제125조 제2항). 이러한 규정에 따라 손해배상액을 정하는 것도 어렵다면 법원의 판단으로 적절한 금액을 손해배상액으로 정하게 됩니다(저작권법 제126조).

이런 규정은 재산 손해에 따른 배상액을 정하는 것이므로, 저작인격권 침해에 따른 위자료 부분은 따로 계산해야 해요. 위자료는 법원에서 적절한 금액을 재량에 따라 정하는데, 질문자의 경력과 상대방이 잘못을 인정했는지 등 여러 가지 사정에 ▶ 위자료는 174쪽을 참고하세요. 따라 달라져요.

따라서 손해배상액은 법원에서 최종 결정하므로 시간이 걸릴 뿐 어렵거나 불가능한 문제는 아닙니다. 다만 이런 과정을 거치는 것보다는 일단 상대방과 액수를 적절히 조정하는 것이 좋습니다.

021 사진사가 의뢰를 받아 찍은 사진의 권리는 누구한테 있나요?

어떤 회사에서 의뢰를 받아 사진 촬영을 했는데 우연히 한 매체에서 사진 밑에 다른 사람의 이름이 적혀 있는 것을 발견했어요. 물론 대가는 받았습니다. 그런데 촬영할 때 의뢰자가 소품이나 자사 제품을 모두 제공했고 대가도 지불했다면서 사진의 소유권은 자기한테 있다고 주장합니다.

저작권법에는 창작과 동시에 권리가 발생한다고 되어 있으니까, 사진을 직접 촬영한 저한테 모든 권리가 있는 건가요? 사진을 전단지나 달력 등 상업 광고용으로 대여·판매할 때 의뢰자한테 동의를 받아야 하나요? 의뢰자와 촬영자의 권리 범위는 어디까지인지 궁금합니다.

의뢰받고 촬영한 사진의 저작권은 원칙적으로 사진사에게 있어요

의뢰를 받고 사진을 촬영한 경우 저작권은 원칙적으로 의뢰받은 사람, 즉 사진사에게 있습니다. 따라서 사진을 복제·전시·배포·전송하는 권리는 모두 사진사에게 있습니다. 저작권이 있는 사진을 다른 사람의 이름으로 복제하거나 전시·인쇄 등을 하면 저작권, 그중에서 복제권 또는 전시권 등을 침해한 것입니다. 그뿐만 아니라 허락 없이 저작자의 이름을 바꾸어 사용했다면 저작인격권인 성명표시권의 침해도 성립합니다.

의뢰자와 촬영자의 권리는 계약 내용에 따라 달라져요

결국 저작물의 권리는 의뢰자와 촬영자가 맺은 계약이 어떤 내용으로 되어 있느냐에 따라 달라집니다. 만약 계약 내용이 의뢰자에게 저작권을 양도하는 것으로 되어 있거나, 저작물을 의뢰자만 독점해서 사용할 수 있다고 되어 있다면 촬영자가 저작권자라고 하더라도 의뢰자의 동의 없이 마음대로 이용할 수 없습니다.

문제는 계약서에 명시적인 규정이 없는 경우입니다. 보통 서면이 아니라 구두로 계약하는 경우가 많고, 또 계약서를 작성하더라도 저작권 양도인지, 독점적 이용 허락인지, 그것도 아니면 그냥 촬영자가 모든 권리를 갖는지 명확히 구분하지 않아서 모호한 경우가 많습니다.

이런 경우에는 당사자가 계약하게 된 경위, 당사자가 촬영 계약을 통해 달성하고자 하는 목적, 촬영 과정에서 의뢰자가 관여한 정도, 지급된 대가의 액수 등을 고려하여 합리적으로 판단해야 합니다. 당사자 간에 의견이 일치하지 않으면 마지막으로 법원에 판단을 의뢰하면 됩니다.

의뢰자와 촬영자의 계약 내용을 어떻게 해석하느냐에 달렸어요

한마디로 말해 의뢰자와 사진사의 권리는 계약 내용을 어떻게 해석하느냐에 따라 달라지며 일률적인 기준은 따로 없습니다. 그러나 기본적으로는 촬영한 사진사에게 저작권이 있으므로, 이 사진을 다른 사람이 인쇄(복제)해서 배포하려면 사진사의 동의를 받아야 합니다. 따라서 사진 촬영을 의뢰한 사람도 사진을 복제·배포하려면 사전 또는 사후에라도 사진사와 계약을 체결하는 것이 원칙입니다. 단순히 촬영비를 지급했다고 해서 의뢰자에게 사진을 복제·배포할 수 있는 권리가 생기는 것은 아닙니다.

다만 명시적인 계약을 체결하지 않았더라도 의뢰인이 어떤 용도로 촬영을 의뢰했는지를 사진사가 알고 있고, 의뢰인이 복제·배포할 것을 알면서도 사진사가 원본을 제공하고 아무런 이의를 제기하지 않았다면 사진사가 의뢰인에게 복제·배포를 묵시적으로 허락한 것으로 볼 수도 있습니다.

함께 보면 좋은
동영상 강의

독점적 이용허락계약

022 주간지에 기고한 글과 사진이 인터넷판으로 옮겨지면서 제 이름이 담당 기자의 이름으로 바뀌었어요. 소송하면 이길 수 있을까요?

해외여행 칼럼니스트예요. 국내 유명한 신문·출판사 주간지에 세계 여행지를 소개하는 글과 사진을 6회 시리즈로 기고했어요. 출판물에는 글과 사진의 작가로 제 이름이 표시되었어요. 그런데 인터넷판으로 만든 칼럼 6개 중에서 5개에는 제 이름 대신 담당 기자 이름만 들어 있어요. 제가 찍은 사진과 글이 담당 기자의 것으로 둔갑해 버린 거죠. 그래서 지난 9월쯤 전화해서 시정해 달라고 요구했지만 이후 반영되지 않았어요. 이와 관련해서 궁금한 점 3가지가 있어요.

1. 저는 글과 사진을 인쇄 매체에만 쓰는 것으로 알았고, 온라인에서 사용해도 된다고 동의한 적이 전혀 없어요. 이것도 문제가 될까요?
2. 사진 44컷과 200자 원고지 기준으로 90매가 넘는 자료를 사용해서 쓴 칼럼 5개가 인쇄물 상태 그대로 인터넷으로 옮겨지면서 제 이름을 빼고 담당 기자 이름이 들어간 거예요. 이건 분명히 문제가 된다고 보는데, 저만 그렇게 생각하는 건가요?
3. 끝으로 1, 2번의 이유를 들어 민·형사 소송을 할 수 있나요?

저작권 침해를 주장할 수 있을 것으로 보입니다

우선 인쇄 매체에만 사용하는 것으로 알고 온라인에 사용하는 것은 동의하지 않았다고 한다면, 질문자가 신문·출판사와 계약했을 때 기고 내용을 인쇄 매체에만 사용하도록 했을 것으로 보입니다. 만약 인쇄 매체에만 사용하도록 계약했다면 저작권 침해가 될 수 있어요.

인쇄 매체에서 저작물을 사용하는 것과 온라인에 자료를 올리는 것은 완전히 다릅니다. 시장이 다르기 때문이지요. 인쇄 매체보다 온라인이 훨씬 전파력이 강하므로, 온라인에 올리려면 저작자에게 미리 따로 허락을 받아야 합니다. 다만 신문·출판사가 인쇄 매체와 함께 온라인에서도 주간지를 함께 제공한다는 것을 질문자가 사전에 알고 있었다면, 신문·출판사에서는 질문자가 온라인에 싣는 것을 묵시적으로 허락한 것으로 본다고 주장할 가능성이 있어요.

온라인에서 저작자의 성명을 누락하면 성명표시권을 침해한 거예요

온라인에 저작물을 올리면서 저작자의 성명을 누락했다면 저작인격권인 성명표시권을 침해한 거예요. 다만 저작인격권 침해는 민사 소송을 할 수 있지만 형사 고소까지 가능한지는 생각해 볼 여지가 있습니다. 왜냐하면 민사 책임 외에 형사 책임을 물으려면 저작자의 성명을 누락함으로써 명예가 훼손되었다는 점까지 입증해야 하기 때문이에요. 성명을 누락한 것이 명예를 훼손한 것인지 여부는 사안의 성격과 판단 기관에 따라서 다르게 볼 여지가 있어요.

▶ 저작권법 제136조(벌칙) 제2항 제1호에는 저작인격권을 침해하여 저작자의 명예를 훼손한 자는 3년 이하의 징역 또는 3천만 원 이하의 벌금에 처한다는 내용이 있어요.

저작권법

제12조(성명표시권)

① 저작자는 저작물의 원본이나 그 복제물에 또는 저작물의 공표 매체에 그의 실명 또는 이명을 표시할 권리를 가진다.

② 저작물을 이용하는 자는 그 저작자의 특별한 의사표시가 없는 때에는 저작자가 그의 실명 또는 이명을 표시한 바에 따라 이를 표시하여야 한다. 다만, 저작물의 성질이나 그 이용의 목적 및 형태 등에 비추어 부득이하다고 인정되는 경우에는 그러하지 아니하다.

023 회원들이 올린 영화 한글 자막 자료를 다른 웹 사이트에서 빼가는데 어떻게 해야 하나요?

영화 자막을 회원들이 올려서 자유 배포하는 웹 사이트를 4년 동안 운영하고 있어요. 영화 자막 자료는 대부분 영어 자막을 한글로 해석한 거예요. 국내에서 이 정도 자료를 구축한 사이트는 저희 자료실밖에 없어요. 그런데 어떤 사이트에서 회원에게 이벤트 행사를 하면서 거의 모든 자료를 6개월 동안 퍼갔어요.

그것도 부족해서 이제는 저희 자료를 새로운 수법으로 퍼가고 있어요. 저희 쪽에서 신규 자막을 올리면 사용자가 받아서 영화 재생 프로그램인 곰플레이어로 동영상을 재생할 수 있도록 해주는 방법이에요. 그러면 자동으로 그 동영상에 맞는 신규 자막이 해당 업체의 자료실로 전송되는 거예요.

그 결과 저희 사이트 방문자 수는 자꾸 줄어들어 존폐 위기가 올 게 뻔해서 어떻게 해야 할지 막막합니다. 어쨌든 저희 쪽 웹 사이트에 이런 문제가 발생할 것을 대비해서 정해 놓은 약관이 있어요. △△는 제가 운영하는 웹 사이트 이름입니다.

△△ 약관

1. 자막 자료 이동 및 수정에 대한 규칙

　가. 원자막 제작자님 또는 이곳의 원출처를 명시하지 않는다면 이에 대한 수정 및 삭제를 요구할 수 있습니다.

　나. '가.'의 정책을 위반하지 않는다면 자막 자료실 내의 모든 자막 자료는 아무 조건 없이 자유롭게 이동 및 타 사이트에 게시할 수 있습니다.

　다. '나.'의 약관도 순수한 의도가 아닌 상업적 조직적 목적에 의해 대량 이동 시에는 불가합니다.

　라. 게시된 모든 자막 자료는 △△에 업로드함과 동시에 차후 문제가 발생했을 시 △△에서 대표하여 손해배상 및 법적 처분을 대행함을 동의한 걸로 간주합니다.

질문 내용이 명확하지 않아서 분명한 답변을 드리기가 곤란하군요. 다만 질문자가 운영하는 사이트에 올린 자료를 다른 곳에서 대량으로 복제해 간 사안으로 이해됩니다. 이런 경우라면 법률 관계는 다음과 같이 처리됩니다.

영어 자막은 해당 영화사 등이, 번역 자막은 번역한 사람이 저작권을 가져요

 우선 영어 자막의 저작권은 해당 영화사 등에서 갖고 있을 거예요. 그렇지만 영어 자막을 우리말로 번역한 자막(번역 자막)의 저작권은 번역한 사람에게 있어요. 왜냐하면 번역 자막은 이른바 2차적 저작물이므로 독립된 저작물로 보호받으며 번역한 사람은 저작자가 되기 때문입니다.

다만 이와 같은 2차적 저작물을 작성하거나 이용하려면 원저작자의 허락을 받아야 합니다. 따라서 한글 번역 자막을 작성하려면 원저작물인 영어 자막 저작권자의 허락을 받아야 해요. 그렇지 않으면 영어 자막 저작물의 저작권을 침해한 게 됩니다.

번역 자막을 복제, 전송할 경우 한글 자막과 영어 자막 작성자 둘 다 허락받아야 해요

영어 자막의 저작권은 영화사가 가지고 있을 가능성이 크므로 영화사로부터 허락받는 것이 안전합니다. 원문인 영어 자막과 마찬가지로 번역 자막에도 저작권이 있어서 번역 자막을 사용하면 원문인 영어 자막도 동시에 사용되는 셈이 됩니다. 따라서 영어 자막과 번역 자막 작성자 모두 저작권 침해를 주장할 수 있어요.

하지만 웹 사이트 운영자는 원칙적으로 저작권 침해를 주장할 수 없어요. 다만 질문자 웹 사이트의 약관 '라'항에 따라 번역 자막 작성자를 대리(대행)하여 민·형사상 고소를 제기할 수는 있어요. 그런데 실제 고소를 제기하려면 자막 작성자의 위임장 등 관련 서류를 받아야 해요. 이런 서류를 갖추지 않고 약관 규정만 준비해서 고소를 했다가는 잘못될 경우 권한 없이 고소한 것이 되어 업무 방해나 무고 등의 책임을 질 수 ▶ 민사 소송과 형사 고소는 〈스페셜 02〉 '내 저작권 침해 해결해요'의 173~175쪽을 참고하세요. 도 있습니다.

024

음식점에서 일하면서 직접 만들어 촬영한 음식 사진을 제 마음대로 사용할 수 없나요?

A 음식점 주방에서 일하면서 음식을 만들고 예쁘게 꾸며서 제 카메라로 촬영했어요. 그 후 음식점 홍보 전단지를 만들 때 이 사진을 사용했지만 어떠한 보수도 대가도 받지 않았어요. 얼마 후 퇴사하고 개업해서 홍보용 전단지를 만들 때 전에 촬영했던 음식 사진을 넣어서 배포했어요. 그러던 중 A 음식점 사장이 우리 전단지를 들고 찾아와서 자신의 전단지에서 사용한 음식 사진과 똑같으니 모두 회수하고 나머지도 배포하지 말라고 요구했어요. 만약 전단지를 계속 뿌리면 소송도 불사하겠다고 합니다.

이게 가능한 일인가요? 제가 음식을 직접 만들고 제 카메라로 촬영한 사진인데 자유롭게 사용할 수 없는 건가요?

촬영한 사진이 업무상 저작물에 해당하는지 판단하는 게 중요해요

A 음식점에서 촬영한 사진이 업무상 저작물에 해당하는지에 따라 저작권 소유가 달라집니다. 업무상 저작물이 되는 요건은 다음 5가지입니다.

업무상 저작물이 되는 5가지 요건

1. 고용주(A 음식점 사장)가 창작(사진 촬영)을 기획했나요?
2. 고용주의 직무에 종사하는 자가 창작했나요?
3. 창작이 직무에 관한 거였나요?
4. 창작물이 고용주의 이름으로 공표될 예정이었나요?
5. 계약 또는 근무 규칙 등에 다른 규정은 없었나요?

▶ 업무상 저작물은 첫째마당 02-2절 46쪽을 참고하세요.

이 요건에 따르면 촬영한 사진의 저작자는 고용주인 A 음식점 사장입니다. 다시 말해 A 음식점의 직원으로서 사장의 지시에 따라 촬영하는 것이 질문자의 업무였고, 촬영한 사진이 A 음식점 이름으로 전단지에 실렸다면 저작권은 사장에게 있습니다. 이런 상황에서는 실제 음식을 만들고 촬영했다 하더라도 사진에 관해서는 아무런 권리를 가질 수 없습니다. 따라서 새로 창업한 질문자의 음식점 전단지에 마음대로 사용할 수 없습니다.

만약 업무상 저작물이 되는 요건 중에서 하나라도 충족하지 못하면 실제 촬영한 사람에게 저작권이 있어요

그러나 업무상 저작물이 되는 요건 5가지 중에서 하나라도 충족하지 못하면 질문자가 사진의 저작권을 가질 수 있어요. 따라서 자신이 새로 개업한 음식점을 선전하는 전단지에 자유롭게 사용하고 배포할 수 있습니다.

부정경쟁행위가 된 사례

공동으로 운영하던 성형외과 병원에서 독립해 따로 병원을 개업하면서 이전 홈페이지에 실린 before/after 사진을 가지고 나가 자기가 새로 개업한 성형외과 홈페이지에 게재한 것이 문제가 된 사례가 있습니다. 이 사건에서 법원은 저작권 침해는 되지 않지만 부정경쟁행위가 된다고 판결했어요.

그러나 부정경쟁행위는 상도의에 어긋난 부정한 경쟁을 할 목적인 경우에만 성립합니다. 법원이 이런 경우에 부정경쟁행위를 인정하는 사례가 아직 많지 않습니다. 그러나 어쨌든 그런 사례가 있다는 점은 유념해야 합니다.

▶ 부정경쟁행위 방지에 관한 법률인 '부정경쟁방지법'은 첫째마당 02-6절을 참고하세요.

025 직업 모델인 아내의 사진을 출판사에서 무단으로 사용했다면 저자와 출판사 모두 소송해야 하나요?

아내가 직업 모델이어서 패션 카탈로그와 잡지 화보 등에도 나옵니다. 그러다 보니 허락도 없이 사진을 사용하는 경우가 있어 아내는 이미지가 실추될까 걱정합니다. 예전에 어떤 신문사에서 아내 사진을 함부로 사용해서 광고주한테 연락해 합의금을 받고 조용히 마무리한 적이 있어요.

또한 아내가 웨딩드레스 모델로 사진을 촬영한 적이 있는데, 어떤 책에서 이 사진을 무단으로 사용해서 알아보니 판매량 1위인 베스트셀러였어요. 그래서 전화로 항의를 했지만 출판사도 저자도 아무 반응이 없어요. 이럴 때 소송을 하거나 내용증명을 보내려면 출판사와 저자 중에 어느 쪽에게 해야 할까요?

출판사와 저자 모두에게 내용증명을 보낼 수 있어요

사진의 무단 사용을 중지해 줄 것을 요청할 수 있어요. 모델을 촬영했을 때 저작권은 사진을 찍은 사진사나 사진사를 고용한 광고주 등이 가질 수 있지만, 저작권법에서는 모델의 동의 없이 함부로 이용해서는 안 된다고 규정하고 있어요. 여기에서 '위탁'이란 어려운 말이 나오는데, 법률 행위나 사무 처리를 다른 사람에게 맡기는 것을 말해요.

제35조(미술저작물 등의 전시 또는 복제)

④ 위탁에 의한 초상화 또는 이와 유사한 사진저작물의 경우에는 위탁자의 동의가 없는 때에는 이를 이용할 수 없다

묵시적, 거래 관행으로 모델이 사용을 허락한 것으로 해석되는 경우도 있어요

다만 모델이 사진을 어떤 방식으로 이용해도 좋다고 허락했다면 더 이상 문제 삼을 수 없습니다. 그리고 그러한 허락은 반드시 명시적인 것만 아니라 묵시적 또는 거래 관행으로 모델이 당연히 허락한 것으로 해석되는 경우도 있어요.

만약 묵시적으로 허락한 것이 인정되면 위탁에 의한 초상화 또는 그와 유사한 사진 저작물이 아니라 그야말로 광고 사진이 됩니다. 그리고 광고 사진으로 본다면, 광고 모델로 일하기로 하면서 체결한 계약 내용이 어떻게 되어 있는지가 중요합니다. 예를 들어 원래 제작하기로 한 카탈로그에만 한정해서 사진을 이용할 수 있다고 했는지, 아니면 촬영한 사진은 어떤 방식으로 이용하더라도 좋다고 했는지에 따라 달라집니다. 이때 계약은 반드시 서면으로 되어 있을 필요는 없고, 구두로 합의한 경우에도 효력이 발생합니다.

026 "힘들 때 기대세요." 같은 카피 문구도 저작권에 등록할 수 있나요?

저작권법은 제목, 짧은 표어, 캐치프레이즈 등은 보호하지 않는 게 원칙이에요

제목, 표어, 캐치프레이즈 등은 짧아서 인간의 사상이나 감정을 충분히 창작적으로 표현하지 못한다는 이유로 저작권 보호를 받지 못해요. 특히 표어나 캐치프레이즈는 저작권 등록을 신청하면 거절될 가능성이 있어요.

최근에는 재치와 창작성이 뛰어난 제목과 짧은 표어, 캐치 프레이즈, 카피 문구 등도 많이 개발되고 있어요. 따라서 앞으로는 이런 짧은 문구도 보호해야 한다는 주장이 점차 설득력을 얻어 가고 있어요. 예를 들어 제목으로 "행복은 성적순이 아니잖아요", "그대가 곁에 있어도 나는 그대가 그립다" 등과 같은 문장은 저작권으로 보호해야 한다는 주장이 그렇습니다.

함께 보면 좋은
동영상 강의

027 학회 논문은 어떻게 저작권 보호를 받나요?

일반적으로 학회에 회원 가입할 때 저작권 관련 사항은 없는 걸로 알고 있습니다. 그리고 학회에 논문을 발표할 때도 회원은 회비를 냅니다. 학회 논문은 어떻게 저작권 보호를 받는지 궁금합니다.

1. 저자가 3명이면 저작권 승인을 3명 모두 받아야 하나요?
2. 학회가 저자와 저작권 계약을 했는지 어떻게 알 수 있나요? 계약서가 없다면 무엇을 기준으로 하나요?
3. 개인 논문이 학회를 통해서 다른 곳에 PDF 파일로 제공된다면 개인이 학회와 PDF를 제작·배포한 곳을 상대로 소송할 수 있나요?
4. 학회가 지금까지 무작위로 PDF를 제작·배포했다면 과거 자료의 대가도 학회와 계약하여 소급해서 받을 수 있나요? 논문을 내려받은 개인에게도 과거 대가를 소급해서 받을 수 있나요?

----

1. 저자가 3명이라면 3명 모두에게 허락받아야 해요

한 명이라도 빼놓으면 안 됩니다. 다만 저자들 사이에서 저작권을 행사할 대표를 뽑았다면 그 사람한테만 허락받으면 됩니다. 그러나 이런 경우는 거의 없습니다. 따라서 저자 모두 허락을 받아야 한다고 생각하면 됩니다.

2. 학회나 저자에게 문의할 수밖에 없어요

학회와 저자 사이에 체결한 계약 내용은 학회나 저자에게 문의하는 방법밖에 없어요. 계약을 특별하게 맺지 않았다면 저작권은 원칙적으로 저자에게 있다고 봐야 합니다. 일반적으로 학회는 저자와 저작권 계약을 체결하는 경우는 별로 없는 것으로 알고 있습니다.

특히 저자가 게재료를 지급하면서 학회지에 싣는 경우에는 저자가 저작권을 유지하는 것이 당연합니다. 따라서 저작권은 보통 저자의 허락만 받으면 되고 학회의 허락까지 받을 필요는 없을 것입니다. 다만 일부 학회에서는 논문 투고를 받으면서 저작권을 학회가 보유하는 것으로 약정하는 경우도 있습니다. 그런 약정이 있는지는 개별 학회에 문의해야 알 수 있습니다.

▶ 학회와 논문 투고를 한 저자의 약정 관련 내용은 324~325쪽을 참고하세요.

또한 개별 논문을 파일로 올리지 않고 학회지를 통째로, 또는 상당 부분을 그대로 올리면 학회의 편집저작권을 침해할 우려가 있으니 학회의 허락도 함께 받아야 합니다.

3. 저자와 학회 사이의 묵시적 양해가 인정되면 저작권을 물을 수 없어요

원래 오프라인 학술지 형태로만 발간하기로 되어 있는데, 저자의 허락을 받지 않고 학회 웹 사이트에 PDF 파일로 올리면 저작권을 침해한 책임을 학회에 물을 수 있습니다. 그러나 저자와 학회 사이에 인쇄된 책자만이 아니라 논문을 PDF 파일로 만들어 온라인에 올리는 것까지 양해되어 있다면 학회에 책임을 물을 수 없습니다. 그러한 양해는 명시적, 묵시적으로 이루어질 수도 있습니다. 즉, 학회가 논문을 PDF 파일로 올리는 것을 저자가 사전에 알고 있으면서 원고를 제공했다면 묵시적으로 양해했다고 볼 수 있습니다.

4. 합의를 한다면 과거 자료의 대가도 소급해서 받을 수 있어요

기존에 저작권 침해로 볼 만한 행위가 있었다면 모두 소급해서 대가를 받을 수 있습니다.

028 미니시리즈 대본을 써서 드라마를 제작할 때 저작권을 보호하려면 어떻게 해야 하나요?

미니시리즈의 형식에서 각 시즌은 그 자체로 이야기가 완결되고 중요 등장인물과 내용은 연속성이 있어요. 만약 제가 쓴 대본으로 시즌 1의 드라마가 제작, 방송된 후 성공적이라는 평가를 받으면 시즌 2가 제작되겠지요. 그렇다면 시즌 2가 제작될 때 저한테는 어떤 권리가 있나요?

1. 제작사에서 시즌 2 대본을 다른 사람에게 맡길 수도 있는데, 그럼 저는 아무런 권리가 없나요? 말하자면 독점적 집필권 같은 것을 요구할 수 있나요?
2. 시즌 1 이후의 시리즈나 이와 관련된 영화, 애니메이션 등을 제작할 수도 있을 텐데 그때 저는 어떤 권리를 행사할 수 있나요? 수익 요구나 시나리오를 쓰는 권리를 가지려면 어떻게 해야 하나요? 시즌 1을 계약할 때 이와 관련하여 따로 명시해야 하나요?
3. 제 작품의 독특한 상황이나 설정, 세계관 등을 저작권으로 등록하고 싶어요. 그러면 시즌 1의 작품 전체를 모두 등록해야 하나요, 아니면 시놉시스(스토리와 등장인물 소개)만으로 가능할까요?

----

1. 어문적 캐릭터는 저작권 보호를 받지 못할 가능성이 커요

작품이 성공하면 흔히 스토리와 캐릭터에 기초해서 속편을 만듭니다. 이때 원작자의 허락 없이 주인공을 비롯한 주요 등장인물을 이용하면 저작권을 침해한 것이 되느냐가 문제입니다. 이 경우에는 원작과 속편에 동일하게 나타나는 캐릭터가 어문적 캐릭터인가, 아니면 시각적 캐릭터인가에 따라 달라집니다. 어문적 캐릭터는 소설이나 희곡, 드라마 대본의 주인공 같은 것을 말하고, 시각적 캐릭터는 만화나 만화 영화의 주인공처럼 시각적 이미지가 확실하게 표현된 것을 말합니다.

질문자가 창작하고자 하는 것은 드라마 대본입니다. 드라마 대본은 어문 저작물이며 질문자가 창작한 캐릭터 등은 어문적 캐릭터에 해당합니다. 결론적으로 말하면 어문적 캐릭터가 저작권 보호를 받은 경우는 거의 없습니다.

서울고등법원에서 선고한 이른바 애마부인 사건(1991. 9. 5.)이 이번 사례와 거의 같은 사안을 다루고 있습니다. 원작 소설 《애마부인》을 영화로 만들어 성공하자 영화사가 저작자의 허락을 받지 않고 속편을 만들어 소송이 걸린 사례입니다. 소설 《애마부인》과 영화 〈애마부인 속편〉은 주인공 이름 등 캐릭터가 똑같고 작품의 기본 콘셉트가 같지만, 스토리 전개가 다르므로 원저작물과 2차적 저작물의 관계를 인정할 만한 본질적인 특징이 없다고 하여 별개의 저작물이라는 이유로 저작권 침해를 부정했습니다.

2. 실질적 유사성이 있어야 저작권 침해를 주장할 수 있어요

따라서 시즌 1을 마치고 질문자의 허락 없이 속편이 만들어졌을 때 저작권 침해를 주장하려면 창작한 드라마 대본과 속편에 등장하는 인물이 같고, 등장인물 사이의 갈등 관계와 해결되어 나가는 스토리 전개 등 본질적인 특징을 함께 가지고 있다는 것을 입증해야 합니다. 즉, 두 저작물에 실질적 유사성이 있어야 해요.

단순히 사상이나 주제, 소재가 같거나 비슷한 것만으로는 저작권 침해가 성립하지 않습니다. 두 저작물 사이에 사건의 구성과 전개 과정, 등장인물의 교차 등에 공통점이 있어야 한다는 것입니다. 결론적으로 말하면, 등장인물이 똑같아도 스토리가 다르면 별개의 저작물이 되고 결국 저작권 침해는 성립하지 않습니다.

3. 작품 전체를 저작물로 등록하는 게 좋아요

작품의 독특한 상황이나 설정, 세계관 등은 아이디어 영역에 속하므로 아이디어가 아무리 독창성이 있어도 저작권 보호를 받기는 어려워요. 하지만 그러한 아이디어를 바탕으로 전개된 구체적인 스토리는 저작권 보호를 받을 수 있습니다.

저작물 등록은 저작물에 해당하는지 형식적인 심사만 하기 때문에 어떤 방식으로든 받을 수 있어요. 하지만 아이디어는 등록해 놓았다 하더라도 저작권 보호를 받을 수는 없습니다. 따라서 저작물을 등록할 때에는 작품 전체를 해두는 게 좋습니다.

▶ 저작권 등록은 한국저작권위원회(https://www.copyright.or.kr)에서 할 수 있습니다. 저작권 등록 절차는 129쪽을 참고하세요.

029 작가인데 극본을 팔려고 해요. 거래할 때 주의할 점이 있을까요?

작가인데 극본을 팔아 볼까 해요. 한번도 거래해 본 적이 없어 여러 가지 궁금한 점이 많아요.

1. 저작물을 거래할 때 연령 제한이 있나요?
2. 거래하려면 어떤 절차가 필요한가요?
3. 작가가 사망한 경우 저작권은 얼마 동안 적용되나요?
4. 순수 창작물인데 다른 작품과 비슷하면 어떻게 되나요?
5. 저작물로 인정받으려면 저작권 등록을 꼭 해야 하나요?

----

1. 저작물을 거래할 때 연령 제한은 필요없어요

다만 우리나라 민법 제5조에는 미성년자가 계약을 하려면 법정 대리인(부모)의 동의를 받아야 한다고 규정하고 있어요. 따라서 미성년자라도 부모가 동의하면 저작물을 얼마든지 거래하고 계약할 수 있습니다.

2. 거래하는 데 필요한 절차는 따로 없어요

일반적인 계약처럼 상호 조건에 합의한 후 계약서를 작성하고 서명 날인하면 됩니다. 계약서를 작성할 때에는 문화체육관광부나 한국저작권위원회 홈페이지에서 분야별 표준 계약서 양식중에서 내려받으세요.

▶ 표준계약서 양식은 124~125쪽을 참고하세요.

3. 사망한 작가의 저작저작권은 사후 70년까지예요

작가가 사망하면 그후 70년까지 작품을 저작재산권으로 보호해 줘
요. 다만 저작인격권(공표권, 성명표시권, 동 ▶ 저작인격권은 셋째마당 07장, 저작
일성유지권)은 저작자가 사망하면 그와 동 재산권은 08장을 참고하세요.
시에 소멸합니다.

4. 작품이 비슷해도 독창적이고 순수한 창작물이라는 점을 입증할 수만 있다면 저작권 침해가 아니에요

순수한 창작물인데도 다른 사람의 작품과 유사한 경우가 있어요. 진
정으로 다른 사람의 작품을 모방하지 않았고, 따라서 자신이 독창적
으로 작성한 창작물이라는 점을 입증할 수만 있다면 아무런 문제가
되지 않습니다. 독창적으로 만든 작품인데 우연히 다른 사람의 것과
비슷하다고 해서 표절의 책임은 지지 않아요. 저작권은 모방금지권이
기 때문에 모방하지 않았다면 아무리 똑같은 작품이라 하더라도 저작
권 침해는 아닙니다.

5. 반드시 저작권 등록을 해야만 저작권으로 인정받는 건 아니에요

저작권은 창작과 동시에 발생하므로 등록하지 않아도 창작자에게 권
리가 발생합니다. 다만 저작권 등록을 해놓으면 나중에 분쟁이 생겼
을 때 자신이 저작권자라고 주장할 수 있는 효과적인 증거를 확보해
놓는 셈이 됩니다.

**보드게임을 기획만 하고 아직 제품을 만들지 않았어도 저작
권 보호를 받을 수 있나요?**

보드게임을 기획하고 테스트 버전을 만들어 실행해 본 결과 주위에서 상품성이 있다
고 칭찬해 주셔서 제작 회사에 연결해 볼까 합니다. 그런데 아직 제품으로 나오지 않
은 상태에서 구성물과 게임 규칙을 제작 회사 관계자에게 보여 주면 바로 모방품이
나올 수도 있다고 해서 특허를 생각해 봤어요. 그런데 특허를 내려면 비용이 많이 들
더군요. 혹시 이러한 아이템도 저작권 보호를 받을 수 있는지, 비용은 얼마나 드는지
궁금해요. 저작권과 특허는 어떤 차이가 있나요?

특허는 '아이디어'를, 저작권은 '표현'을 보호해요

특허와 저작권의 차이점은, 기본적으로 특허는 아이디어
를 보호하고, 저작권은 아이디어의 표현을 보호한다는
것입니다.

예를 들어 A가 자동차 만드는 방법을 발명했고, B가 그 방법으로 자
동차를 만들었다고 가정해 봅시다. 이때 A가 발명한 자동차 만드는
방법은 특허로 보호받을 수 있지만, B는 자동차를 만드는 방법을 자
기 나름대로 표현해서 저술해 놓았다면 그 표현은 저작권법으로 보호
받을 수 있어요.

그러나 자동차를 만드는 방법 자체는 저작권법에서 보호해 주지 않으
므로 A가 특허 등록을 해두지 않으면 B가 자동차를 만들었다 해도 특

허 침해도, 저작권 침해도 주장할 수 없어요.

다만 A가 저술한 책을 B가 그대로 베꼈을 때 B를 상대로 저작권 침해를 주장할 수는 있어요. 그러나 B가 A와 다르게 표현했다면 저작권 침해를 주장할 수 없습니다.

게임의 진행 방식은 아이디어에 해당해요

일반적으로 어느 특정한 게임의 진행 방식(콘셉트) 자체는 보호받을 수 없습니다. 예를 들어 가위바위보 게임은 누군가 처음으로 생각해 냈다고 하더라도 저작권 보호를 받을 수 없어요. 다만 가위바위보 게임을 책으로 썼다면 저술한 표현 자체는 저작권을 가질 수 있어요. 그러나 그 책에 저술된 가위바위보 게임의 진행 방식 자체는 아이디어에 해당하므로 보호받을 수 없어요. 이와 같이 아이디어는 저작물로 보호되지 않고 표현만 보호되는 것을 아이디어·표현 이분법이라고 해요.

▶ 아이디어·표현 이분법은 첫째마당 02-1절 31쪽을 참고하세요.

보드게임을 하는 방법 자체는 특허 보호를 받기 힘들어요

특허로 보호받으려면 발명이어야 하고, 발명은 "자연 법칙을 이용한 기술적 사상으로서 고도한 것"이어야 해요. 보드게임을 하는 방법은 자연 법칙을 이용했다고 보기 어려우므로 특허 보호 대상으로 보기 힘듭니다. 다만 보드게임을 하는 데 필요한 도구 등이 새롭고 진보된 고안이라면 실용신안이나 디자인 등으로 보호받을 수 있습니다.

031 모델 하우스 카탈로그에 사용한 원조감도를 편집해서 판매하는 회사인데, 편집한 내용을 2차적 저작물로 등록할 수 있나요?

모델 하우스 카탈로그를 편집하여 판매하는 회사입니다. 원조감도에 동수, 층수, 평형, 단지 배치도, 방 평면도를 추가하여 편집한 후 80×60cm로 인쇄해서 부동산 중개업 사무실에 판매하고 있어요. 원조감도의 1차적 저작권은 아파트를 분양하는 건설 회사에 있는 걸로 알고 있어요.

그런데 주변에 있는 부동산 중개업 사무실에서 저희가 편집한 조감도를 축소 복사하고 디지털카메라로 촬영하여 사용하고 있어서 2차적 저작물로 등록해서 저작권 보호를 받고 싶은데 가능할까요?

만약 저작권 보호를 받을 수 있다면 관련 아파트를 각각 등록해야 하는지, 아니면 여러 아파트에 공통으로 적용되는 편집 형식을 하나의 저작물로 등록해야 하는지 알고 싶습니다.

편집에서 창작성이 있으면 2차적 저작물로 보호받을 수 있어요

질문자가 작성한 편집 조감도는 2차적 저작물로 보호받을 수 있을 것으로 생각됩니다. 편집 과정에서 질문자의 창작성이 발휘된 것으로 볼 수 있기 때문입니다. 편집에서 창작성이 있으면 2차적 저작물로 보호받는 것은 물론이고 저작권도 등록할 수 있어요.

아파트마다 등록해야 하는지, 아니면 편집 방법 자체를 등록해야 하는지는 편집 조감도를 보지 않아서 정확히 답변하기 어렵군요. 저작권 등록을 담당하는 한국저작권위원회 등록임치 팀(02-2669-0010)을 직접 찾아가서 편집 조감도를 보여 주거나 서신을 이용해 어떤 형식으로 등록할 것인지 상담하는 게 좋겠습니다.

아이디어에 해당하는 편집 방법은 저작권 보호를 받을 수 없어요

다만 편집 형식 자체는 아이디어에 해당하므로 저작권 보호를 받지 못할 수도 있어요. 저작권은 아이디어는 보호하지 않고, 아이디어를 표현한 것만 보호해 주기 때문이에요. 그러므로 편집 형식을 저작권에 등록해 놓더라도 아무런 보호를 받지 못할 수도 있습니다. 저작권 등록이 바로 보호 여부를 결정해 주는 것은 아니니까요.

한국저작권위원회(https://www.cros.or.kr/) → 저작권 등록 바로가기

032 해외에서 국내 저작물을 침해하는 사례가 많나요?

외국 영화 〈40살까지 못해본 남자〉의 아이디어를 우리나라 개그맨이 쓴 책에서 가져왔다는 주장이 일면서 작은 논란이 있었죠. 이러한 식으로 우리나라 작품(콘텐츠)의 지적재산권을 해외에서 무시하는 사례가 종종 있나요?

표절하는 사례가 늘어나고 있어요

우리나라 작품을 외국에서 표절한 사례는 많지 않습니다. 특히 문학 작품에서 표절은 없는 편입니다. 그러나 음악의 경우에는 2002년 월드컵 당시 이정현 가수가 부른 노래를 이탈리아 가수가 표절해 불렀다고 해서 문제가 된 경우가 있지요. 또 서태지의 노래를 몽골 가수가 표절해서 법정 다툼까지 갔는데, 우리나라 가수가 그냥 중도에 취하한 경우도 있어요.

▶ 표절은 셋째마당 〈스페셜 05〉 '표절의 기준과 저작권 침해 여부 판단하기'의 438~440쪽에서 자세히 설명합니다. 첫째마당 02-2절 39쪽도 참고하세요.

게임 저작물에서는 우리나라 국민 게임이라고 하는 넥슨의 카트라이더를 중국 게임 회사가 표절해서 문제가 된 적이 종종 있어요. 또 넥슨의 BnB 게임을 중국의 게임 회사가 QQ탕이라는 이름으로 표절했다고 해서 문제가 된 사례도 있습니다. 우리나라가 디지털 콘텐츠 강국이 되면서 외국에서 표절하는 사례가 늘어나고 있으며, 앞으로 더 많아질 것으로 보입니다.

 **스페셜 02**   **내 저작권 침해 해결해요**
— 경고장 발송, 분쟁 조정 신청, 법적 처벌

방법 1. 저작권 침해 행위 자료 수집해서 경고장(내용증명) 보내기

저작권 침해 행위를 발견하면 증명할 수 있는 자료를 수집해 놓아야 합니다.
저작권 침해 행위 자료를 수집하는 방법은 다음과 같습니다.

> - 웹 사이트에 침해 저작물이 올라 있으면 해당 화면을 날짜와 URL 주소가 나온
>   상태로 캡처하세요.
> - 이미지든 영상물이든 콘텐츠 자체를 저장하세요.
> - 콘텐츠의 게시 기간, 조회 수, 다운로드 수, 사용료 등의 정보를 수집하세요.
> - 침해 사이트의 운영자가 회사라면 회사명과 대표이사 이름, 사업자 등록 번호, 연
>   락처, 업종 등 침해자의 정보도 수집하세요.

증거를 수집했으면 침해자를 곧바로 고소하거나 소송을 제기하
기보다는 경고장을 보내서 침해 행위를 중단할 것을 먼저 요청
하는 것이 좋습니다. 경고장에는 침해 행위를 명확하게 특정하
여 지적하고, 그 침해 행위를 중단할 것, 합의금을 지급할 것 등의 요구 사항
과 아울러 일정 기한을 정하여 그 기한까지   ▶ 권리자의 선택에 따라서 경고장 없
답변을 요구하는 내용을 기재합니다.   이 곧바로 민사 소송이나 형사 고소를 할 수도 있습니다.

경고장은 내용증명의 형식으로 보내는데, 경고장 원본 1부와 사본 2부(총 3
부)를 작성하여 우체국에 가서 내용증명으로 보내면 됩니다. 저작권과 관련
된 일반적인 경고장 양식을 소개합니다.

경고장을 내용증명으로 보내는 예

내 용 증 명

수신인 : □□□
발신인 : ◇◇◇
연락처 :

제목 : 저작권 침해 행위 중단 및 손해배상 등 요청

1. 질문자의 건승을 기원합니다.
2. 발신인은 ◆◆ 저작물의 창작자로서, ◆◆ 저작물에 대한 저작재산권과 저작인 격권 일체를 보유하고 있습니다.
3. 발신인은 질문자가 운영하고 있는 ●●사이트에 ◆◆저작물이 발신인의 허락 없이 일부 편집·수정되어 올려져 있는 것을 확인하였습니다. 이는 발신인이 ◆◆저작물에 대하여 가지고 있는 저작재산권 중 복제권과 전송권, 2차적저 작물작성권, 저작인격권 중 동일성유지권과 성명표시권을 침해하는 행위입 니다.
4. 이에 발신인은 질문자의 ●●사이트에서 ◆◆저작물을 편집·수정한 콘텐츠를 즉시 내려줄 것과, 아울러 적절한 손해배상금을 산정할 수 있도록 해당 콘텐 츠의 게시 기간, 판매 수량 및 금액 등에 관한 일체의 자료를 보내 주실 것을 정중히 요청합니다.
5. 본 서신을 수령하는 날로부터 2주 내에 발신인이 요구하는 위 사항에 대한 수 락 여부를 서면으로 알려 주시고, 아울러 적절한 조치를 취하시기 바랍니다. 이 기간이 경과하면 부득이 질문자를 상대로 민·형사상의 모든 조치를 취할 수밖에 없다는 점을 알려드립니다.

20○○. ○○. ○○.
위 발신인 ◇◇◇

만약 상대방이 경고장(내용증명)을 받았으면서도 아무런 답변을 보내주지 않거나 침해 사실을 부인한다면 이제 그냥 넘어갈 것인지, 아니면 민·형사상 고소를 제기해 수사와 재판 등 법적 절차를 밟을 것인지 결정해야 합니다.

함께 보면 좋은
동영상 강의

방법 2. 한국저작권위원회의 분쟁 조정 신청

민·형사 책임을 제기하면 수사와 재판 절차가 진행됩니다. 그런데 수사와 재판은 결론이 나오기까지 오랜 시간이 걸리고 비용도 적지 않게 듭니다(특히 민사 소송). 따라서

민·형사 책임을 제기하기 전에 한국저작권위원회에서 주관하는 조정 신청을 고려하는 것도 한 방법입니다.

한국저작권위원회에서 진행하는 분쟁 조정 절차는 비용이 저렴하고(10,000~100,000원), 기간도 신청일로부터 3개월로 매우 짧습니다. 사안이 복잡하거나 합의 가능성이 있는 경우에는 1회에 한하여 3개월 정도 기간이 연장되는 경우도 있으나, 대부분 3~4개월이면 절차가 종료됩니다. 조정 절차에서 조정이 이루어지면 조정 조서를 작성하는데, 이 조서는 확정 판결과 같은 효력을 갖습니다.

다만 조정 절차를 진행했으나 상대방과 원만한 합의가 이루어지지 않을 경우 재판으로 갈 수밖에 없다는 단점이 있습니다.

▶ 조정 조서는 조정이 성립되었을 때에 당사자 사이에 합의된 사항을 작성한 문서를 말해요.

▶ 조정 제도는 [한국저작권위원회(https://www.copyright.or.kr) → 조정·알선]에서 자세히 알아볼 수 있어요. 한국콘텐츠진흥원(https://www.kcdrc.kr)의 콘텐츠분쟁조정위원회(http://www.kcdrc.kr)에서도 이와 유사한 조정 제도를 운영하고 있습니다.

방법 3. 법적 처벌

저작권을 침해한 것이 인정되면 이제 어떤 종류의 책임을 지느냐 하는 문제가 남습니다. 저작권을 침해했을 때에는 민사 책임과 형사 책임을 물을 수 있습니다. 민사 책임과 형사 책임은 각각 별개이므로 어느 하나만 책임지는 경우도 있지만 모두 지는 경우도 있습니다.

민사 책임

민사 책임은 정지 책임과 손해배상 책임으로 나뉩니다. 정지 책임은 이미 만들어 놓은 침해 물품이나 침해 행위에 사용된 물건을 판매하거나 사용하지 못하도록 폐기하는 등 더 이상의 침해 행위를 하지 못하게 일정한 조치를 취하는 것입니다.

▶ 손해배상은 금전적인 배상을 말합니다.

- 정지 책임

정지 책임은 더 이상 침해 행위를 하지 못하도록 조치하는 것을 말합니다. 예를 들어 불법으로 제조된 음반을 판매하지 못하도록 폐기하거나 음반을 제조할 때 사용된 기계 장치를 더 이상 사용하지 못하도록 폐기하는 것입니다. 유튜브에 올린 불법 영상물은 보통 유튜브에서 삭제하고 더 이상 올려서는 안 된다는 명령을 내립니다. 이 명령을 어기고 또다시 같은 영상물을 유튜브에 올리면, 위반 행위 1회당 얼마간의 금액을 계산하여 금전 배상을 해야 합니다. 이런 방식을 간접 강제라고 합니다. 침해 행위를 더 이상 하지 못하도록 사람을 가두는 직접 강제는 할 수 없으니, 위반하면 금전 배상을 하도록 간접적으로 강제한다는 의미입니다.

함께 보면 좋은
동영상 강의

- 손해배상 책임

손해배상은 크게 재산적 손해배상과 정신적 손해배상으로 나눌 수 있습니다. 저작재산권을 침해하여 발생한 손해배상이 재산적 손해배상이고, 저작인격권을 침해하여 발생한 손해배상이 정신적 손해배상이라고 생각하면 이해하기가 쉬워요.

▶ 정신적 손해배상을 보통 위자료라고 합니다.

재산적 손해배상이든 정신적 손해배상이든 액수를 계산하는 것은 매우 어렵습니다. 그래서 대부분 법원에서 재판을 하여 액수를 결정합니다. 특히 재산적 손해배상은 침해 행위로 피해자가 입은 금전적 손해가 얼마인지를 금액으로 결정해 주는데, 실제 금액이 얼마인지를 정확히 계산하기는 현실적으로 거의 불가능합니다.

이러한 점을 고려하여 저작권법은 재산적 손해배상의 액수를 계산하는 특별한 규정을 두고 있습니다. 그래서 실제 재판에서는 대부분 이 특별 규정에 따라 손해배상액을 결정합니다.

함께 보면 좋은
동영상 강의

형사 책임

형사 책임을 결정하는 과정은 일반적인 범죄의 경우와 크게 다르지 않습니다(저작권법 제136조 제1항).

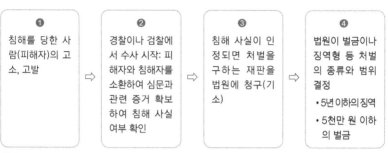

❶	❷	❸	❹
침해를 당한 사람(피해자)의 고소, 고발	경찰이나 검찰에서 수사 시작: 피해자와 침해자를 소환하여 심문과 관련 증거 확보하여 침해 사실 여부 확인	침해 사실이 인정되면 처벌을 구하는 재판을 법원에 청구(기소)	법원이 벌금이나 징역형 등 처벌의 종류와 범위 결정 • 5년 이하의 징역 • 5천만 원 이하의 벌금

형사 책임을 결정하는 과정

다만 검찰에서는 범죄 사실이 인정되는 경우에도 사안이 경미하거나 피해자의 나이 등을 고려해서 기소하지 않고 기소 유예, 즉 사건을 불문에 붙이는 처분을 내릴 수도 있습니다. 또한 법원이 징역형을 선고하는 경우는 흔치 않고, 1천만 원 이하의 벌금형을 선고하는 경우가 대부분입니다.

• 고소할 때 주의할 점

저작권을 침해하는 행위는 기본적으로 친고죄를 적용합니다. 따라서 저작권 침해는 피해자의 고소가 없으면 수사나 처벌을 할 수 없어요.

여기서 주의해야 할 것은 친고죄는 고소 기간에 제한이 있다는 것입니다. 피해자는 침해 행위를 안 날로부터 6개월 이내에 고소를 해야 하고, 그 기간이 경과하면 고소권이 사라집니다. 그렇게 되면 고소를 할 수 없게 되지요.

다만 영리 목적이나 상습적으로 저작권을 침해했다고 판단한 경우에는 친고죄를 적용하지 않습니다. 따라서 이런 경우에는 고소 기간과 상관없이 처벌을 요구할 수 있습니다.

함께 보면 좋은
동영상 강의

05

다른 사람의 저작권 침해하지 않기

지금까지 자신의 창작물을 침해당하거나 도용되지 않도록 지키려면 어떻게 해야 하는지 알아보았어요. 05장에서는 다른 사람의 권리를 침해하지 않으려면 알아야 할 저작권법을 Q&A 사례를 통해 자세히 알아보겠습니다. 사진, 동영상, 이미지, 음원, 인터넷 쇼핑몰, 홍보 마케팅, 학교 수업물 등으로 구분하였으니 상황에 맞게 빨리 찾아 읽고서 문제를 해결해 보세요.

033 인터넷에서 퍼온 이미지나 영상을 유튜브나 블로그에서 사용해도 되나요?

 인터넷 사이트에서 퍼온 이미지나 영상은 될 수 있는 한 이용하지 않는 것이 좋습니다. 과거에 비해 다른 사람의 콘텐츠를 퍼오는 것이 쉬워 졌지만, 허락 없이 사용한 콘텐츠를 적발하는 기술도 그만큼 발전했다는 점을 염두에 두어야 합니다.

> ▶ 디지털 파일 형태의 콘텐츠는 각각 해시값(함수)이나 DNA값을 가지고 있습니다. 그래서 이런 해시값이나 DNA값을 대조해서 허락도 받지 않고 퍼간 콘텐츠를 모니터링하거나 필터링하는 디지털 기술이 발달했어요.

쇼핑몰의 제품 사진, 여행사의 여행지 사진도 조심하세요

간혹 쇼핑몰을 운영하는 분들이 제조업체 홈페이지에서 상품 이미지를 복사해서 자기 쇼핑몰 홈페이지에 올리는 경우가 있습니다. 그런데 이런 제

> ▶ 쇼핑몰 관련 내용은 Q&A 088~100번을 참고하세요.

품 사진도 그래픽 처리나 포토샵 처리가 되어 있으면 저작권으로 보호받습니다. 이 밖에 소규모 여행사를 운영하는 분들이 홈페이지나 블로그, 유튜브 등에서 여행 상품을 소개할 때 직접 가서 촬영하기 힘드니까 여행지 사진이나 동영상을 인터넷에서 검색해서 퍼와서 올리는 경우가 있습니다. 이런 사진이나 영상 역시 당연히 저작권의 보호를 받으므로 사용하지 않는 것을 권장합니다.

034 영리 목적 없이 인터넷에서 이미지를 내려받아 홈페이지에 링크하려고 하는데 문제가 될까요?

인터넷에서 유명 화가의 작품이나 컴퓨터로 만든 이미지를 내려받아 제 홈페이지에 링크하려고 해요. 이럴 경우 출처만 제대로 밝히면 되는지, 아니면 작가에게 이메일을 보내서 허락을 받아야 하는지 궁금합니다. 물론 제 홈페이지 회원들이 참고 자료로 볼 뿐 어떤 영리 목적도 없습니다. 만약 저작권 침해가 된다면 법적으로 어떤 처벌을 받나요?

단순히 링크만 한다면 저작권 침해가 되지 않아요

 결론적으로 말씀드리면 영리를 목적으로 하지 않고 출처를 밝힌다고 해도 자료를 내려받으면 저작권 침해가 됩니다. 그러나 단순히 링크만 하는 것이라면 저작권 침해가 되지 않습니다. 인터넷은 링크를 전제로 해서 존재하므로 링크 자체를 막는다면 인터넷이 제 기능을 발휘할 수도 없고 존재 가치도 없기 때문입니다.

작품을 내려받으면 저작권 중에 복제권 침해가 돼요

유명 화가나 작가의 작품을 내려받아서 질문자의 홈페이지에 링크하는 것은 문제가 있습니다. 자료를 내려받으면 그 자체로 복제가 성립하므로 저작권 침해 행위의 일종인 복제권 침해가 됩니다. 영리를 목적으로 하지 않고 작가 이름이나 출처를 표시한다고 하더라도, 또 질 문자의 홈페이지를 방문하는 사람들이 단순히 보기만 하는 경우도 마찬가지입니다. 개인적으로 내려받는 것은 상관없지만, 내려받은 자료에 링크를 걸어서 다른 사람이 감상하거나 이용할 수 있도록 하는 것은 저작권 침해, 그중에서도 복제권과 전송권 침해가 될 수 있습니다. 이와 관련한 판례 중에 다른 사이트에서 불법으로 내려받은 저작물을 자신의 홈페이지에 다수 올려놓고, 또한 그 저작물에 연결된 링크만 모아서 목록으로 제공하는 것은 저작권 침해가 된다고 판결한 사례가 있습니다(서울고등법원 2017. 3. 30. 선고 2016나2087313 판결).

 판례 해외 불법 저작물 링크를 모아서 영리적·계속적으로 게시한 경우

링크는 저작물 자체가 아니라 인터넷 상에서 특정 저작물의 위치를 알려 주고 그 저작물에 접근할 수 있도록 연결하는 일종의 '주소' 개념입니다. 그래서 얼마 전까지만 해도 링크를 거는 것만으로는 설사 그 링크가 불법 저작물로 연결되더라도 저작권 침해가 되지 않았습니다(대법원 2015. 3. 12. 선고 2012도13748 판결 등).

그러나 이러한 판례의 입장을 악용하여, 우리나라의 사법권이 미치지 않는 해외 사이트에 불법 저작물을 대량으로 올려놓고, 그 불법 저작물에 접속하는 링크들을 모아서 제공하는 사이트들이 생겨 나서 문제가 되었습니다. 그러던 중 서울고등법원 2017. 3. 30. 선고 2016다2087313 판결에서 이러한 사이트에 대하여 저작권 침해의 방조 책임을 인정한 사례가 처음으로 나왔고, 그 후 대법원은 2021. 9. 9. 선고 2017도19025 전원합의체 판결로 링크의 형사 책임을 부정하던 종전 대법원 판결을 변경하였습니다. 즉, 링크 행위자가 불법 저작물에 연결된다는 점을 충분히 인식하면서 불법 저작물에 연결되는 링크를 인터넷 사이트에 영리적·계속적으로 게시함으로써 이용자들로 하여금 불법 저작물에 쉽게 접근할 수 있도록 한 경우에는, 저작권 침해의 방조범이 성립할 수 있다고 판결한 것입니다.

035 좋아하는 음악이나 영상을 친한 친구들만 방문하는 개인 블로그에 올려도 괜찮나요?

블로그에 타인의 음악이나 영상을 올리면 안 돼요

개인 블로그라 해도 저작권이 있는 배경 음악이나 영상을 올리면 저작권 침해가 될 수 있어요. 블로그에 친구들만 들어온다고 해도, 일반인의 접근 가능성이 열려 있다면 역시 불법이 되기 때문입니다.

그러나 저작자의 허락 없이 저작물을 자유롭게 이용할 수 있는 방법으로 저작권법에서는 사적 복제 규정을 두고 있어요(저작권법 제30조). 공표된 저작물을 영리 목적으로 하지 않고 개인적으로 이용하거나 가정 및 이에 준하는 한정된 범위 안에서 이용하는 경우에는 저작권자의 허락을 받지 않아도 저작물을 복제할 수 있도록 한 규정이에요.

이 규정에 따라 혼자서, 또는 가족이나 10명을 넘지 않는 정도의 그룹에서 시나 소설과 같은 텍스트·음악·영상 등을 복사·녹음·녹화하는 것은 허용돼요. 그러나 복사한 콘텐츠를 인터넷 블로그나 카페, 또는 유튜브 같은 플랫폼에 올리는 것은 복사를 넘어 전송이 됩니다. 사적 복제 규정은 녹음, 녹화 같은 복제(복사)만 허용할 뿐 전송까지 허용하는 것은 아닙니다.

이메일이나 메신저 등 개인의 송신 수단을 이용한 콘텐츠 전송도 주의하세요

전송은 공중(public)을 대상으로 하는 것을 말하므로, 이메일이나 메신저 같은 개인의 송신 수단을 이용해서 특정 개인에게만 콘텐츠를 보내 주는 것은 저작권 침해가 아닙니다. 그러나 그렇게 보낸 콘텐츠가 잘못해서 공중이 접근할 수 있는 인터넷 등을 통해 퍼지는 경우가 있어요.

천만 관객을 동원할 정도로 흥행에 성공했던 국내 영화의 파일이 유출되어 크게 문제가 된 적이 있어요. 사건을 조사해 보니, 영화 필름 제작 업체의 직원이 자기가 보관하던 영상 파일을 친구에게 혼자만 보라고 보냈는데 인터넷에 유출된 것으로 밝혀졌습니다. 그렇게 되면 형사 책임은 면할 수 있을지 몰라도 민사 책임으로 손해배상을 해야 할 수 있습니다. 형사 책임은 고의범만 처벌하지만, 민사 책임은 과실(실수)이 있는 경우에도 책임을 져야 하기 때문이에요.

036 저작권을 침해한 경우 1차 경고를 해야만 처벌할 수 있나요?

소프트웨어, 동영상, 음악 파일 등 저작권 보호를 받는 대상을 온라인에서 무단 도용하거나 불법으로 올릴 경우 공문으로 삭제 요청, 시정 조치 등을 하지 않으면 처벌할 수 없다고 들었습니다. 그리고 공문을 받고 시정하거나 삭제한다면 법적인 문제가 없지만, 만약 1차 경고를 무시하고 시정하지 않으면 법적 처벌을 할 수 있다고 하던데 과연 사실인가요?

불법 저작물을 직접 올린 경우 사전 조치 없이 처벌받을 수 있어요

1차 경고를 했는데 무시한 경우에만 처벌할 수 있다는 말은 잘못 알고 있는 것입니다. 인터넷에 올라와 있는 불법 저작물을 삭제하라고 요청하거나 경고, 시정 권고 등 1차로 사전 조치를 하는 것은 불법 저작물을 올린 웹 사이트 운영자를 대상으로 하는 것입니다.

저작권법 제102조와 제103조에서는 저작자 웹 사이트에 올라오는 모든 저작물을 항상 모니터링할 수 없기 때문에 이런 삭제 요청이나 시정 권고 등을 해서 이에 따를 경우 민·형사상 처벌을 면하게 해주는 규정을 두고 있습니다. 그러나 불법 저작물을 직접 올린 당사자에게는 이런 규정과 상관없이 처벌할 수 있습니다.

실수로 저작권을 침해한 경우에는 처벌하기 어려워요

다만 타인의 저작권을 침해하는 것인지 모르고 무심결에 또는 실수로 침해하는 경우에는 처벌하기 어렵습니다. 타인의 저작권을 무단으로 침해했을 때에만 원칙적으로 처벌할 수 있습니다. 즉, 형사 책임을 지는 것입니다. 이때 형사 책임은 민사 책임과는 달라서 고의적으로 저작권을 침해했을 경우에만 물을 수 있습니다.

그런데 타인의 저작권을 침해했는지도 모르고 무심결에 실수로 침해하는 경우도 있습니다. 이런 경우에는 고의가 없다고 봐서 처벌하기 어렵습니다. 그러나 1차 경고를 받으면 그때부터는 자신의 행위가 저작권을 침해했다는 사실을 알게 될 것이고, 그런 경고를 받았는데도 침해 행위를 중지하지 않는다면 고의성이 있다고 볼 수 있습니다. 따라서 그때부터는 처벌받을 수 있다는 점을 유념해야 합니다.

실수라 해도 민사 책임(손해배상)은 져야 해요

그러나 처음부터 고의적으로 저작권 침해 행위를 했다면 경고가 있었는지 여부와 상관없이 처벌받을 수 있습니다. 다만 처벌할 수 있다고 하더라도 사안이 경미하거나 초범인 경우, 영리를 목적으로 하지 않은 우발적인 침해인 경우 수사 기관(검찰)에서 기소유예 처분을 하기도 합니다. **기소유예 처분**이란 처벌하지 않고 한 번 용서해 주는 것을 말합니다. 주의할 것은 이는 형사 책임에만 국한되는 것이고 민사 책임, 즉 손해배상 등의 책임은 고의뿐만 아니라 과실(실수)로 **침해한 행위도 책임을 져야 한다는 것입니다.**

037 저작권을 침해했을 때 형사 책임의 기준이 어떻게 되나요?

저작권을 침해하면 민·형사상 책임을 진다고 들었어요. 형사 고소를 하면 민사 소송과 상관없이 법원 판결에서 기소유예나 벌금형이 나온다던데 그 기준은 뭔가요?
예를 들어 사진 저작물일 경우 사진의 컷 수에 따라 기소유예가 결정되나요, 아니면 전체적으로 고의성 유무에 따라 결정되나요? 또 벌금형이 나온다면 대략 어느 정도 선에서 결정되나요?

형사 책임은 징역형과 벌금형이 있어요

징역형은 5년 이하의 징역 또는 5천만 원 이하의 벌금에 처하거나 2가지를 함께 부과(병과)할 수 있도록 되어 있습니다(저작권법 제136조 제1항). 그러므로 사안의 경중에 따라 징역 1월부터 5년까지, 벌금 5만 원에서 5천만 원까지 범위 안에서 어떤 형이든지 가능합니다. 징역형은 하한이 1월, 벌금형은 하한이 5만 원이기 때문입니다. 그러나 대부분의 저작권 침해 사건에서 징역형을 받는 경우는 많지 않으며, 보통 벌금형을 선고하는 것이 현재의 경향입니다.

▶ 저작권 침해에서 민사 책임은 대개 피고가 얻은 이득이나 원고가 손해를 본 정도에 따라 판사가 배상액을 결정해요.

형사 사건의 처벌 기준은 여러 가지 정황을 고려해서 법관이 정해요

형사 사건의 처벌 기준은 저작권 침해자의 연령, 지능과 환경, 성행(성품과 행실), 피해자와의 관계, 범행의 동기, 수단, 결과, 범행 후의 정황 등을 고려하여 법정형 범위 내에서 법관이 자유재량으로 정하도록 되어 있습니다(형법 제51조). 따라서 같은 저작권 침해 사건이라 하더라도 침해의 규모, 기간, 침해자가 초범인지 여부, 상습성, 영리성, 침해자가 얻은 이익, 피해자가 받은 손해 등 사안에 따라 크게 차이가 날 수 있습니다.

이런 모든 점을 고려할 때 사안이 경미하다면 처벌을 유예하는 기소유예 처분을 받을 수도 있습니다. 특히 청소년일 경우에는 저작권 관련 교육을 받는 것을 조건으로 처벌을 유예하는 교육 조건부 기소유예 제도가 활발하게 운영되고 있습니다.

알아두면 좋아요! **청소년 저작권법 위반 처벌도 엄격해지고 있어요**

2020년 갑작스런 코로나19로 원격 수업이 실시되었는데 저작권법도 일부 개정되거나 신설된 규정이 있습니다. 이제 학생들끼리 카카오톡으로 주고받은 험담도 처벌받을 수 있으며, 사안이 심각할 경우 퇴학 처분도 받을 수 있으니 주의해야 합니다.

▶ 343~345쪽을 참고하세요.

038 다른 사람의 저작권을 침해했을 때 저작권자가 요청하지 않으면 처벌받지 않는 건가요?

지식재산권 가운데 상표법을 제외한 나머지는 모두 친고죄로 규정해서 저작권자의 요청이 없을 경우 처벌이 불가능하다고 알고 있는데 맞나요?

친고죄는 원래 피해자가 고소하지 않으면 수사를 진행하지 않습니다. 저작권법 위반죄가 친고죄인 것은 일반적으로는 맞습니다. 그러나 저작권법이 개정(2011. 12. 2.)됨에 따라 영리를 목적으로 하거나 상습적으로 저작권을 침해하는 경우에는 친고죄가 아닌 것으로 바뀌었습니다. 즉, 피해자가 고소하지 않더라도 처벌할 수 있습니다. 이 점을 주의해야 합니다.

039 해외 또는 외국인이 만든 콘텐츠도 우리나라에서 저작권 보호를 받나요?

저작물은 WTO 가맹국이라면 어디에서라도 보호받아요

저작물은 WTO 가맹국에서 만들어졌거나 가맹국 국민이 창작했다면 우리나라에서 따로 등록하지 않아도 창작되는 순간부터 저작권 보호를 받습니다. 마찬가지로 우리나라 저작물도 따로 등록하지 않더라도 모든 WTO 가맹국에서 보호를 받습니다.

현재 세계 대부분의 나라들이 WTO에 가입되어 있으므로, 사실 모든 나라의 저작물이 별도의 해외 등록을 하지 않아도 모든 나라에서 보호받는다고 할 수 있습니다. 중국은 물론이고 북한도 WTO에 가입되어 있습니다.

특허나 상표는 등록한 국가에서만 보호받아요

그러나 특허나 상표는 속지주의라고 해서 등록한 국가에서만 보호를 받습니다. 따라서 우리나라 발명품이나 상표가 다른 나라에서 보호받으려면 그 나라에 등록되어 있어야 합니다.

040 온라인에서 수집한 내용을 재구성하여 동영상을 만들었어요. 유튜브에 올릴 때 출처를 함께 표기하면 괜찮을까요?

SNS에서 좋은 내용만 추려서 재구성하여 동영상을 만든 후 유튜브에 올렸어요. 출처는 물론이고 작성자의 아이디 등도 함께 표기했는데, 이런 경우에도 저작권 침해가 되나요?

공표된 저작물 인용 규정이 적용될 수 있는지가 중요해요

저작권 침해가 될 수 있습니다. 출처와 작성자의 아이디 등을 표기했다 해도 그것만으로 면책되는 것은 아닙니다. 이 문제는 저작권법 제28조의 '공표된 저작물의 인용' 규정이 적용될 수 있는지가 관건입니다.

저작권법 제28조가 적용되어 다른 사람의 저작물을 이용할 때 책임을 면제받으려면 정당한 범위 안에서, 공정한 관행에 합치되게 이용해야 합니다. 출처와 작성자의 아이디를 표기함으로써 이용되는 부분을 명확하게 구분했다면 공정한 관행에 합치되게 이용한 것으로는 볼 수 있습니다.

정당한 범위 안에서 이용해야 해요

문제는 정당한 범위 안에서 이용했는지입니다. 정당한 범위 안에서 이용한 것이 되려면 인용하는 나의 저작물이 주(主)가 되고, 인용되는 타인의 저작물이 종(從)이 되는 주종 관계가 분명해야 합니다.

질문자의 경우 질적으로나 양적으로 자신이 작성한 부분보다 온라인에서 수집한 타인의 저작물이 주가 될 것으로 보입니다. 이런 경우라면 정당한 범위 안에서의 이용이라고 보기 어렵습니다.

또한 질문자의 영상물을 감상함으로써 거기에 이용된 타인의 저작물까지 감상할 수 있을 정도라면, 그것 역시 정당한 범위 안에서의 이용이라고 평가받기 어렵습니다. 즉, 질문자의 영상물 때문에 질문자가 이용한 타인 저작물의 감상적 수요가 감소될 정도가 되어서는 안 됩니다.

질문자가 창작한 부분이 질적으로나 양적으로 주가 되고, 여기에 보충·부연·예시 등을 위해 온라인에서 수집한 타인의 저작물을 일부씩 삽입하는 정도라면 정당한 범위 안에서의 이용으로 볼 수 있습니다.

▶ 요즘 유튜브에서 다른 사람의 시나리오 계발서의 상당 부분을 그대로 읽어 주는 영상을 볼 수 있는데, 이런 영상을 만들려면 원칙적으로 저자와 출판사의 허락을 받아야 해요.

다른 사람의 저작물을 수정·변형하면 안 돼요

또 한 가지 주의해야 할 것은, 온라인에서 수집한 저작물을 재구성하는 과정에서 타인의 저작물을 수정·변형하면 저작자의 저작인격권인 동일성유지권을 침해할 수도 있다는 점을 유념해야 합니다.

함께 보면 좋은
동영상 강의

041 유명한 필라테스 강사의 동작을 따라한 영상을 촬영해 유튜브에 올리려고 하는데 괜찮을까요?

스포츠 동작은 원칙적으로 저작권이 없다고 보고 있습니다. 필라테스(요가)나 에어로빅 동작, 또 태권도나 검도와 같은 무예의 품세, 헬스 트레이너의 PT(physical training) 동작 등은 아이디어 영역에 해당하므로 일반적으로 저작권 보호를 받지 못하는 것으로 보고 있습니다.

> **연극(무용) 저작물을 사용할 때 주의해야 해요**
>
> 스포츠 동작과 달리 피겨 스케이팅, 리듬 체조, 수중 발레와 같이 기술적 요소와 예능 요소가 함께 어우러지는 종목의 경우는 조금 다릅니다. 이런 스포츠에서 규정 동작이 아닌 자유 연기 부분은 안무 요소가 매우 강합니다. 따라서 창작적 표현이 발휘되는 범위 내에서 경우에 따라 연극(무용) 저작물로 보호받을 가능성이 있습니다.
>
> ▶ 연극(무용) 저작물은 셋째마당 06-3절을 참고하세요.

동작을 촬영한 영상물은 함부로 사용하면 안 돼요!

주의해야 할 것은, 이런 동작이 저작권 보호를 받든 못 받든 영상으로 촬영하면 영상 저작물로 보호받을 수 있다는 점입니다. 따라서 다른 사람이 촬영하거나 제작한 영상물을 함부로 복제하거나 블로그·유튜브 등의 플랫폼에 올리는 행위는 저작권 침해가 될 수 있습니다.

또 유명한 PT 강사나 에어로빅, 필라테스 강사의 동작을 촬영한 영상물을 사이트에 함부로 올리면 저작권 침해와 별도로 초상권과 퍼블리시티권까지 침해할 수 있습니다.

퍼블리시티권은 초상권과 유사한 권리인데, 초상권이 인격적 권리인데 반해 퍼블리시티권은 재산적 권리라는 점에서 차이가 있습니다. 그러므로 초상권을 침해하면 위자료만 배상하면 되지만, 퍼블리시티권을 침해하면 재산적 손해까지 배상해야 합니다. 재산적 손해는 인지도 높은 강사나 연예인일 경우 고액이 될 수 있습니다.

▶ 초상권과 퍼블리시티권은 첫째마당 02-5절을 참고하세요.

함께 보면 좋은
동영상 강의

042 백종원 씨의 레시피로 영상을 만들었는데 유튜브에 올려도 되나요?

음식 레시피는 저작권 침해가 되지 않아요

 재료와 조리 방법, 순서를 일반 단어와 문장으로 단순하게 표현한 레시피라면 가능합니다. 조리법을 뜻하는 레시피(recipe)는 음식을 만드는 재료와 순서, 방법을 안내하는 설명서입니다. 즉, 일종의 방법 내지 프로세스이니까 아이디어에 속하므로 레시피 자체는 저작권의 보호를 받지 못합니다. 그러므로 백종원 씨의 레시피를 그대로 따라서 요리하는 장면을 촬영하여 유튜브에 올려도 저작권 침해가 되지는 않습니다.

창의적이고 개성 있게 표현한 레시피를 베끼면 안 돼요

그러나 나름대로 독창적인 묘사와 창의적이고 개성 있는 표현을 가미한 레시피, 사진이나 그림 등을 곁들인 레시피는 저작권 보호를 받을 수 있습니다. 그런 창의적이고 개성 있는 표현마저 그대로 베껴서 레시피를 작성한다면 저작권 침해가 될 수 있습니다.

레시피가 개성 있게 표현되어 저작권 보호를 받는다고 하더라도 아이디어, 즉 요리 방법 자체는 여전히 보호받지 못합니다. 따라서 조리 방법 자체를 따라 하는 것은 저작권법에 아무 문제가 없습니다.

 식당의 메뉴판도 저작권 보호를 받을 수 있어요

음식 이름과 가격만 평이하게 기록된 메뉴판은 저작권 보호를 받지 못합니다. 하지만 개성 있게 디자인된 메뉴판은 미술 저작물로 보호될 수 있습니다. 블로그나 인스타그램 등 SNS의 음식점 리뷰를 보면 메뉴판을 촬영해 올리는 경우가 많지요. 물론 음식점을 홍보하는 역할을 하므로 음식점에서 허락한 것으로 볼 수 있습니다. 그러나 다른 경쟁 음식점에서 메뉴판을 모방해 제작한다면 저작권 침해의 책임을 질 수 있습니다.

함께 보면 좋은
동영상 강의

043 식당 이용 후기 글이나 리뷰 영상 등을 인터넷에 올릴 때 식당 주인한테 허락을 받아야 하나요?

먹방 채널을 운영하는 유튜버입니다. 식당의 음식을 맛보고, 솔직한 리뷰를 하기 위해 알리지 않고 조용히 영상을 촬영했는데, 영상이 올라간 후 몇몇 식당에서 항의 연락이 왔습니다. 블로그 후기 글이나 리뷰 영상 등을 올릴 때 식당 주인한테 허락을 받아야 하나요?

▶ 먹방이란 '먹는 방송'의 줄임말로 출연자들이 음식 먹는 모습을 주로 보여 주는 방송 프로그램이에요.

식당 주인한테 허락받아야 해요

사실 이 정도의 행위는 종전에는 아무런 문제가 되지 않았습니다. 그런데 저작권이나 사생활 보호, 개인 정보 보호 등에 관한 권리 의식이 높아지면서 이런 부분도 신경을 써야 하는 상황이 되었습니다.

촬영한 영상에 미술 저작물이 그대로 노출되면 미술 저작물의 저작권 침해가 될 수도 있어요

먼저 촬영한 영상에 등장하는 식당의 인테리어나 전시된 그림, 조각 등의 작품이나 메뉴판 도안 등이 미술 저작물인 경우가 있습니다. 촬영한 영상에 미술 저작물이 그대로 노출되면 저작권 침해가 될 수도 있습니다. 그러나 2020년 신설된 저작권법 제35조의3에서는 다음과 같이 규정하고 있습니다.

이 규정의 취지는 촬영 등의 주된 대상에 부수적으로 다른 저작물이 포함되는 경우 저작권 침해를 면책할 수 있는 근거를 마련한 것입니다. 여기서 부수적이라는 것은 그 이용이 주된 이용에 비하여 질적으로나 양적으로나 사회 통념상 경미하다고 평가될 수 있는 것을 말합니다.

주된 대상에 다른 저작물이 부수적으로 포함되는 경우에는 저작권 침해에서 면책돼요

사진이나 영상을 촬영할 때 주된 피사체 배경에 있는 그림이나 캐릭터가 부수적으로 촬영되는 경우, 또는 길거리에서 영상을 녹화하는데 그 거리에 울려 퍼지는 음악이 부수적으로 녹음되는 경우는 흔히 있을 수 있습니다. 이때 부수적으로 촬영되거나 녹음된 저작물을 저작권 침해라고 한다면 우리의 일상생활은 불편해질 수밖에 없습니다. 제35조의3은 이러한 행위를 저작권 침해의 책임으로부터 면제해 주기 위한 것입니다. 이 규정에서 "복제·배포·공연·전시 또는 공중송신할 수 있다"라고 되어 있으므로, 이렇게 촬영된 사진이나 녹화된 영상 등에 부수적으로 포함된 저작물을 저작자의 동의 없이 포함된 형태 그대로 출력하여 배포하거나 인터넷 블로그나 유튜브에 올릴 수 있습니다.

> **저작권법에서 규정하는 저작재산권의 종류**
> - **복제권**: 저작자는 그의 저작물을 복제할 권리를 가진다(제16조).
> - **공연권**: 저작자는 그의 저작물을 공연할 권리를 가진다(제17조).
> - **공중송신권**: 저작자는 그의 저작물을 공중송신할 권리를 가진다(제18조).
> - **전시권**: 저작자는 미술저작물등의 원본이나 그 복제물을 전시할 권리를 가진다(제19조).
> - **배포권**: 저작자는 저작물의 원본이나 그 복제물을 배포할 권리를 가진다. 다만, 저작물의 원본이나 그 복제물이 해당 저작재산권자의 허락을 받아 판매 등의 방법으로 거래에 제공된 경우에는 그러하지 아니하다(제20조).
> - **대여권**: 제20조 단서에도 불구하고 저작자는 상업적 목적으로 공표된 음반(이하 "상업용 음반"이라 한다)이나 상업적 목적으로 공표된 프로그램을 영리를 목적으로 대여할 권리를 가진다(제21조).

주된 대상을 촬영하거나 녹화하면 부수적 이용 행위라고 볼 수 없어요

그러나 음식점 벽에 붙어 있는 포스터 그림을 주된 대상으로 하여 사진을 촬영하거나, 음식점에서 흘러나오는 음악을 주된 대상으로 하여 녹화한 경우에는 부수적 이용 행위라고 볼 수 없으므로 이 규정이 적용되지 않습니다. 예를 들어 TV 드라마를 촬영하면서 시청자에게 적극적으로 보여 줄 의도로 배경인 벽에 붙어 있는 그림을 촬영하는 행위, 유명한 만화 캐릭터의 인기에 편승하기 위해 주된 피사체와 함께 그 캐릭터가 들어간 그림을 촬영하여 스티커 등으로 판매하는 행위

등에는 이 규정이 적용되지 않습니다.

저작권자의 이익을 부당하게 해치는지는 부수적으로 포함된 저작물의 현재 또는 잠재 수요를 침해할 우려가 있는지 관점에서 판단해요

또한 제35조의3이 적용되려면 '그 이용된 저작물의 종류 및 용도, 이용의 목적 및 성격 등에 비추어 저작권자의 이익을 부당하게 해치는 경우'가 아니어야 합니다(단서 규정). 저작권자의 이익을 부당하게 해치는지는 부수적으로 포함된 저작물의 현재 또는 잠재 수요를 침해할 우려가 있는지 관점에서 판단할 수 있습니다.

예를 들어 길거리 풍경을 촬영하는데 거리 공연을 하는 악사가 특정 노래를 부르거나 악곡을 연주해서 감상할 정도의 고음질로 충분한 시간에 걸쳐 녹화·녹음되어 그 영상을 방송하거나 전송할 경우, 해당 악곡의 감상적 수요를 대체할 우려가 있는 경우에는 이 규정이 적용되지 않는다는 점을 유의해야 합니다.

개인정보보호법이나 사생활 보호 문제도 염두에 두어야 해요

최근에는 레스토랑에서 음식을 접시에 담은 모양, 즉 플레이팅도 디자인으로 보호해야 한다는 논의가 있으나 아직 결론이 나지 않았습니다. 이 밖에 개인정보보호법이나 사생활 보호 문제도 염두에 두어야 합니다. 촬영한 영상에 다른 사람의 얼굴이 식별할 수 있을 정도로 노출되거나 주차된 자동차의 차량 번호가 보여서는 안 됩니다.

044 비영리적이고 교육 목적으로 책을 읽어 주거나 요약해 주는 동영상을 만들어 유튜브나 팟캐스트에 올린다면 저작권 침해가 될까요?

교육 목적이라 해도 구체적인 경우를 따져 봐야 해요

자유 이용이 허용되는 대표적인 경우로 공표된 저작물의 인용을 들 수 있어요. 논문을 쓰면서 다른 사람의 책이나 논문을 인용하는 것, 인문학 강연을 하면서 다른 사람이 쓴 책을 인용하는 것 등이 해당하죠. 이런 종류의 유튜브 영상은 매우 많습니다.

저작권법 제28조에 따라 자유 이용이 허용되려면 인용이 정당한 범위 안에서 공정한 관행에 합치되게 이루어져야 한다는 제한이 있습니다. 매우 추상적인 제한 규정이므로, 구체적인 경우에 어떤 범위에서 어떤 방법으로 인용해야 자유 이용이 허용되는지는 관련 판례 등을 통해 다양하게 검토해 봐야 해요.

> **저작권법**
>
> **제28조(공표된 저작물의 인용)**
> 공표된 저작물은 보도, 비평, 교육, 연구 등을 위하여서는 정당한 범위 안에서 공정한 관행에 합치되게 이를 인용할 수 있다.

비영리적이지 않아도 공표된 저작물을 인용할 수 있어요

반드시 비영리적이어야만 공표된 저작물의 인용이 허용되는 것은 아니에요. 그러나 비영리성이 강하면 강할수록 허용 가능성이 높아지는 것은 사실입니다. 물론 유튜브에 영상을 올리면 조회 수나 구독 수, 시청 시간 등에 따라 수익이 발생하므로 유튜브 영상에 영리성이 전혀 없다고는 볼 수 없어요. 그러나 교육 목적이 크고 수익이 그다지 크지 않다면 자유 이용이 허용될 가능성이 높아집니다.

책을 읽어 주는 영상 콘텐츠가 시장에서 책과 경쟁하는 관계가 된다면 자유 이용을 허용할 가능성이 떨어져요.

이러한 영상이 많아지면 인용된 책의 저자나 출판사는 그만큼 책을 판매할 기회를 잃을 가능성이 있습니다. 영상만 보고 책은 구입하지 않는 독자들이 있기 때문입니다. 실제로 이런 영상은 독자에게 굳이 돈과 시간을 투자하여 책을 구입하지 않아도 되도록 제작되기도 해요.

이렇게 책을 읽어 주는 영상 콘텐츠가 시장에서 책과 경쟁하는 관계가 된다면, 즉 영상이 책의 대체재가 된다면 자유 이용의 허용 가능성은 떨어집니다. 공표된 저작물의 인용 규정을 비롯한 자유 이용 규정이 적용될 수 있는지를 판단할 때에는 이용된 저작물의 현재 또는 잠재 시장에 미치는 영향을 고려하기 때문입니다.

함께 보면 좋은
동영상 강의

045 <라이온 킹>의 심바 캐릭터 인형을 가지고 노는 어린이용 영상을 유튜브에 올리려고 하는데, 디즈니사로부터 허락받아야 하나요?

사전에 캐릭터 저작권자의 허락을 받아야 해요

 키즈 콘텐츠는 유튜브는 물론이고 케이블 TV, IP TV, 카카오 TV, 네이버 TV 등 대부분의 플랫폼에서 가장 큰 영향력을 발휘하는 킬러 콘텐츠입니다. 업계에서는 IP TV 방송이 우리나라에서 신속하게 자리잡은 데에는 '뽀로로'나 '타요'를 비롯한 키즈 콘텐츠의 역할이 매우 컸다고 평가하죠. 이런 캐릭터 장난감을 가지고 놀이를 하는 유튜브 영상

은 어린이에게 큰 인기를 끌면서 막대한 수익을 내고 있어요.

▶ **킬러 콘텐츠**란 미디어 시장의 판도를 바꿀 만큼 영향력을 지녀 미디어가 폭발적으로 보급되는 계기가 된 콘텐츠를 말해요.

영상을 올릴 때 캐릭터 저작권자의 허락을 받아야 하는지, 자유 이용이 가능한지 이런 문제로 실제 재판을 한 사례가 있습니다. 재판 과정에서 캐릭터 장난감이 등장한 유튜브 영상을 모두 내리고, 앞으로는 사전에 캐릭터 저작권자의 서면 허락을 받는다는 내용으로 조정(합의)이 이루어졌습니다.

아무 생각 없이 영상을 올리면 부정경쟁행위가 될 수도 있어요

유명 캐릭터나 게임은 그 자체로 고객 흡인력과 마케팅 능력이 있어요. 따라서 이런 캐릭터나 게임을 상업적으로 이용하는 것은 부정경쟁방지법에서 금지하는 부정경쟁행위가 될 수도 있습니다. 이런 경우 별 의식 없이 올린 유튜브 영상으로 큰 곤란을 겪을 우려가 있으니 주의해야 합니다.

온라인 게임을 하는 모습을 촬영하여 케이블 TV로 방송하는 것이 문제가 된 사례도 있어요

유명 게이머의 스타크래프트 게임 실황을 케이블 방송으로 송출한 것을 두고 스타크래프트의 저작권자인 블리자드에서 저작권 침해라고 주장한 사례가 있습니다. 이런 영상에서는 스타크래프트 게임 장면이 계속해서 화면에 비추어져서 저작권 침해가 될 가능성이 있습니다. 이 사례 역시 케이블 방송사가 블리자드의 요구 사항을 일정 부분 수용하는 것으로 합의가 이루어졌습니다.

▶ 케이블 방송과 스타크래프트의 저작권 소송 관련 내용은 216~219쪽 Q&A를 참고하세요.

046 디지털 기기나 각종 제품의 사용 방법을 설명해 주는 영상을 유튜브에 올리는 건 괜찮나요?

언박싱 영상 콘텐츠는 공표된 저작물의 인용 규정을 적용할 수 있어요

 디지털 기기나 각종 제품의 사용 방법 등을 자세히 설명하기 위해 제품의 박스를 뜯는 것부터 구체적인 조작 방법까지 설명하는 동영상을 **언박싱 영상 콘텐츠**라고 합니다. 이런 영상은 기기나 제품의 모습을 어쩔 수 없이 촬영하게 하는데, 이런 경우 공표된 저작물의 인용 규정에 따라서 자유롭게 이용할 수 있다고 보고 있습니다.

갤럭시 버즈 개봉기 & 언박싱 / 개봉 / 언박싱 /버즈 / 08년생 / 크리스마스 선물
소근Sogeun · 조회수 3.7만회 · 4개월 전
안녕하세요 오늘은 드디어 갤럭시 버즈를 사게 됐어요! 생각보다 훨씬이 너무 좋았어요♥ 재미있게 봐주세요:) + 이번 편집이 길어서 첫 …

[Samsung] 갤럭시 버즈 핑크 핑크하게 꾸미기 + 갤럭시 버즈 실버 언박싱
9seul구슬 · 조회수 1.3만회 · 6개월 전
안녕하세요 오늘은 갤럭시 버즈를 아주 귀엽게 꾸미는 시간을 가졌어요 영상에서 저는 귀엽다고 도대체 몇번을 말했을까요.
4K

드디어 에어팟 대항마? 삼성 갤럭시 버즈 언빡싱! 2년전에 나온 에어팟과 비교해보기!
ITSub잇섭 · 조회수 130만회 · 1년 전
사전예약 사온품으로 기다리다 지쳐 삼성 디지털플라자가서 직접 사용합니다. 2년동안 에어팟 사용자의 갤럭시 버즈 언박싱! 그리고 비교 …

노캔 없는데 버즈에서 갈아타요? 엄청 크게 달라진 3가지. 삼성 갤럭시 버즈+ 일주일 사용기!
ITSub잇섭 · 조회수 116만회 · 2개월 전
지난 1년간 에어팟과 함께 꾸준하게 큰 인기를 끌었던 버즈의 후속작, 갤럭시 버즈+가 출시되었습니다. 루머로 나왔던 노이즈캔슬링을 지 …
4K 자막

유튜브의 언박싱 영상

공표된 저작물의 인용 규정은 보도·비평·교육·연구 등의 목적을 위한 것으로 특히 비영리성이 강한 경우에 적용될 여지가 높습니다. 이런 언박싱 콘텐츠는 교육 목적이 크다고 볼 수 있고 상대적으로 영리성도 약하므로 자유 이용이 허용될 가능성이 높습니다.

공략법 영상 콘텐츠도 공표된 저작물의 인용 규정을 적용할 수 있어요
또한 각종 게임 방법이나 요령을 알려 주거나 엑셀, 파워포인트 같은 소프트웨어의 사용법을 설명하는 **공략법 영상 콘텐츠도** 부득이하게 게임이나 소프트웨어의 스크린 샷(캡처)을 많이 이용할 수밖에 없습니다. 이런 콘텐츠도 공표된 저작물의 인용 규정에 따라 자유 이용이 허용되어야 한다고 생각합니다. 다만 아직 분명한 판례가 나오지 않았으므로 주의할 필요가 있습니다.

047 유튜브 영상에 유명 연예인 사진이 들어 있는 상품이 나오면 문제가 될까요?

유명 연예인의 사진이 들어 있는 상품을 소품으로 사용해서 영상을 만들어 유튜브에 올리려고 합니다. 유명 아이돌 그룹의 멤버 얼굴이 그려진 티셔츠를 팬 클럽 행사 때 받았는데, 이 티셔츠를 입고 유튜브 영상을 촬영하려고 해요. 이럴 경우 문제가 되나요?

연예인이 들어간 제품 사진을 인터넷에 올리려면 저작자의 허락을 받는 게 원칙이에요

유명 연예인의 사진이 인쇄된 티셔츠를 입고 유튜브 영상을 촬영하여 올리면 공중이 접속할 수 있으므로 형식적으로는 전송에 해당합니다. 저작권법에서는 전송권을 저작자의 권리로 부여하고 있어서 전송하려면 원칙적으로 저작자의 허락을 받아야 해요.

하지만 저작물이나 연예인의 모습이 인쇄된 제품을 소품으로 사용하거나 그런 티셔츠를 입고 촬영하는 경우까지 저작권자나 연예인의 허락을 받아야 한다면 우리 생활이 매우 불편해질 거예요. 그래서 이 정도의 행위는 형식적으로 저작권을 침해한 것처럼 보여도 눈감아 주는 것이 관례입니다.

그렇지 않으면 TV 프로그램이나 영상물을 제작하는 사람들은 출연자가 혹시 미술 저작물이 프린트된 의상을 착용했는지, 배경에 저작물에 해당할 만한 것들이 있는지 항상 주의 깊게 살펴야 할 것입니다. 예를 들어 의상에 사용하는 버버리 무늬나 닥스 무늬 같은 것은 미술 저작물이 될 가능성이 있기 때문입니다. 이것은 우리의 일상생활에 지나친 제약을 주므로 현실적으로도 맞지 않습니다.

 최소기준허용원칙

법에는 최소기준허용원칙(De minimis)이라는 원칙이 있어요. 최소한의 것 또는 사소한 것이라는 의미인데, 법률이 지나치게 사소한 영역이나 최소한의 영역까지 개입해서는 안 된다는 원칙이죠.

모든 권리에는 내재적 한계가 있어요. 그 한계를 벗어나서 권리를 행사하는 것은 권리 남용이 되어 허용되지 않습니다. 저작권도 권리로서 내재적 한계가 있으므로, 외형적으로 볼 때는 저작물을 이용했더라도 모든 경우에까지 저작권이 미치는 것은 아니에요.

이런 점을 고려하여 최근 저작권법은 제35조의3(부수적 복제 등) 규정을 새로 도입했습니다. 이 규정에 따르면 사진 촬영, 녹음 또는 녹화를 하는 과정에서 보이거나 들리는 저작물이 촬영 등의 주된 대상에 부수적으로 포함되는 경우에는 이를 복제·배포·공연·전시 또는 공중송신할 수 있습니다. 다만, 그 이용된 저작물의 종류 및 용도, 이용의 목적 및 성격 등에 비추어 저작재산권자의 이익을 부당하게 해치는 경우에는 그렇지 않습니다.

영상의 포커스를 연예인 얼굴에만 맞춘다면 저작권 침해가 될 수도 있어요

유명 연예인은 공인이므로 국민의 알 권리와 표현의 자유를 위해 사생활이 노출되거나 얼굴, 이름 등이 사용되는 것을 어느 정도 감수해야 한다는 것을 알고 있습니다. 그러나 주의할 점이 있습니다. 저작물이나 연예인의 얼굴이 인쇄된 티셔츠를 입고 영상 촬영을 할 때 의도적으로 저작물이나 연예인의 얼굴에만 포커스를 맞춘다면 문제가 달라질 수 있어요.

2002년 한·일 월드컵 당시 널리 사용된 'be the reds'라는 응원 문구를 도안한 미술 저작물이 있습니다. 이 문구가 프린트된 티셔츠를 입은 모델을 촬영한 영상물이 재판에 넘겨졌어요. 대법원은 영상을 촬영하는 과정에서 'be the reds' 그림이 그대로 촬영되었다는 점과, 전체 구도에서 볼 때 이 그림이 전체 사진이나 영상 속에서 종속적으로, 또는 우연히 배경으로 포함되는 경우처럼 부수적으로 이용되지 않고 주된 피사체가 되었다는 점을 들어 저작권 침해가 될 수 있다고 판시했습니다(대법원 2014. 8. 26. 선고 2012도10777 판결).

함께 보면 좋은
동영상 강의

048 방송 프로그램이나 가수의 노래를 패러디한 영상물을 제작해서 유튜브나 팟캐스트에 올려도 되나요?

 패러디는 보통 원저작물을 우스꽝스럽게 만들어 버리는 경우가 많아 부정적인 인식이 강해서 저작권을 침해했다며 경고장을 받기도 합니다. 하지만 최근에는 유튜브 등에서 패러디한 덕분에 오히려 원저작물의 인지도가 올라가거나 사람들에게 홍보되는 효과도 있습니다. 그래서 어떤 상황이나 일정한 범위 안에서 원저작자가 패러디를 허용하기도 합니다.

패러디를 할 경우 2가지 조건을 지켜 주세요

패러디를 만들 때마다 매번 원저작자의 허락을 받아야 한다면 패러디는 사실상 만들어지기 어려울 것입니다. 다음 조건 2가지를 충족할 경우 원저작자의 허락을 받지 않고도 패러디할 수 있습니다. 2가지 조건이 매우 까다로워서 패러디는 우리나라에서 저작권 침해가 될 위험이 크다는 점을 유의하세요.

패러디가 되는 조건 2가지
- **조건 1**: 보는 사람이 패러디라는 사실을 즉시 알 수 있어야 해요.
- **조건 2**: 직접적 패러디이어야 해요.

조건 1은 패러디를 보는 사람이 어떤 원작품을 패러디한 것인지를 설명하지 않더라도 즉시 알 수 있어야 한다는 것입니다. 패러디를 보는 사람이 원작품을 느낄 수 없는 경우, 즉 원작품을 이용한 것이 아니라 독자적으로 만들어진 작품이라고 느껴서는 안 됩니다.

조건 2의 직접적 패러디란 이용하는 원작품 자체를 풍자하는 것입니다. 이에 반해서 매개적 패러디는 원작품을 이용하지만, 풍자 대상은 원작품 자체가 아니라 다른 어떤 사회 현상인 경우입니다. 즉, 직접적 패러디에서는 풍자 대상이 원작품 자체이지만, 매개적 패러디에서 풍자 대상은 다른 사회 현상이고 원작품은 그 사회 현상을 풍자하기 위하여 이용된 수단일 뿐입니다. 판례는 직접적 패러디만 허용하고 있습니다.

기준이 까다롭죠? 특히 조건 2를 충족하기가 어렵기 때문에 우리나라에서는 아직 패러디가 법적으로 허용된 사례가 나오지 않고 있습니다.

함께 보면 좋은
동영상 강의

049 오마주는 저작권 침해가 아니라고 하던데, 그럼 유명 가수를 모창한 영상물을 유튜브에 올려도 되나요?

오마주가 저작권 침해인지 아닌지 아직 논의된 적이 없어요

오마주는 전설적인 영화 감독이나 작가를 존경한다는 표시로 그 감독이나 작가가 만든 작품의 주요 장면이나 대사를 영화에 인용하는 것입니다.

영화 감독 앨프리드 히치콕의 영향을 받은 브라이언 드 팔마는 히치콕의 스릴러 영화 〈사이코(Psycho)〉(1960)에 등장하는 욕실의 샤워 살인 장면을 〈드레스드 투 킬(Dressed To Kil)〉(1980)에서 그대로 오마주 했습니다. 오마주는 영화뿐 아니라 음악이나 미술, 디자인 같은 분야에서도 나타납니다. 허락받지 않고 오마주를 하면 저작권 침해인지 아닌지는 아직 별다른 논의가 없고 판례도 없습니다. 그러나 우리 법원은 패러디에 매우 인색하다는 점에 비추어 보면 오마주는 허용되기가 더욱 어려울 것으로 예상됩니다.

유명 가수를 모창한 영상물은 가수의 권리를 침해한 것은 아닙니다. 모창이나 모방은 2차적 저작물 작성에 해당하는데 가수에게는 2차적 저작물작성권 같은 권리가 없기 때문이지요. 그렇지만 작사가·작곡가에게는 2차적저작물작성권이 있으므로 모창을 하면 작사가·작곡가의 저작권을 침해할 우려가 있습니다.

050 미드나 일드 영상에 한글 자막을 입혀서 유튜브에 올리려고 하는데 괜찮나요?

2차적 저작물을 작성하려면 원저작자의 허락을 받아야 해요

미국 드라마(줄여서 '미드')나 일본 드라마(줄여서 '일드') 영상에 한글 자막을 입히는 것은 영어나 일본어로 되어 있는 원저작물을 한글로 번역하는 것이므로 2차적 저작물을 작성하는 것입니다. 2차적 저작물은 매우 중요합니다. 저작권 침해 사건의 대부분이 2차적 저작물과 편집 저작물에 관한 것이기 때문입니다.

> ▶ 2차적 저작물은 첫째마당 02-1절 37쪽과 셋째마당 06-10절, 편집 저작물은 06-11절에서 자세히 설명합니다.

2차적 저작물을 작성하는 권리는 원저작자에게 있으므로, 원저권자가 아닌 사람이 2차적 저작물을 작성하려면 원저작자의 허락을 받아야 합니다. 허락받지 않고 이런 저작물을 만들면 원저작권자의 2차적 저작물작성권을 침해하는 게 됩니다. 그러므로 원저작물인 미드나 일드의 저작권을 가지고 있는 미국 또는 일본 방송사 등으로부터 허락을 받아야 합니다.

함께 보면 좋은
동영상 강의

051 유튜브 영상에 글꼴을 불법으로 사용했다면서 경고장이 왔는데 어떻게 해야 하나요?

영상을 촬영하여 유튜브에 올렸는데 글꼴(서체, 폰트) 프로그램 회사로부터 경고장이 왔어요. 합의하려면 글꼴 프로그램 정품을 구입하고, 추가로 합의금 100만 원을 지급하라는 거예요. 동영상에 사용한 글꼴이 저작권을 침해했는지 어떻게 알 수 있나요?

저작권 침해는 아니더라도 이용계약 위반이 될 수도 있어요

글꼴 때문에 경고장을 받는 경우가 많습니다. 인터넷에서 내려받은 자료와 프로그램을 사용하다 보면 정품으로 구입하지 않은 글꼴이 나도 모르게 컴퓨터에 설치되기도 하고, 다른 사람이 쓰던 컴퓨터를 물려받았는데 그 사람이 내려받은 글꼴이 삭제되지 않고 계속 남아 있을 수도 있지요. 그러므로 어떤 경우에 글꼴 프로그램 저작권 침해가 되는지는 잘 확인해 봐야 합니다. 그러나 구입하지 않은 글꼴 프로그램을 사용했다고 해서 모두 저작권 침해가 성립하는 것은 아닙니다. 또 저작권 침해가 되지는 않지만 이용허락계약 위반이 되는 경우도 있습니다. 예를 들어 비영리, 개인 이용에 한하여 무료로 배포한 글꼴을 회사 업무 등 영리 목적으로 사용하는 경우가 이에 해당합니다. 글꼴 프로그램을 이용하는 방법은 워낙 다양해

▶ 무료 영상과 글꼴은 첫째마당 03장을 참고하세요.

서 일반인이 저작권 침해 여부를 판단하기란 어렵습니다. 글꼴 프로

그램 회사로부터 경고장을 받았을 때 저 ▶ 글꼴과 글꼴 파일은 달라요. 둘째마

작권 침해에 해당하는지 확인하는 방법 당 05장 234쪽에서 자세히 설명했으

니 참고하세요.

을 소개하겠습니다.

글꼴 저작권 침해 확인 방법 1 ― 한국저작권위원회

한국저작권위원회(KCC) 웹 사이트에서 [자료 → 발간자료 → 조사·연

구]를 클릭한 후 검색란에 '글꼴(폰트) 파일 저작권 바로 알기(2019)'를

입력해서 자료를 내려받으세요. 다양한 사례별로 어떤 경우에 침해가

되는지 자세히 나와 있습니다.

글꼴 파일 저작권 바로 알기
(2019)

한국저작권위원회(https://www.copyright.or.kr)

이 자료를 검토해서 글꼴 프로그램 저작권을 침해한 사실이 없는 것으로 확인되면, 경고장을 보낸 업체에게 침해한 사실이 없다는 점을 문서나 이메일로 분명하게 회신하는 것이 좋습니다. 나중에 소송을 하거나 형사 고소가 되면 중요한 증거 자료로 사용할 수 있습니다.

글꼴 저작권 침해 확인 방법 2 — 한국저작권보호원

사전 예방 차원에서 내 컴퓨터에 정품이 아니거나 허락받지 않은 글꼴 프로그램이 있는지 확인하는 방법도 있습니다. 한국저작권보호원에서는 이용자가 자발적으로 자신의 컴퓨터에 허락받지 않은 글꼴이 설치되어 있는지를 확인할 수 있는 '내 PC 폰트 점검기'를 개발하여 무료로 배포하고 있습니다.

▶ '내PC폰트점검기' 프로그램은 한국저작권보호원 웹 사이트에서 내려받을 수 있어요.

한국저작권보호원(https://www.kcopa.or.kr)

내 PC 폰트 점검기

2018년 어린이집 350여 곳에서 글꼴을 이용 허락 없이 사용했다고 저작권 침해 내용증명을 받았습니다. 이는 대부분의 사용자가 컴퓨터에 어떤 글꼴이 설치되었는 지, 어떤 글꼴이 불법인지 구분하기가 쉽지 않아 사용자도 모르게 발생하는 저작권 침해 유형에 해당합니다.

한국저작권보호원에서는 교육 기관에서 발생하는 글꼴 저작권 침해 분쟁을 해결하기 위해 '내PC폰트점검기' 프로그램을 무료로 제공하고 있어요. '내PC폰트점검기'는 저작권 침해가 발생하는 주요 상용 글꼴(윤서체 등)의 설치 여부를 확인함으로써 이용 허락을 받아야 하는 글꼴을 바로 삭제하는 프로그램입니다.

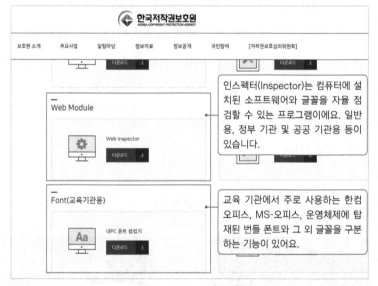

한국저작권보호원(https://www.kcopa.or.kr) → 정보자료 → SW 점검도구 → 점검도구 다운받기 → Font(교육기관용) 내 PC 폰트 점검기 다운로드

※ 출처: 한국저작권보호원 보도자료(2020년)에서 발췌

합의가 필요하다면 조정 절차도 생각해 보세요

저작권을 침해한 사실은 인정하지만 상대방이 요구하는 합의금이 과다하다면 적절한 금액으로 조정을 시도할 필요가 있습니다. 한국저작권위원회(https://www.copyright.co.kr)에서는 이런 경우에 활용할 수 있는 조정 절차 제도를 두고 있습니다. 조정 절차 역시 한국저작권위원회 웹 사이트에서 상세히 안내하고 있습니다.

▶ 조정 절차는 둘째마당 04장 136~137쪽을 참고하세요.

조정 신청을 하려면 신청 비용이 1만 원에서 10만 원쯤 듭니다. 조정 신청은 침해를 당한 사람이 배상금을 청구할 때도 이용할 수 있지만, 침해를 한 사람이 배상금을 줄여달라고 신청할 수도 있습니다.

조정이 성립되면 확정 판결과 똑같은 효력을 갖습니다. 재판보다 훨씬 신속하고 간편하며, 저작권 전문가인 조정 위원 앞에서 대면 절차로 이루어지므로, 하고 싶은 이야기를 충분히 할 수 있고 또 적절한 조언도 들을 수 있는 장점이 있습니다.

그러나 조정은 쌍방이 합의해야 이루어지므로, 당사자 중에서 어느 한쪽이라도 반대하면 조정은 성립되지 않는다는 단점도 있습니다. 그렇게 되면 결국 재판으로 가야 하는데, 조정에 소요된 기간만큼 절차가 지연된다는 점을 유의해야 합니다.

▶ 한국저작권위원회 연락처는 90쪽을 참고하세요.

052 해외 축구 경기나 세계적인 게임 대회 등을 개인 방송에서 생중계해도 되나요?

아프리카 tv에서 게임 대회 실시간 중계를 하는 BJ입니다. 저작권에 문제가 없다고 들었는데, 어쨌든 방송으로 수익을 내고 있어 걱정이 돼서 여쭤 봅니다. 개인 방송에서 해외 축구 경기나 세계적인 게임 대회 등을 생중계해도 괜찮나요?

▶ BJ는 broadcast jockey의 줄임말로 인터넷 방송의 진행자를 말하며 보통 방송 자키라고 해요.

---

e스포츠 방송은 블리자드가 보유한 스타크래프트의 복제권과 방송권(공중송신권)을 침해한 것으로 볼 수 있어요

실제 사례를 통해 판단해 보는 것이 좋겠습니다. 과거 국내 e스포츠 주 종목인 스타크래프트의 개발사인 블리자드 엔터테인먼트사(이하 '블리자드')가 e스포츠의 케이블 TV 중계방송과 관련하여 국내 게임 방송사에게 저작권을 침해했다고 주장하면서 중계방송에 따른 수익 배분을 요구한 사실이 있습니다. 그리하여 다음과 같은 문제가 발생했습니다.

- 블리자드가 e스포츠 방송의 저작권을 주장할 수 있는가?
- 저작권을 주장할 수 있다면 권리의 범위는 어디까지인가?

e스포츠 방송은 스타크래프트 게임을 소재로 하고 있어서 방송 화면

에 스타크래프트 게임의 특정 장면이 전체적·계속적으로 나타납니다. 따라서 블리자드가 스타크래프트의 유효한 저작권을 가지고 있는 이상, 다른 특별한 사유가 없다면 e스포츠 방송은 블리자드가 보유한 스타크래프트의 저작권, 그중에서도 복제권과 방송권(공중송신권)을 침해한 것으로 볼 수 있습니다.

또한 e스포츠 방송은 스타크래프트 게임을 원저작물로 하는 2차적 저작물로 볼 여지도 있어서 스타크래프트의 2차적저작물작성권까지도 침해하는 것이라고 봐야 합니다.

스타크래프트의 저작권을 제한할 만한 특별한 사정이 있는가에 따라 면책이 결정돼요

결국 이 사례는 e스포츠 방송과 관련하여 스타크래프트의 저작권을 제한할 만한 특별한 사정이 있는가에 따라 결론이 내려질 텐데, 여기서 특별한 사정이란 저작권법에서 규정하는 저작재산권 제한 사유, 즉 저작권법 제28조의 '공표된 저작물의 인용' 또는 제35조의5 '저작물의 공정 이용' 규정에 해당하여 면책을 받을 수 있는지 여부를 의미합니다. 그렇다면 218쪽의 5가지 내용을 살펴보면서 저작재산권과 공정 이용을 판단해 보겠습니다.

이러한 요소는 공정 이용 여부를 판단할 때 종합해서 고려해야 합니다. 그렇지만 해석의 중요성이 가장 부각되는 요소가 있습니다. 다섯 번째 고려 요소인 "저작물 이용 행위가 피이용 저작물(스타크래프트)의 잠재적 시장이나 가치에 미치는 영향"이 그것입니다.

구분		판단 내용	비고
1	e스포츠 방송은 상업적 방송이라는 사실	• 저작물 이용 목적이 상업적인 경우는 공정 이용으로 판단될 여지가 적음 • 오늘날 상업적, 비상업적인 구별의 실익이나 중요성이 희박해져 상업적 행위라고 해서 공정 이용이 성립하지 않는 것은 아님	저작권 침해가 인정되는 방향으로 작용
2	스타크래프트 이용 행위가 생산적이거나 변형적인지 여부	• e스포츠 방영물은 기존의 스타크래프트 게임 소프트웨어 저작물과 다른 목적과 문화적 가치를 가지는 새로운 저작물로 봐야 함 • 인류의 다양한 문화유산을 축적하는 데 보탬이 되는 행위로 공공의 이익에 기여한다고 볼 수 있음	저작권 침해가 부정되는 방향으로 작용
3	스타크래프트의 저작물 성격	• 저작물 성격으로 볼 때 공표된 저작물임	방송사에 유리한 요소
		• 사실적 저작물과 허구적 저작물 중 허구적 저작물에 속하므로 공익적 필요성이 그다지 크지 않음	블리자드 쪽에 유리한 요소
4	방송 내용에서 스타크래프트 저작물이 차지하는 비중	• 스타크래프트 화면이 계속적, 반복적, 전체적으로 나타남 • e스포츠 방송에서 스타크래프트가 차지하는 비중이 질적, 양적으로 대부분을 차지함	저작권 침해가 인정되는 방향으로 작용
5	저작물 이용 행위가 피이용 저작물의 잠재적 시장이나 가치에 미치는 영향	• 스타크래프트: 자신이 직접 게임을 즐기는 게임 저작물임 • e스포츠 방송물: 다른 사람이 진행하는 게임을 시청하면서 승패 결과를 파악하고 해설을 청취하는 시청 저작물임 • e스포츠를 시청하면서 스타크래프트에 관한 관심을 유발하여 이용자를 증가시키는 효과가 있을 것으로 예상되므로 경쟁 관계라고 볼 수 없음	저작권 침해를 부정하고 공정 이용을 인정하는 방향으로 작용

방송물의 성격상 공정 이용으로 판단할 수도 있었지만 현실에서는 합의로 조정됐어요

사람마다 견해가 다를 수 있지만 지금까지 살펴본 여러 요소를 종합해 보면 이번 사례는 다음과 같이 정리할 수 있습니다.

먼저 공정 이용을 판단하는 요소 중 가장 중요한 비중을 차지하는 것은 다섯 번째 요소입니다. 이 요소는 공정 이용을 긍정하는 방향으로 작용하고 있으며, 또한 이용의 목적과 성격으로 볼 때 방송사의 저작물 이용 행위가 생산적 또는 변형적 이용이라면 문화를 풍부하게 하는 역할을 하므로 공익에 기여한다고 판단할 수 있습니다.

물론 이용한 부분이 피이용 저작물 전체에서 차지하는 질적·양적 비중이 매우 커서 공정 이용이 인정되기 어려운 요소로 작용하지만, 사실 이 부분은 이번 사례와 같이 특정 게이머의 게임 과정을 전체적으로 방송하는 데에는 부득이한 면이 있습니다.

그야말로 특정 게임의 전체 진행 상황과 승패의 결과, 중요 부분의 해설 등을 시청자에게 제공하려면 스타크래프트의 화면이 방송물의 대부분을 차지할 수밖에 없는 구조로 되어 있기 때문입니다. 그 결과 e 스포츠 방송물에서 스타크래프트 게임 저작물의 화면이 대량으로, 그리고 계속해서 비추어지는 것은 그 방송물의 성격상 어쩔 수 없는 부분이라고 이해할 수 있습니다.

그러나 실제 현실에서는 e스포츠 방송사들이 블리자드에게 일정한 금액을 지급하는 것으로 합의가 성립되었다고 합니다.

053 영어 잡지나 신문에 실린 기사나 칼럼을 지문으로 사용하여 영어 강의를 하는 동영상을 만들어 올려도 되나요?

다양한 매체에서 최소한으로 인용해야 위험하지 않아요

저작권법 제28조의 공표된 저작물을 정당한 범위 안에서 인용할 수 있다는 규정을 적용할 수 있는지가 이번 사례의 핵심입니다. 잡지나 신문 기사를 지나치게 많이 인용하면 제28조의 적용 요건인 정당한 범위 안에서라는 제한을 넘어설 수 있어요. 그렇게 되면 자유 이용은 허용되지 않습니다. 특히 특정 신문이나 잡지 하나만 집중해서 내용을 뽑아 지문으로 사용하면 위험합니다. 될 수 있는 한 여러 잡지나 신문 등 다양한 매체에서 최소한으로 인용하는 것이 위험을 줄이는 길입니다.

교과서를 교재로 하는 동영상 콘텐츠도 정당한 범위 안에서 인용해야 해요

국어나 영어 교과서를 교재로 하는 동영상 콘텐츠를 제작하려면 어쩔 수 없이 교과서에 나오는 지문을 이용할 수밖에 없습니다. 국어와 영어 교과서 출판사들이 이런 교육 동영상 콘텐츠를 제작하는 메가스터디를 상대로 소송을 여러 건 제기했던 적이 있어요. 교과서 지문을 사용한 것과 관련된 재판이었는데 그중 일부 재판에서 저작권 침해가 인정되었어요. 결국 인용이 정당한 범위 안에서 이루어졌느냐 하는 것이 저작권 침해를 판단하는 중요한 기준이 된다고 볼 수 있습니다.

수업 목적 저작물의 공정한 이용 범위 가이드라인

저작권법 제25조(학교교육 목적 등에의 이용)에 따르면, 수업 또는 지원 목적상 필요하다고 인정되는 경우에는 공표된 저작물의 일부분을 이용할 수 있습니다. 다만 짧은 시조나 시, 사진, 그림 등과 같이 저작물의 성질이나 이용 목적 및 형태 등에 비추어 부득이하게 저작물의 전부를 이용해야 할 경우에는 모두 이용할 수 있습니다. 그러나 사진의 경우 초상권이 우려되는 이미지나 타인이 영리 목적으로 저작한 경우에는 따로 허락을 받아야 합니다.

구분	공정한 이용 범위
어문(논문, 소설, 수필, 시 등)	1 ~ 10% 이내
음악	5~20% 이내(최대 5분 이내)
영상	5~20% 이내(최대 15분 이내)

▶ 수업 목적 저작물(원격 수업)은 346~350쪽 둘째마당 〈스페셜 04〉 '학교 교육에서 저작물을 이용할 때 주의하세요'를 참고하세요.

054 국어 학습지를 만들 때 교과서의 지문 일부를 인용하는 건 괜찮지요?

고등학생을 대상으로 국어 학습지를 만들어 회원에게만 제공하고 있어요. 학습지를 만들려면 문학이나 독서 같은 검정 교과서의 지문을 불가피하게 인용할 수밖에 없습니다. 시중에 판매하는 것도 아니니까 일부분을 발췌하여 문제를 출제하고 해설하는 것은 괜찮겠지요? 그리고 국정 교과서는 저작권 문제가 없나요?

저작권 침해가 될 가능성이 커요

저작권법 제28조에서는 공표된 저작물의 인용을 규정하고 있는데, 질문자의 경우 이 규정의 혜택을 받을 수 있을지는 상당히 의문입니다. 국정 교과서도 검정 교과서나 인정 교과서와 마찬가지로 문학 작품을 수록할 경우 저작자의 권리를 신탁받은 한국문예학술저작권협회(http://www.ekosa.org) 또는 한국복제전송저작권협회(https://www.korra.kr)의 허락을 받아 일정한 보상금을 지급하고 있어요. 따라서 이 두 곳에 문의해서 승인받는 것이 나중에 발생할지도 모를 불필요한 분쟁을 예방하는 길이 될 것입니다.

만약 그렇지 못한 상황이라면 전체 저작물의 극히 일부분만 인용하고 반드시 출처를 명시하는 것이 그나마 저작권법 제28조에서 규정하는 요건을 충족하여 책임을 면제받을 수 있습니다. 학습지가 시중 판매를 목적으로 하지 않고 회원제로 운영하더라도 마찬가지입니다.

055 학생용 문제집을 만들려고 해요. 타사 제품이 다 비슷비슷한데 저작권 문제가 안 되나요?

학생용 문제집을 만들어서 판매하려고 합니다. 그런데 시중에 나와 있는 문제 유형에서 크게 벗어날 수 없어서 기존 문제집과 같거나 비슷할 수밖에 없습니다. 교과서에 나오는 일러스트, 국어 과목에서의 지문 내용과 범위, 보기 항목의 동일성 등이 문제가 될 것 같아요. 저작권에 문제될 가능성을 없애려면 어느 정도까지 독창성이 있어야 할까요? 편집만 다르게 해도 저작권 문제를 해결할 수 있을까요?

필수적이고 부득이한 인용은 허용돼요

문제집을 만들려면 교과서나 기존 문제집의 내용이나 표현에서 어쩔 수 없이 동일성이 생겨납니다. 예를 들어 설날이라는 교과서 지문으로 문제를 만들 경우 설날이라는 지문을 문제집에 그대로 가져다 쓸 수밖에 없겠지요. 이렇게 필수적이고 부득이한 인용이라면 저작권법 제28조나 제35조의5 규정에 따라 허용될 수 있습니다.

▶ 인용의 이용 범위는 241쪽을 참고하세요.

다만 인용의 정도가 지나쳐서 창작하는 부분은 질적·양적으로 매우 적고 인용되는 교과서나 다른 문제집 부분이 훨씬 크다면 저작권법 제28조와 제35조의5에서 정한 요건을 충족하지 못하여 저작권 침해가 될 수 있다는 점을 유의하기 바랍니다.

또 저작권법 제28조의 공표된 저작물 인용 규정이 적용된다고 하더라도 교과서에 들어 있는 일러스트를 그대로 가져다 쓰면 저작권 침해가 된다는 판례가 있습니다(서울민사지방법원 1992. 6. 5. 선고 91가합 39509 판결). 일러스트는 문제집 구성에 반드시 필요하거나 부득이하게 사용할 수밖에 없는 구성 요소가 아니기 때문입니다. 즉, 문제집을 만들 때 불가피하게 인용할 수밖에 없는 지문이나 내용만 자유롭게 인용할 수 있습니다. 그러나 어떤 경우에도 지나치게 인용해서 문제보다 지문이나 인용문이 많아지면 안 된다는 점을 주의해야 합니다.

인용되는 저작물은 종(從)이 되고, 인용하는 저작물은 주(主)가 돼야 해요

저작권법 제28조의 공표된 저작물 인용 규정에서 정당한 인용으로 판단하는 기준은 한마디로 말하면, 인용되는 저작물(타인의 교과서나 문제집)은 종이 되고, 인용하는 저작물(내가 작성하는 문제집)이 주가 돼야 한다는 것입니다. 이에 대한 일률적인 기준은 확립되어 있지 않으며 그때그때 사안에 따라서 판단할 수밖에 없습니다.

참고로 한 판례에서는 특정 출판사의 국어나 영어 교과서를 교재로 하는 동영상 강의를 제작할 때 교과서 지문을 인용했으므로 저작권을 침해했다고 판결한 적도 있습니다(서울중앙지방법원 2011. 9. 4. 자2011카합683 결정).

056 교육 관련 서비스를 제공하는 사이트에서 영화 포스터와 명화 이미지를 사용하면 저작권 침해가 되나요?

교육 관련 온라인 서비스를 제공하는데 이미지 사용과 관련해서 저작권에 문제가 없는지 궁금합니다. 영화 포스터와 명화 이미지를 현재 무료로 제공하지만 앞으로는 유료화하려고 합니다. 또한 시험 문제를 작성할 때 영화 포스터와 명화 이미지가 필요한데 영화 제목이나 명화의 작가와 작품명을 표기하면 저작권 문제를 해결할 수 있나요? 만일 저작권 침해가 된다면, 영화 포스터와 명화 이미지를 어떻게 사용해야 할까요?

저작권법 제32조에서는 시험 문제를 위한 복제에 관해 다음과 같이 규정하고 있습니다.

저작권법

제32조(시험 문제를 위한 복제 등)

학교의 입학시험이나 그 밖의 학식 및 기능에 관한 시험 또는 검정을 위하여 필요한 경우에는 그 목적을 위하여 정당한 범위 안에서 공표된 저작물을 복제·배포 또는 공중 송신할 수 있다. 다만, 영리를 목적으로 하는 경우에는 그러하지 아니하다.

즉, 학교 등의 시험 문제에 사용하기 위한 목적이라면 다른 사람의 저작물을 사전에 허락받지 않아도 사용할 수 있습니다. 시험 문제는 보안이 유지돼야 하므로 사전에 허락받고 만들 수가 없다는 점을 고려

한 것입니다. 따라서 영화 포스터와 명화 이미지 역시 공표된 저작물에 해당하므로 시험 목적으로 필요하다는 정당한 범위 안에서는 허락받지 않아도 복제하여 사용할 수 있습니다. 다만 '정당한 범위 안에서'라는 조건이 붙어 있으므로, 시험 문제를 제작하는 데 필요한 범위를 넘어서서 영화 포스터와 명화 이미지를 감상할 수 있을 정도로 대량으로 복제해서 사용해서는 안 됩니다.

영리를 목적으로 한다면 저작자의 허락을 받아야 해요

저작권법 규정에 단서로 붙어 있듯이, 영리를 목적으로 한다면 저작자, 즉 영화 포스터나 명화 이미지 작성자의 허락을 받아야 합니다. 예를 들어 이미지를 사용해서 학교나 공공 기관의 시험 문제를 만든 후 대가를 받고 상업적으로 이용한다면 영리를 목적으로 하는 것입니다. 이런 경우 저작자의 허락을 받지 않으면 저작권 침해가 됩니다. 따라서 무료에서 유료 사이트로 전환한다면 저작자의 허락을 받는 것이 안전합니다.

057

중학교 생물 교사인데 출판사의 ≪생물 도감≫으로 원격 수업용 동영상을 만들어 사용해도 되나요?

공표된 저작물의 일부를 사용하면 돼요

학교 등 교육 기관의 교육과정에서는 필연적으로 많은 저작물이 교재나 참고 자료로 사용될 수밖에 없습니다. 그래서 저작권법은 교육의 공공성을 고려하여 교육 목적의 필요에 따라 공표된 저작물을 저작자의 허락 없이 복제·전송 등 자유롭게 사용할 수 있도록 규정해 두었습니다(저작권법 제25조).

원격 수업을 준비하면서 교사들은 저작물을 활용할 수 있는 범위가 어디까지인지, 저작권법에 위배되는 자료를 사용하지 않을까 걱정이 많을 것입니다. 학교 수업과 이를 지원하기 위한 교육청 등의 수업 지원에는 공표된 저작물의 일부를 복제·배포·공연·전시 또는 공중 송신할 수 있습니다. 그러므로 ICT(information & communication technoligy)를 활용한 수업 또는 수업 지원과 원격 학습을 위해 저작물을 이용할 때에는 저작자의 사전 동의가 필요 없습니다.

▶ 원격 수업 관련 내용은 340~350쪽 〈스페셜 03〉, 〈스페셜 04〉에서 자세히 설명합니다.

▶ 무료 영상·이미지·음원·글꼴은 첫째마당 03장을 참고하세요.

다만 동영상을 제작한다면 사용할 음원 파일과 글꼴 파일은 사전 동의가 필요하고, 올바른 출처 표기를 해야 합니다. 또 온라인 카페나 블로그, SNS, 유튜브 등에서도 수업 자료가 해당 학생 이외에 제공되지 않도록 주의해야 합니다.

복제를 하더라도 저작물의 통상적인 이용과 충돌하지 않도록 하세요

그러나 교육 기관에서 저작물을 광범위하게 사용할 경우 저작자, 특히 교육용 교재를 제작·판매하는 사업자의 이해관계에 큰 영향을 미칠 수 있습니다. 일반적으로 학습 보조 교재 전문 출판사는 학교 수업에 활용할 수 있을 것으로 예상해 많은 시간과 비용, 인원을 투자하여 부교재나 워크북 등을 제작합니다. 그런데 교사가 수업에 사용하기 위한 목적이라고는 하지만 저작자의 허락 없이 부교재를 이용해 동영상을 만들어 학생들 앞에서 상영하거나 복제·배포하면 출판사는 판로를 잃고 영업에 큰 타격을 받을 것입니다.

그 결과 어느 누구도 그러한 저작물을 제작하지 않을 것이며 오히려 관련 시장을 무너뜨려 문화와 관련 산업의 발전이라는 저작권법의 궁극적인 목적에도 부합하지 않는 결과를 초래할 가능성이 큽니다.

따라서 베른 협약 제10조 제2항에서 교육 목적을 위한 복제를 허용하면서도 그것이 공정한 관행에 합치될 것을 요구하고 있는 점 등을 고려하여, 이 조항을 해석·운용할 때에는 저작물의 통상적인 이용과 정면으로 충돌하지 않도록 주의를 기울여야 합니다.

058 교실 환경미화를 할 때 저작물을 사용해도 되나요?

환경미화는 학교 교육에서 수업의 범위에 해당하지 않아요

안 됩니다. 학생들이 자율적으로 수행하는 과외 활동이나 환경 미화 같은 교육 환경을 조성·개선하는 행위는 수업에 포함되지 않기 때문입니다. 그 밖에 학교의 교육 계획에 근거하지 않은 자주적인 활동으로서 동아리, 동호회, 연구회 등을 비롯해 수업과 관계없는 참고 자료를 사용해 학급 통신이나 학교 소식, 학교 홈페이지에 게재하는 행위도 수업 목적의 이용 행위라고 보기 어렵습니다.

저작권법에 따른 학교 교육에서 수업의 범위

저작권법 제25조 제2항에 따르면, 교육 기관의 수업이란 유아교육법과 초·중등교육의 교육과정(교과, 창의적 체험활동)과 학교장의 지휘·감독 아래 이루어지는 교육 활동으로 구체적인 수업 일시와 내용이 정해져 있는 수업만을 의미합니다. 또한 특별 교육 활동인 학교 행사(운동회, 수학여행 등), 세미나, 실험·실습과 교사의 지도를 받는 동아리 활동, 원격

▶ 저작권법에 따른 학교 교육에서 수업의 범위는 342쪽을 참고하세요.

수업도 포함될 수 있습니다. 대학 등의 고등교육에서는 학점 취득이 인정되는 교육 활동이 여기에 포함될 수 있습니다.

창의적 체험활동이나 방과 후 학습도 학교 교육과정에 따라 학교장의 지휘·감독 아래 학교 안 또는 밖에서 교수·교사·교사에 준하는 지위에 있는 사람이 수행하는 것이라면 수업의 범위에 포함되는 것으로 볼 수 있습니다. 각종 수업 자료를 개발하고 작성하는 등 교사가 수업을 위해 준비하는 과정 또한 수업의 개념에 포함되고, 수업을 위해 과목 교사들 사이의 한정된 범위 안에서 자료를 공유하는 과정도 수업의 준비 행위로 볼 수 있습니다.

059 미술 교사인데 원격 수업을 할 때 미술 교과서에 실린 작품 사진이나 교과서 PDF를 웹에 올려도 될까요?

일반적으로는 가능합니다. 다만 사진이나 PDF의 사용 목적이 수업 과정에서 사용하기 위한 것이어야 합니다. 따라서 교사가 자신이 담임하고 있는 반의 학생에게 보여 주기 위한 것이라면 관계없지만, 전교생을 위해 인쇄물을 작성해서 배포하는 것은 허용되지 않습니다.

만약 특정한 반이 아니라 전교생을 담당하는 미술 교사라면, 전교생을 대상으로 자료를 웹에 올릴 수도 있습니다. 마찬가지로 전교생을 대상으로 교육 방송 프로그램을 녹화하는 것도 그 교사가 전교생의 시청각 교육을 담당하는 등의 특별한 사정이 있다면 가능합니다.

▶ 원격 수업 관련 내용은 340~350쪽 〈스페셜 03〉, 〈스페셜 04〉를 참고하세요.

교과서 PDF 파일은 통째로 웹에 올리면 안 돼요

교과서 PDF도 학교 수업을 위해 이용할 수 있도록 만든 저작물이므로 교과서 안의 사진 등도 원격 수업에서 사용할 수 있습니다. 그러나 수업과 아무 관련 없이 교과서 내용의 상당량 또는 전부가 담긴 교과서 PDF 파일을 인터넷을 통해 제공하는 행위는 저작권 침해에 해당할 수 있으므로 저작권자(발행사)의 동의를 먼저 받아야 합니다.

수업을 목적으로 자유롭게 복제·배포·공연·전시·방송하거나 전송할 수 있는 저작물은 문학·음악·미술 저작물 등 종류를 가리지 않지만 공표된 저작물의 일부분만 사용해야 한다는 점을 주의해야 합니다. 저작권법은 저작권자의 피해를 최소화하기 위해 규정해 놓은 것이니 까요. 다만 짧은 시조나 사진, 회화 등과 같이 저작물의 성질이나 이용 목적, 형태 등에 비추어 저작물의 전부를 이용할 수밖에 없을 때에는 전부를 이용할 수 있습니다(저작권법 제25 조 제2항 단서).

▶ 무료 영상·이미지·음원·글꼴은 첫째마당 03장을 참고하세요.

060 수업 지원 자료인 PPT로 동영상을 만들어 학생들에게 상영하려고 하는데, 한컴오피스나 MS-오피스에 포함된 번들 폰트를 사용해도 될까요?

한글오피스 프로그램에서만 사용해야 해요

 무료 글꼴 파일은 대부분 비영리 목적으로 사용한다면 허용하고 있습니다.

법원에서는 "프로그램 설치 시 폰트 폴더(C://Windows/Fonts)에 저장되어 타 프로그램에서 자동 인식되어 사용된 폰트의 이용은 저작권 침해로 볼 수 없다"고 판시했습니다(서울중앙지방법원 2014. 5. 1. 선고 2012가합535149). 법원은 저작권자가 다른 프로그램에서 번들 폰트를 사용하지 못하도록 기술적 조치를 취하지 않았기 때문에 다른 프로그램에서 번들 폰트를 사용하도록 허락을 한 것으로 볼 수 있어서 저작권 침해나 약관(이용 계약) 위반이 되지 않는다고 판결한 것입니다.

다만 자동으로 인식하여 사용할 수 있는 글꼴 파일이 아닌데도 이용자가 별도 조치를 해서 다른 프로그램에 사용할 수 있도록 하는 경우에는 약관(이용 계약) 위반에 따른 책임을 질 수 있습니다.

하지만 일부 글꼴 파일은 사용 대상을 개인으로 한정하여 학교의 교육 활동 등에서도 사용 제한을 하는 경우가 있습니다. 그러므로 무료 글꼴도 반드시 이용 조건을 확인한 후 허용 범위 안에서 사용해야 합니다. ㈜한글과컴퓨터에서는 번들로 제공된 글꼴은 한글오피스 프로그램에서만 사용하도록 안내하고 있으므로 사용할 때 주의해야 합니다.

▶ 글꼴 도용 사건은 348쪽을 참고하세요.

글꼴 파일을 사용할 때에는 저작권 관련 법령과 약관(이용허락계약)의 위반 여부를 잘 살펴야 할 뿐만 아니라, 무료 글꼴 파일을 잘못 사용하면 저작권법은 침해하지 않더라도 불법 행위(민법), 부정경쟁행위(부정경쟁방지 및 영업비밀보호에 관한 법률), 디자인권 침해(디자인보호법) 등이 될 수 있다는 점을 염두에 두어야 합니다.

 글꼴과 글꼴 파일은 달라요

글꼴과 글꼴 파일은 구분해줘야 합니다. 글꼴(서체, 폰트)은 특정한 모양의 글자가 모인 것이라면, 글꼴 파일은 컴퓨터 등에서 글자를 나타내기 위해 글꼴을 디지털화한 컴퓨터 프로그램 저작물로서 저작권법의 보호를 받습니다.

- 글꼴(서체 도안): 글꼴(서체, 폰트)은 특정한 모양의 글자 집합을 뜻하며 저작권법 보호 대상이 아닙니다. 궁서체, 명조체, 고딕체 등 글자의 모양을 예로 들 수 있습니다.
- 글꼴 파일: 글꼴 파일은 컴퓨터 등에서 글자를 나타내기 위해 글꼴을 디지털화한 컴퓨터 프로그램 저작물로서 저작권법 보호 대상입니다. 궁서체.TTF, 고딕체.OTF 등을 예로 들 수 있습니다.

함께 보면 좋은 **동영상 강의**

원격 학습용 동영상을 사용할 때 주의하기 1 — 콘텐츠는 일부만 사용

헌법 제31조에 따라 국민의 교육받을 권리에 기초한 국민의 학습권을 보장하기 위해 특별한 경우가 아니라면 학교(교사)

▶ 어문 저작물은 10%, 영상 저작물은 20%(최대 15분 이내)까지 복제 등을 통해 이용할 수 있어요. 수업 목적으로 허용되는 저작물의 공정한 이용 범위는 347쪽을 참고하세요.

는 수업을 위해 음원의 일부분(20%, 최대 5분 이내)을 자유롭게 이용할 수 있습니다. 하지만 학습 목적이 아니라 단지 학생들의 집중도와 흥미를 높이기 위해 음원을 사용한다면 수업 목적의 저작물 이용으로 보기 어려워 동영상 배경 음악으로 사용할 수 없습니다.

그러므로 동영상의 배경 음악으로 음원을 사용하려면 저작권이 만료되거나 무료 이용할 수 있는 공유 저작물을 찾아야 합니다.

▶ 영상·이미지·음원·글꼴 등을 무료로 사용할 수 있는 공유 저작물 사이트는 첫째마당 03장을 참고하세요.

원격 학습용 동영상을 사용할 때 주의하기 2 — 초상권 침해

원격 수업은 수업에 참여하는 교사와 학생에게만 저작물을 사용하도록 저작권법에서 허용해 주고 있습니다. 수업에서 저작물 또는 인물이 포함된 화면을 무단 캡처하여 배포·전송하면 저작권 침해뿐 아니라 초상권 침해에 해당할 수 있습니다. 그러므로 수업 목적 이외에 사용하지 않도록 각별히 주의해야 합니다.

초상권은 대한민국헌법 제10조에 따라 헌법적으로 보장되는 권리(대법원 2006. 10. 13. 선고 2004다16280 판결)로서 수업 지원 목적 보상금 제도에 따라 동의 없이 이용할 수 없으며, 초상권자에게 별도로 허락을 받아야 합니다. 따라서 수업 지원을 위한 교재를 제작할 때 학생을 비롯한 일반인의 초상을 사용하는 경우 별도의 이용 동의가 필요합니다. 만약 초상권자가 촬영해서 사용하는 데 동의했더라도 동의 조건과 다르게 사용하면 초상권 침해가 성립됩니다.

원격 학습용 동영상을 사용할 때 주의하기 3 ─ 수강 신청한 학생만 접근

원격 학습용으로 제작한 동영상은 저작권법 제25조 제2항에 따라 공중 송신(방송, 전송, 디지털 음성 송신 등)할 수 있다고 규정되어 있으므로 온라인 카페나 블로그, SNS, 유튜브 등에서 학생에게 제공할 수 있습니다. 다만 이러한 저작물 등에는 같은 교과목을 수강 신청한 학생들만 접근할 수 있도록 접근 제한 조치, 복제 방지 조치를 하고 저작권 보호 관련 경고 문구를 표시해야 합니다. 특히 유튜브는 누구나 쉽게 접근할 수 있는 서비스로 제공되므로, 동영상을 만들어 올릴 때에는 수업을 듣는 학생 외에 제공되지 않도록 주의해야 합니다

출처: 문화체육관광부 저작산업과, 〈교육목적 저작물 이용 가이드라인〉, 문화체육관광부, 2016.

인터넷 서점에서 책 이미지와 감동받은 구절을 블로그에 올리고 있는데 저작권 문제와 상관 있나요?

책을 읽을 때마다 느낀 점과 감동받은 구절을 블로그에 몇 줄 올리고 있어요. 그리고 인터넷 서점에서 책 이미지를 내려받아 함께 올리고 있는데, 저작권법과 상관 있을까요? 혹시 몰라서 블로그를 운영하는 회사에 물어봤는데 괜찮다는 답변이 와서 정말 괜찮은지 궁금해요. 인터넷 서점의 이용 약관을 보면 저작권 설명도 있는데 어렵게만 느껴집니다.

감동받은 구절의 일부를 인용할 때 출처를 밝히면 상관없어요

책을 읽고 감동받은 구절의 일부를 인용하여 웹에 올리는 것은 분량을 최소한으로 하면 가능합니다. 저작권법 제28조에서 공표된 저작물의 정당한 인용에 해당하여 저작권 침해의 책임이 면제되기 때문이지요.

> **저작권법**
>
> **제28조(공표된 저작물의 인용)**
> 공표된 저작물은 보도, 비평, 교육, 연구 등을 위하여서는 정당한 범위 안에서 공정한 관행에 합치되게 이를 인용할 수 있다.

다만 반드시 출처를 밝혀야 한다는 점을 유념해야 합니다. 즉, 아무개 작가가 지은 어느 출판사의 무슨 책 몇 페이지에서 인용했다고 밝히는 것이죠.

또한 지나치게 많은 양을 인용해서는 안 됩니다. 독자들이 영상물만 보고서도 책의 내용을 어느 정도 알 수 있을 정도로 많은 양을 인용하면 책을 구매하고 싶은 욕구를 감소시킬 우려가 있기 때문입니다. 저작권법 제28조에서 저작물의 인용은 정당한 범위 내에서 공정한 관행에 합치(合致)되게 해야 한다는 제한이 있는데, 그런 정도라면 정당한 범위를 넘어섰다고 판단될 소지가 크다는 점을 주의해야 합니다.

출판사에서 책 표지 이미지 사용을 허락했다고 볼 수 있어요

인터넷 서점에서 책 표지 이미지를 내려받아 올리는 것은 원칙적으로 저작권 위반입니다. 그러나 출판사에서 공식적으로 서평단을 모집하거나 책 홍보를 위해 장려하는 경우도 많으므로 이런 경우에는 발행자가 책 표지 이미지 사용을 허락했다고 볼 수 있습니다.

062 기사 제목과 원문 일부를 웹 사이트에 가져와 링크만 걸면 저작권법에 위배되지 않겠지요?

인터넷에서 기사 제목과 원문 일부를 웹 사이트에 가져와 링크를 걸어 서비스하려고 합니다. 섬네일 이미지도 함께 제공하려고 하는데 저작권법에 위배될까요? 현재 모 웹 사이트에서도 각 신문사와 협의하지 않은 채 저와 같은 방법으로 콘텐츠를 가져와서 유상으로 서비스하고 있습니다. 이 2가지 질문을 신문사, 방송사, 모 웹 사이트에도 보내서 상담했는데 다음과 같이 그쪽 형편에 따라 해석 방법에 차이가 있었어요.

- **신문사**: 신문사와 계약을 맺지 않고 제목만 링크를 걸더라도 저작권법에 위배돼요.
- **모 웹사이트**: 사실에 근거한 기사는 저작권법에 위배되지 않아요. 또한 링크 방식이므로 저작권과 상관없어요. 만약 우리가 서비스하는 것이 저작권법에 위배된다면 검색 엔진에서 하는 웹 검색 서비스 또한 저작권법에 위배되겠지요.

오랫동안 논란이 되고 있는데 현재로서는 저작권 침해 의견이 우세해요

인터넷 저작권과 관련하여 그동안 크게 쟁점이 되었던 내용이고, 또 지금도 계속 문제가 되고 있습니다. 전문가도 각자 다르게 해석하고 있는 부분이기도 합니다.

현재로서는 이런 경우 저작권 침해가 된다는 견해가 우세합니다. 질문자가 서비스하고자 하는 내용은 저작권 침해가 될 소지가 매우 커

보입니다. 물론 인터넷은 링크를 기반으로 하기 때문에 링크 자체를 저작권 침해라고 한다면 인터넷은 존재 기반을 잃어버리게 됩니다. 따라서 링크는 저작물 자체가 아니며 저작물의 위치 정보를 가진 일종의 주소 개념으로서 저작물로 안내하는 길잡이 역할을 하는 것에 불과하므로 저작권 침해가 아니라는 판례가 있습니다(대법원 2009. 11. 26. 선고 2008다77405 판결). 모 웹 사이트에서는 이 판례를 근거로 주장하는 것으로 보입니다.

부정경쟁행위가 될 가능성이 높아요

그런데 단순한 링크를 넘어서서 신문사가 작성한 기사의 일부를 자신의 웹 사이트에서 보여 주면 기사 내용이 다른 사용자에게 전송될 수도 있습니다. 이는 단순한 검색 차원을 넘어서는 행위이며, 결국 신문사가 가지고 있는 기사 저작권 중 복제권, 전송권, 편집저작물작성권을 침해할 소지가 있습니다.

또한 단순히 링크를 거는 것에서 더 나아가 여러 링크를 목록으로 만들어 URL을 제공함으로써 신문 기사를 검색할 수 있도록 하면 사실상 신문사의 웹 사이트에서 제공하는 뉴스 서비스와 같은 효용을 갖게 됩니다. 즉, 신문사의 기사를 이용하여 해당 신문사와 경쟁하는 게 됩니다. 이는 부정경쟁방지법에서 규정하는 '타인의 노력에 의하여 산출된 경제적 성과를 무단 이용하는 상거래 질서에 위배되는 행위(제2조 제1호 카목)'로서 부정경쟁행위에 해당할 가능성이 높습니다.

063 홈페이지에서 음악 작품을 설명할 때 음악 사전이나 작품 해설집 등에서 인용해도 되나요?

음악가와 작품을 설명하고 들을 수 있도록 무료로 서비스하는 홈페이지를 만들고 있어요. 작품을 설명할 때 음악 사전이나 작품 해설집 등에서 내용을 인용하려고 하는데 혹시 저작권 문제가 발생할까요?

공표된 저작물의 인용 범위를 알아야 해요

저작권법에서는 공표된 저작물의 인용을 다음과 같이 규정하고 있습니다.

> **저작권법**
>
> **제28조(공표된 저작물의 인용)**
> 공표된 저작물은 보도, 비평, 교육, 연구 등을 위하여서는 정당한 범위 안에서 공정한 관행에 합치되게 이를 인용할 수 있다.

이 규정에 따르면 음악 사전, 작품 해설집 등의 내용은 저작권자의 허락 없이 인용할 수 있습니다. 이때 중요한 것은 인용이 정당한 범위 안에서 공정한 관행에 합치되게 이루어지는가입니다.

정당한 범위 안이라고 하는 것은, 질문자가 창작한 내용과 음악 서적 등에서 인용한 내용을 비교했을 때 질문자가 창작한 내용이 주가 되고, 인용한 내용은 종속되어야 하는 것을 말합니다. 창작한 내용은 별로 없고 주로 인용한 내용으로 홈페이지가 채워진다면, 또 창작한 내용은 질적으로 그다지 중요한 부분이 아니고 오히려 인용한 내용이 더 중요한 의미가 있다면 정당한 범위 안에서의 인용으로 볼 수 없습니다.

▶ 저작권법 제28조의 공표된 저작물의 인용 규정은 매우 중요합니다. 첫째마당 02-3절 52쪽을 참고하세요.

공정한 관행에 합치되는지 알아봐야 해요

공정한 관행에 합치되어야 한다는 것은 출처 표시, 즉 인용한 문헌의 출처를 정확하게 밝혀야 한다는 것을 의미합니다. 따라서 정당한 범위 안에서 공정한 관행에 합치(合致)되어야 한다는 규칙을 지키지 않고 인용하면 저작권 침해가 성립합니다.

무료로 서비스하는 홈페이지라고 해서 이러한 규칙을 지키지 않아도 되는 것은 아닙니다. 물론 상업 목적으로 이용한다면 대가를 더욱 정당하게 지불해야 합니다. 또한 홈페이지에서 음악 자체는 무료로 서비스해도 광고 수입을 얻는다면 상업적 사용이라고 인정될 가능성이 높습니다.

064

영상을 제작하여 비영리 공모전에 내려고 하는데, 지상파 방송국에서 상영한 영상을 넣으면 저작권 문제가 생길까요?

방송학과 학생인데 영상물을 제작하여 공모전에 내려고 합니다. 영상물 속에 방송국에서 상영한 영상을 조금 삽입하려고 하는데, 저작권법에 위배될까요? 공모전에서 상을 타면 비영리로 사용할 텐데 방송국에서 영상을 구입해서 써야 하나요?

공표된 저작물의 인용 규정에 따른다면 사용할 수 있어요

저작권법 제28조에 따르면, 공표된 저작물은 보도, 비평, 교육, 연구 등의 목적을 위하여서 정당한 범위 안에서 공정한 관행에 합치되게 이루어진다면 허락을 받지 않아도 인용할 수 있습니다. 따라서 영상물을 만들 때 방송국에서 상영한 영상은 조금 삽입할 수 있습니다.

정당한 범위 안에서 공정한 관행에 합치돼야 해요

문제는 어떤 목적으로, 어느 정도 인용하는 것이 정당한 범위 안에서 공정한 관행에 합치되느냐 하는 것입니다. 사안에 따라서 다르겠지만, 기본적으로는 질문자가 작성하는 영상물이 주요 내용이 되고, 거기에 인용되는 기존 방송국의 방송물이 부수적 존재가 되어야 합니다. 그 관계가 역전되면 저작권 침해가 됩니다.

또한 질문자가 인용한 영상물 때문에 방송국 영상의 상품 가치가 손상되어서는 안 됩니다. 즉, 질문자의 영상물에 방송사의 영상물을 인용함으로써, 방송물의 시장 수요를 대체할 수 있을 정도가 되어서는 안 된다는 말입니다. 그리고 인용할 경우에는 반드시 어느 방송국의 어떤 영상물을 인용했는지 출처를 밝혀야 합니다.

이러한 까다로운 요건을 갖추지 않은 채 방송국
의 방송물을 허락 없이 이용할 경우에는 저작권
침해의 책임을 져야 합니다.

065 TV 오락 프로그램의 일부분을 가공해서 영상을 제작하면 저작권에 위배되지 않는다던데 사실인가요?

원저작물을 변형하면 동일성유지권 침해까지 책임져야 해요

TV 오락 프로그램의 화면에 테두리를 두른다거나 '자료화면'이라고 자막 처리를 한다고 해서 저작권을 침해한 책임을 면제받을 수 없습니다. 화면에 테두리를 두르면 오히려 타인의 저작물을 함부로 변형했다고 하여 동일성유지권 침해까지 책임질 우려가 있습니다.

공표된 저작물일 경우 극히 일부분만 인용할 수 있어요

다만 TV 오락 프로그램 중에 극히 일부분만 부득이하게 인용하는 경우라면 공

▶ 공표된 저작물의 이용 범위는 241쪽을 참고하세요.

표된 저작물의 인용에 해당하여 책임이 면제될 수도 있습니다. 저작권법 제28조는 공표된 저작물의 인용이라는 제목 아래 "공표된 저작물은 보도, 비평, 교육, 연구 등을 위하여 정당한 범위 안에서 공정한 관행에 합치(合致)되게 이를 인용할 수 있다"고 규정하고 있습니다. 또 제35조의5에도 유사한 규정이 있습니다. 그러나 내용이 지극히 모호하고 추상적이어서 다툼이 발생할 소지가 많은 것이 사실입니다.

제35조의5(저작물의 공정한 이용)

① 제23조부터 제35조의4까지, 제101조의3부터 제101조의5까지의 경우 외에 저작물의 통상적인 이용 방법과 충돌하지 아니하고 저작자의 정당한 이익을 부당하게 해치지 아니하는 경우에는 저작물을 이용할 수 있다.

② 저작물 이용 행위가 제1항에 해당하는지를 판단할 때에는 다음 각 호의 사항 등을 고려하여야 한다.

1. 이용의 목적 및 성격

2. 저작물의 종류 및 용도

3. 이용된 부분이 저작물 전체에서 차지하는 비중과 그 중요성

4. 저작물의 이용이 그 저작물의 현재 시장 또는 가치나 잠재적인 시장 또는 가치에 미치는 영향

기업이 온라인에 공개해 둔 공시 자료나 IR 리포트는 자유롭게 사용해도 되나요?

유튜브나 온라인으로 증권 관련 교육을 하면서 기업이 금융감독원에 제출하는 공시 자료와 자사의 홈페이지에 올리는 IR 리포트를 교안으로 활용하려고 합니다. 일반인을 대상으로 하는데 회사 현황 자료를 사용해도 될까요?

공개한 자료도 저작권 대상이 될 수 있어요

기업이 자사 상황을 널리 알리려고 올려놓은 공시 자료나 IR(invester realation) 리포트도 저작권 대상이 된다

▶ IR은 기업 정보를 투자자에게 알려주는 기업 설명회를 뜻해요.

고 봐야 합니다. 기업이 공개해서 올려놓은 것은 맞지만, 그렇다고 하여 다른 곳에서 아무렇게나 이용해도 된다는 의미는 아니기 때문입니다.

공개한 자료도 내려받아 복제·배포·전송하면 안 돼요

공개한 자료를 그냥 보는 것과 내려받거나 복제하여 다시 이용하는 것은 차원이 전혀 다릅니다. 따라서 공개한 자료를 보는 것은 아무런 문제가 되지 않지만, 내려받아서 복

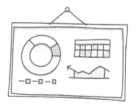

제·배포·전송 등의 방법으로 이용하면 저작권 침해가 될 수 있어요.
다만 강의용 자료를 만들면서 인터넷에 올라 있는 자료 중 일부를 인
용하고 출처를 밝혀 주는 정도라면 저작권법 제28조의 공표된 저작
물의 정당한 인용에 해당하여 저작권 침해의 책임을 면제받을 수 있
습니다.

함께 보면 좋은
동영상 강의

067 다른 사람의 그림을 보고 따라 그려서 웹에 올리면 저작권 문제가 될까요?

해외 작가의 그림책을 구입해 동물 캐릭터를 따라 그려서 개인 SNS에 올리고 있어요. 예를 들어 곰을 그릴 경우 곰 인형이라든지 캐릭터를 따라 그리고 색이나 모양을 수정했는데도 저작권에 문제가 되나요?

2차적저작물작성권 침해가 성립해요

저작권 문제가 발생할 수 있습니다. 저작권 중에서도 2차적저작물작성권 침해가 성립합니다. 2차적저작물작성권 침해를 판단하는 요건은 3가지입니다.

> **2차적저작물작성권 침해의 3가지 요건**
> 첫째, 타인의 저작물에 의거하여
> 둘째, 그 저작물과 실질적으로 유사한 저작물을
> 셋째, 허락 없이 작성한 경우여야 합니다.

곰을 캐릭터로 재미있게, 또는 가상으로 표현한 그림은 창작성이 있으므로 베끼면 당연히 저작권 침해가 성립합니다. 다만 사실적 저작물, 예를 들어 곰을 자연 상태 그대로 사실적으로 그리면 누가 그려도 비슷하게 나올 수밖에 없습니다. 이런 경우에는 표현에서 창작성이 발휘될 여지가 극히 적어서 저작권 침해가 성립하지 않을 수도 있습니다.

옛날부터 있어 온 비슷비슷한 캐릭터는 창작성을 인정받기 어려워요

또한 곰을 캐릭터로 표현한 그림이라 하더라도 옛날부터 있어 온 비슷비슷한 캐릭터는 창작적인 표현이라고 보기 어렵습니다. 예를 들어 1999년 말에 크게 유행했던 반짝이 곰 인형은 오래 전부터 있어 온 통상적인 곰 인형(테디 베어)의 모습과 아무런 차이가 없고, 다만 인형 재질을 반짝이 원단으로 만들었다는 것만 달랐습니다.

법원에서는 이런 곰 인형은 창작성이 없다고 판결했습니다. 이 판례에 따르면, 이러한 통상적인 곰 캐릭터 인형은 저작권이 없고, 따라서 아무나 비슷하게 만들어도 저작권 침해가 되지 않습니다(서울지방법원 남부지원 2001. 5. 25. 선고 2000가합7289 판결). 그러므로 따라 그린 동물 그림이 누가 해도 같거나 비슷할 수밖에 없는 흔한 표현이라면 창작성이 없다고 판단되어 저작권 보호를 받지 못합니다.

068 외주 디자이너에게 의뢰해서 받은 디자인 결과물을 변형해
서 사용해도 될까요?

외주 디자이너에게 디자인을 의뢰했어요. 글꼴과 관련 이미지 등 외주 디자이너에게
저작권이 있는 자료를 활용해서 만든 디자인 결과물을 받았는데, 어떤 수정도 하면
안 되고 그대로 써야 하나요? 아니면 조금 변형해서 활용해도 되나요?

저작물은 저작자의 동의 없이 변형하면 안 돼요

디자이너가 작업한 결과물을 변형해서 사용하려면 반드
시 디자이너에게 동의를 받아야 합니다. 그렇지 않으면
디자이너의 저작인격권 중에서 동일성유지권을 침해할
수 있습니다.

저작권법 제13조에서 규정하는 동일성유지권은 저작물의 내용이나
형식, 제호 등을 그대로 유지할 권리를 말합니다. 다시 말해 원저작자
에게 허락을 받지 않으면 저작물을 함부로 변형할 수 없습니다.

문제는 법원의 판례가 이 동일성유지권을 매우 엄격하게 적용하고 있
다는 점입니다. 음악 저작물에서 음표 하나만 수정해도 동일성유지권
을 침해했다고 인정한 사례가 있을 정도입니다(서울중앙지방법원 2007.
7. 23. 판결). 특히 미술이나 음악 저작물일 경우에는 동일성유지권 침
해를 더 엄격하게 적용하고 있습니다.

제13조(동일성유지권)

① 저작자는 그의 저작물의 내용·형식 및 제호의 동일성을 유지할 권리를 가진다.

② 저작자는 다음 각 호의 어느 하나에 해당하는 변경에 대하여는 이의(異議)할 수 없다. 다만, 본질적인 내용의 변경은 그러하지 아니하다.

1. 제25조의 규정에 따라 저작물을 이용하는 경우에 학교교육 목적상 부득이하다고 인정되는 범위 안에서의 표현의 변경

2. 건축물의 증축·개축 그 밖의 변형

3. 특정한 컴퓨터 외에는 이용할 수 없는 프로그램을 다른 컴퓨터에 이용할 수 있도록 하기 위하여 필요한 범위에서의 변경

4. 프로그램을 특정한 컴퓨터에 보다 효과적으로 이용할 수 있도록 하기 위하여 필요한 범위에서의 변경

5. 그 밖에 저작물의 성질이나 그 이용의 목적 및 형태 등에 비추어 부득이하다고 인정되는 범위 안에서의 변경

따라서 원저작물을 변형하려면 반드시 디자이너에게 동의를 받는 것이 안전합니다. 처음에 외주 디자이너와 계약할 때 "사정에 따라 변형해서 사용할 수 있다"고 명시해 두는 게 좋습니다.

069 책을 만들 때 사용하는 외국 이미지도 이용 허락을 받아야 하나요?

인턴으로 근무하는 회사에서 이미지 저작권 승인과 관련된 일을 처음으로 맡았어요. 10월 말에 출간할 책에 사용할 이미지의 저작권을 승인받는 일이었어요. 국내 이미지는 그런 대로 해결됐는데 외국 이미지는 좀 어려워서요. 질문 내용을 요약해 보면 다음과 같습니다.

1. 외국 건물의 외부 또는 내부 모습을 촬영한 사진도 저작권 승인을 받아야 하나요? 승인을 받아야 한다면 누구한테 연락해야 하나요? 사진을 찍은 사람인가요, 아니면 건물 주인인가요?
2. 웹 사이트나 잡지 표지도 저작권 승인이 필요한가요?
3. 외국 모델이 제품에 들어 있는 사진은 국내에 지사가 있으면 대신 승인받을 수 있나요?
4. 홈페이지에 올라 있는 이미지를 사용할 때에도 저작권 승인을 받아야 하나요?
5. 유명한 사진작가나 디자이너의 제품 이미지는 블로그에 많이 퍼져 있는데 개인에게 각각 저작권을 승인받아야 하나요?

----

1. 외국 건물의 내외부 사진은 저작권자의 허락을 받아야 해요

건물 사진은 사진 자체(사진 저작물)에 저작권이 있을 수 있고, 또 그와는 별개로 건물 자체(건축 저작물)에 저작권이 있을 수 있습니다. 이 경우 양쪽 다 저작권 허락을 받아야 합니다. 다시 말하면 건축가와 사진작가 양쪽에게 허락을 받아야 합니다.

다만 건축 저작물은 건축 미술에 해당할 정도의 예술성이 있어야 저작권이 생깁니다. 흔히 볼 수 있는 평범한 건물이나 아파트 같은 내부 인테리어를 촬영한 사진은 건축 저작권이 없습니다.

2. 외국 웹 사이트나 잡지 표지 모두 저작권이 있어요

WTO 가맹국 사이에는 가맹국의 저작물을 전부 보호해 주도록 되어 있습니다. 그러므로 외국 저작물도 우리나라 저작물과 마찬가지로 보호를 받습니다. 따라서 웹 사이트나 잡지 표지 등을 사용하려면 저작권법 제28조, 제35조의5 등의 규정에 해당하지 않는 한 저작권자의 허락을 받아야 합니다.

3. 외국 제품은 국내 지사가 외국 본사로부터 저작권의 승인 권한을 부여받았는지에 따라 달라져요

국내 지사가 외국 본사로부터 저작권 승인 권한을 부여받았는지 여부에 따라 달라집니다. 외국 본사가 국내 지사에 해당 모델의 저작권을 사용하도록 승인해 주었는지를 확인한 후 국내 지사와 협의하면 됩니다.

4. 홈페이지에 사용한 이미지를 편집하여 사용할 때에도 저작권 승인이 필요해요

저작권은 저작물을 그대로 사용하는 경우뿐만 아니라 수정, 변형, 편집하여 사용하는 경우에도 성립하기 때문입니다. 이러한 저작권을 2차적저작물작성권이라고 합니다.

5. 당연히 저작물 이용 허락을 받아야 해요

유명한 사진작가나 디자이너의 제품 이미지는 각각 저작권을 승인받
아야 해요. 해외 미술 저작물은 사용 허락을 대행해 주는 국내 단체가
있습니다. 예를 들어 피카소나 달리, 샤갈처럼 유명한 화가의 저작권
을 일괄적으로 관리하면서, 미술책 등을 만드는 출판사에게 사용을
허락해 주는 단체이지요. 인터넷에서 한국미술저작권관리협회(SACK)
라는 단체를 검색해 보기 바랍니다. 이 단체에서 관리해 주는 저작물
이라면 이 단체를 통해 허락받아야 합니다.

한국미술저작권관리협회(http://www.sack.or.kr/)

070 기존 상품을 패러디해서 만들면 저작권을 침해한 건가요?

과거 선풍적 인기를 끌었던 '푸마' 상품을 패러디한 '다마'나 '피나' 같은 상품도 저작권을 침해한 건가요? 만약 그 자체를 패러디의 한 문화로 본다면 이 상품의 저작권도 인정받을 수 있는 거  아닌가요? 이런 상품은 같은 디자인만 아니라면 판매해도 상관없나요?

패러디를 판단하는 명확한 기준은 아직 없어요

 패러디가 저작권 침해가 되는지 판단하는 것은 매우 어려운 문제입니다. 또 명확한 기준도 아직 없습니다.

패러디는 기존 저작물을 풍자 또는 비평하는 것으로서 일반적으로 원저작자의 허락을 받지 않고 만들어집니다. 패러디는 그 자체가 하나의 문예 양식에 해당하므로 이를 허용하고 발전시켜야 한다는 주장도 강합니다. 그러나 패러디를 넓게 허용하면 저작권을 침해하는 일이 흔하게 발생할 수 있으므로 그렇게 할 수도 없습니다. 이 점이 패러디를 인정할 것인가 하는 문제를 어렵게 하는 부분입니다.

상업적인 목적으로 패러디를 할 경우 저작권을 침해할 가능성이 커요

상업적 패러디인가 아닌가는 중요한 고려 요소로 작용합니다. 즉, 상업적인 목적으로 패러디를 할 경우 저작권을 침해할 가능성이 큰 반면, 순수하게 비평·풍자의 목적으로 패러디를 할 경우에는 저작권 침해의 책임에서 벗어날 소지가 더욱 크다는 것입니다. 다만 우리나라 법원은 패러디를 인정하는 데 매우 인색 ▶ 패러디 관련 Q&A는 질문 048, 077~079번을 참고하세요. 합니다.

푸마를 패러디한 다마 같은 상표 패러디도 우리나라에서는 **짝퉁** 상표로 보고 단속하고 있습니다. 그런데 이런 상표는 소비자에게 단지 웃음을 자아내게 할 뿐 혼동을 일으키지는 않습니다. 즉, 다마 상표를 보고 푸마로 혼동해서 구입하는 소비자는 거의 없다는 것이지요.

그러나 부정경쟁방지법에는 '희석화 방지 조항'(제2조 제1호 다.목) 규정이 있습니다. 이 규정은 반드시 혼동을 일으키지 않더라도 저명한 상표와 비슷한 상표를 사용하여 저명한 상표만의 고유한 식별력이나 명성을 손상시키는 행위를 부정경쟁행위로 보고 있습니다. 다마는 푸마를 희석화하는 상표가 될 여지가 있으므로 저작권을 침해한 것은 아니더라도 부정경쟁밥지법을 위반한 것으로 판단할 수 있습니다.

071 다른 저작물의 이미지에서 가져온 콘셉트를 이용해 이미지를 만든다면 저작권을 침해하는 건가요?

창작에 관련된 일을 하는 사람입니다. 순수 창작이라고 생각해서 일을 시작했는데 하다 보니 순수 창작이라고 생각할 수 없는 일이었어요. 물론 제가 직접 콘셉트를 작업하는 게 아니라서 그런 면이 있는 것 같습니다.

콘셉트 작업하는 분들이 콘셉트를 잡을 때에는 대부분 다른 창작물의 이미지에서 따오곤 하는데요. 이후 제 역할은 콘셉트를 바탕으로 완결된 이미지를 만드는 일입니다. 그렇다면 제가 하는 일은 저작권을 침해하거나 표절에 해당하는 건가요? 창작물의 아이디어를 차용하는 것은 표절이 아니라고 하던데, 제가 받은 이런 콘셉트를 아이디어의 차용으로 봐도 되나요?

- -

표절에 해당할 가능성이 커요

결론적으로 말하면 지금 하는 일은 표절에 해당할 가능성이 큽니다. 저작권 침해의 유형인 표절은 특히 다른 사람의 저작물을 다소 수정하거나 변형한 후 마치 자신의 독자적인 저작물인 것처럼 작성하는 것을 말합니다. 표절 행위는 다른 저작권 침해 행위보다 비난받을 가능성이 높아요.

표절이냐 아니냐를 판단하는 것은 매우 어렵고 복잡하며 주관적입니다. 어떤 저작물이 기존 저작물을 표절했는지 알아보려면 해당 저작물을 비교·분석하는 등 세밀한 작업이 필요합니다. 따라서 질문자가 한 작업한 결과물을 보지 않은 상태에서 표절 여부를 판단하는 것은 사실상 곤란합니다.

아이디어를 표현한 것만 저작권 보호를 받아요

또한 저작권법은 아이디어를 표현한 것만 보호합니다. 따라서 다른
사람의 콘셉트가 들어 있는 저작물 중 아이디어만 가져다 썼다면 저
작권 침해가 되지 않을 수도 있습니다. 그러나 다른 사람의 저작물(콘
셉트)을 받아다가 디지털 작업으로 다소 수정, 변형한 후 이미지 파일
로 만들어 내는 경우에는 표절이 될 가능성이 높습니다.

원저작물의 본질적인 특징이 남아 있고 실질적 유사성이 있으면 저
작권을 침해할 가능성이 커요

표절이냐 아니냐는 표절 저작물에서 원저작물의 본질적인 특징을 느
낄 수 있느냐 없느냐, 두 저작물 사이에 실질적 유사성이 있느냐 없느
냐에 따라 결정됩니다. 그런데 원저작물을 이미지화하는 작업은 대부
분 원저작물의 본질적 특징이 남아 있고, 두 저작물 사이에 실질적 유
사성이 있는 경우가 많습니다. 따라서 저작권 침해가 성립될 가능성
이 높습니다.

원저작물의 장르를 변형해서 이미지를 만들면 표절에 해당해요

질문자가 받은 콘셉트가 장르가 다른 것이라거나 사진 저작물인 경우
에도 결론은 달라지지 않습니다. 장르를 변형해서 이미지를 만들어도
표절에 해당하기 때문입니다. 마치 소설을 표절하여 영화를 만들어도

저작권 침해가 되는 것과 마찬가지입니다. 또한 질문자가 받은 콘셉트가 사진이라고 할 때 사진 역시 저작권법의 보호를 받는 저작물입니다. 사진이라고 해서 저작권 침해의 책임을 모면할 수는 없습니다. 다만 증명사진과 같이 창작성이 없는 사진은 저작물이 아니므로 사용해도 저작권을 침해한 것은 아닙니다. 그러나 부정경쟁방지법 위반이 될 소지는 남아 있다는 점을 유의해야 합니다.

072 제가 그린 일러스트와 사진이 비슷하다면서 사진 소유자가
저작권 침해라고 주장하는데 맞나요?

강아지를 일러스트로 그려 개인 SNS에 올렸는데, 강아지 사진 소유자가 자기 사진
을 복제했다면서 저작권을 주장합니다. 저는 사진이 아니라 그림을 그려 표현한 것
이고, 강아지 포즈나 모습이 비슷하다는 생각은 들지만 사진과 100% 똑같지는 않
아요. 특히 그림에서 강아지의 얼룩무늬는 사진과 완전히 다릅니다.
현재 저는 고소당한 상태입니다. 게다가 사진을 복제하고 수정까지 했으니 150만
원을 보내라고 전화까지 왔어요. 사진을 복제한 것도 아니고 일러스트는 그린 사람
에게 저작권이 있다는 얘기를 듣고 합의하지 않았습니다. 이런 경우 법원까지 가야
판가름 나는 건가요?

타인의 사진을 보고 그렸는지 판단하는 게 중요해요

저작권 침해가 되려면 다음 3가지 요건을 갖추어야 합
니다.

> **저작권 침해의 3가지 요건**
> 첫째, 타인의 저작물에 의거하여
> 둘째, 그 저작물과 실질적으로 유사한 저작물을
> 셋째, 허락 없이 작성한 경우여야 합니다.

따라서 우선 일러스트 작업을 할 때 다른 사람의 사진 저작물에 의거
했는지, 다시 말하면 타인의 사진 저작물을 보고 모방하여 일러스트

를 작성했는지 판단해야 합니다. 타인의 사진 저작물을 전혀 보지 않고 독자적으로 그렸다면 첫 번째 요건에 해당하지 않으므로 저작권 침해가 될 수 없습니다. 다만 질문 내용을 살펴보면 문제가 된 사진을 보고 일러스트를 작성한 것은 맞는 것 같습니다. 그렇다면 첫 번째 요건에 해당됩니다.

실질적 유사성이 있어야 저작권 침해가 성립해요

둘째로, 타인의 사진 저작물을 보고 일러스트를 그렸다고 하더라도 일러스트와 사진 저작물 사이에 실질적 유사성이 있어야 저작권 침해가 됩니다. 실질적 유사성이 있느냐 하는 문제는 주관적인 판단이 되기 쉽고 뚜렷한 기준이 없어 다툼이 생 ▸ 실질적 유사성을 판단하는 방법은 기기도 합니다. 331~332, 439, 442쪽을 참고하세요.

다만 특정 종류의 강아지는 자연 상태에서 살아가므로 누가 그려도 비슷하게 그릴 수밖에 없다는 점이 있습니다. 달마시안 강아지 그림은 누가 그려도 비슷할 수밖에 없다고 하여 저작권을 침해한 것이 아니라고 판결한 사례가 있습니다. 이 판결은 항소되어 대법원에서 결론이 바뀌기는 했지만 어쨌든 질문자가 궁금한 부분을 해소하는 데 도움을 주는 판례라고 생각합니다(대법원 2003. 10. 23. 선고 2002도446 판결).

원작 사진을 수정한 정도에 따라 복제권, 2차적저작물작성권, 동일성
유지권을 침해하게 돼요

결론적으로 말하면, 타인의 사진 저작물을 보고 그에 의거하여 일러
스트를 작성했고, 그렇게 하여 일러스트와 사진 저작물 사이에 실질
적 유사성이 있을 경우에 비로소 저작권 침해가 됩니다. 또한 원작 사
진을 그대로 베끼면 저작권 중 복제권을 침해하는 것이고, 일부 수정
을 해서 베끼면 2차적저작물작성권 침해가 되면서 아울러 저작인격
권인 동일성유지권까지 침해하는 것이 될 수 있습니다.

073 명화를 원작과 다른 느낌으로 그렸을 때 저작권에 문제가 생길까요?

500년 넘은 명화를 재해석, 재배치해서 그림을 그렸습니다. 내용과 해석에 차이가 있고 기법이나 효과도 다르게 적용해서 원작과 느낌이 많이 다릅니다. 그래도 원작의 모습이 남아 있어서 누가 봐도 원작을 기초로 했다는 것을 알 수 있어요. 이런 경우 저작권에 문제가 될까요?

명화의 저작권보다는 사진 저작권을 침해할 수 있어요

500년도 더 된 명화를 이용한다면 저작권에 걸릴 소지가 없습니다. 저작권 보호 기간은 저작자의 생존 기간 동안과 사후 70년까지이니까요.

그런데 문제는 사진입니다. 명화 자체의 보호 기간은 만료되었다고 하더라도, 명화를 찍은 사진은 저작권이 남아 있을 수 있습니다. 만약 명화 자체가 아니라 명화를 찍은 사진으로 작업했다면 사진의 저작권을 침해할 수 있습니다. 그러나 명화 자체를 충실하게 사실적으로 복제하기만 하고 촬영자의 창작적인 표현이 들어 있지 않다면, 그런 사진에는 따로 저작권이 없으니 그대로 이용해도 됩니다.

이미지 출처를 확인해야 해요

다만 한 가지 주의할 것이 있습니다. 명화의 사진이나 이미지 중에는 소장하고 있는 박물관이나 관련 기관에서 제작하여 배포한 것도 있습니다. 이런 이미지는 해당 박물관이나 관련 기관에서 배포할 때 함부로 복제하거나 수정, 변형하지 못하도록 약관으로 규제하는 경우가 있습니다.

이미지를 사용할 때에는 그런 제한이 있는지 이미지 출처에서 확인해 볼 필요가 있습니다. 예를 들어 구글에서 이미지를 검색하면 대부분 저작권 관련 문제를 확인하라는 표시가 있습니다. 이런 문제가 아니라면 500년 넘은 명화를 재배치, 재해석해서 콘텐츠를 만들어 내는 것은 자유입니다.

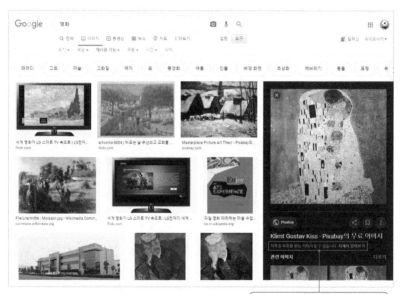

구글 웹 사이트(https://www.google.co.kr)

이미지를 클릭하면 "저작권 보호를 받는 이미지일 수 있습니다."라는 메시지가 함께 표시됩니다.

구입한 클립아트로 만든 섬네일 이미지를 동호회 갤러리 사이트에 올리면 저작권을 침해한 건가요?

편집 디자이너인데 클립아트 CD를 구입해 전단지나 포스터 작업을 할 때 사용하고 있어요. 완성한 섬네일 이미지는 동호회 갤러리 사이트에 '나의 작품'으로 올려놓았을 뿐 상업적인 용도로 배포하지는 않았어요. 더구나 저해상 이미지라서 인쇄용으로는 사용할 수 없어요.

그런데 클립아트 CD 회사에서 약관에 섬네일 이미지는 어떠한 배포도 허용하지 않는다고 되어 있으므로 저작권에 문제된다고 합니다. 상업적 목적으로 사용한 것도 아니고, 새롭게 바꿔서 사용했고, CD도 구입했는데 약관에 명시되어 있다면 디자이너는 속수무책으로 당할 수밖에 없나요? 도대체 저작권은 어디까지 보장해 주나요? 섬네일 이미지의 사용 기준은 무엇인가요?

섬네일 이미지에서 원본 이미지의 본질적인 특징을 느낄 수 있다면 저작권을 침해한 거예요

섬네일 이미지에서 원본 이미지의 본질적인 특징을 느낄 수 있다면 저작권 침해가 될 수 있습니다. 다만 여기서 쟁점이 되는 것은 본질적인 특징이 무엇이냐, 구체적으로 어떤 경우에 본질적인 특징을 느낄 수 있다고 볼 것이냐 하는 부분입니다. 이 문제는 주관적인 판단이 될 것이므로 논란이 있습니다.

그러나 섬네일 이미지는 일러스트 자체와 달리 저작물을 찾을 수 있도록 설명할 때 일종의 찾아보기 용도로 작성한 것입니다. 따라서 저작권법 제28조의 공표된 저작물의 인용이나 제35조의5에서 정한 공정 이용의 범위에 속하여 저작권 침해가 되지 않을 가능성이 남아 있습니다.

섬네일 이미지를 내려받으면 배포권·전송권을 침해할 수도 있어요

그리고 섬네일 이미지를 동호회 홈페이지에 올려놓았다고 했는데, 만약 다른 사람이 섬네일 이미지를 내려받을 수 있다면 그것은 원이미지의 저작권자가 가지고 있는 전송권을 침해하는 것입니다. 단순히 보여 주고 싶은 욕구에서 그렇게 했다 해도 저작물이 인터넷에서 다른 사람에게 급속히 전파될 수도 있기 때문입니다. 그렇게 되면 그것은 단순한 저작물의 이용을 넘어서서 적극적으로 배포 또는 전송을 한 것이 되어 저작권자에게 심각한 피해를 줄 수 있습니다. 따라서 저작권자의 허락을 받지 않으면 저작권 침해가 성립합니다.

075 면티에 유명한 화가의 작품을 넣고 싶은데 연락할 곳을 못 찾았어요. 그냥 사용해도 괜찮을까요?

의류업을 하는 청년입니다. 면티를 소량만 제작해서 주위 사람들에게 판매하려고 합니다. 유명한 화가의 작품을 넣고 싶은데 화가가 사망한 지 70년이 안 되서 저작권 문제가 생길까 걱정돼요. 인터넷에서 검색해 봤는데 국내에서 누가 저작권을 가지고 있는지 알 수가 없습니다. 화가의 작품을 수입해서 판매하는 곳을 겨우 찾았는데 판매 대행 업무만 할 뿐 아무것도 모른다고 합니다.

 사망한 지 70년이 지나지 않은 작가의 작품이라면 저작권이 살아 있으므로 허락받기 전까지는 사용하지 않아야 합니다. 외국 작가도 국내 작가와 똑같이 보호받으므로 마찬가지입니다.

저작권이 소멸했더라도 상표 등록이 되어 있으면 사용하면 안 돼요

저작권은 상표권이나 특허권과 같이 국내에 등록해야만 보호받는 것이 아닙니다. 저작권은 세계 대부분의 나라(WTO 가입 국가)에서 보호받습니다. 아무리 찾아봐도 계약 대행을 해주는 곳을 찾지 못했다는 것은 법적으로 문제가 됐을 때 적절한 변명이 되지 않습니다.

또한 사망한 지 70년 지난 작가의 저작권은 소멸되지만 보통 작품을 다시 가공해서 2차적 저작물로 사용할 가능성이 많습니다. 예를 들어

라파엘로의 그림을 촬영한 사진을 도안으로 사용하는 경우 사진 저작권이 남아 있을 수 있으니 주의해야 합니다. 또한 그림 제목이나 화가 이름도 상표로 등록되어 있을 수도 있습니다. 상표 등록이 되어 있는 그림 제목이나 작가 이름을 사용하면 상표법 위반이 될 수 있습니다.

함께 보면 좋은
동영상 강의

076 캐릭터 보호 방법 중 저작권의 '이용허락계약'과 특허의 '전용 실시권'은 같은 건가요?

회사에서 상품화권을 계약하기 위해 영업하려면 캐릭터에 관한 전용실시권이 필요하다고 합니다. 2가지 궁금한 점이 있어요.

1. 전용실시권은 특허에 해당하는 것으로 알고 있는데, 저작권에도 전용실시권처럼 계약할 수 있는 규정이 있나요?
2. 캐릭터를 독점적으로 사용하려면 어떤 식으로 계약해야 되나요?

---

1. 전용실시권이나 배타적 발행권을 설정받으면 디자인을 독점적·배타적으로 이용할 수 있어요

상품화권은 저작권이나 디자인권, 상표권, 부정경쟁방지법의 권리 등에 관한 계약을 통해 구체화됩니다.

▶ **상품화권**이란 캐릭터나 디자인을 상품에 적용할 수 있는 권리를 통틀어 말해요.

그중 전용실시권이 가능한 것은 디자인권과 특허입니다. 저작권에는 전용실시권이 없고 배타적 발행권과 독점적 이용허락계약이 있습니다. **전용실시권**은 실용신안·디자인 등록을 했거나 발명 특허를 냈을 경우 특허권자가 정한 범위 안에서 기간·장소·내용을 독점해서 실시할 수 있는 권리를 말해요.

전용실시권을 설정하면 그때부터는 전용실시권자만 캐릭터를 사용

구분	배타적 권리	이용허락계약(라이선스 계약)
저작권	배타적 발행권	독점적 · 비독점적 계약
상표권	전용사용권	독점적 · 비독점적 계약
디자인권	전용실시권	독점적 · 비독점적 계약
특허	전용실시권	독점적 · 비독점적 계약

▶ 디자인권은 전용실시권이라는 용어를 쓰지만, 상표권은 전용사용권이라고 표현하는 게 더 정확합니다.

할 수 있으며, 캐릭터를 창작한 사람도 사용할 수 없습니다. 또 전용실시권자는 캐릭터를 침해하는 사람에게 스스로 자기 이름으로 민·형사 소송이나 고소를 제기할 수 있습니다. 배타적 발행권도 마찬가지입니다.

2. 다른 방법으로는 독점적 이용허락계약이 있어요

전용실시권을 설정한 것과 비슷한 효과가 생기는 것이 독점적 이용허락계약이에요. 독점적 이용허락계약을 체결하면 허락받은 사람만 이용할 수 있습니다. 다만 침해자에게 민·형사 소송을 직접 제기할 수는 없고 항상 원저작권자를 통해서만 할 수 있습니다.

결론을 말씀드리면 캐릭터를 독점적으로 사용하려면 계약을 할 때 독점적 이용허락계약을 체결하거나 배타적 발행권이나 전용실시권을 설정하면 됩니다.

077 영화 포스터를 고객이 원하는 사진으로 패러디해서 서비스하려고 하는데 저작권을 어떻게 준비해야 하나요?

최근 인터넷에서 영화 포스터를 패러디하는 게 유행하고 있어요. 패러디를 대신 제작해 주거나 인쇄해 주는 곳까지 있다고 합니다. 만약 영화 포스터를 전시해 놓고 고객이 골라 원하는 모습으로 패러디해서 인쇄하거나 책 표지 등으로 제작해 주는 사이트를 운영하려면 어떻게 해야 할까요?

출연자가 여러 명 나온 영화 포스터에서 주인공 한두 명만 일반인의 사진으로 바꾸고 나머지 등장인물은 그대로 둔다면 초상권을 침해하는 건가요? 포스터마다 저작권 계약을 해야 하나요? 저작권 계약은 누구와 해야 하나요? 외국 영화 포스터에서는 어떻게 하나요?

패러디는 원래 저작권자의 허락 없이 만드는 거예요

저작자는 자신의 저작물을 패러디하는 것을 좋아할 리 없지만 저작자의 허락 없이 저작물을 사용할 수 있게 하는 것이 패러디입니다. 그러나 패러디가 저작권 침해의 책임을 면하려면 다음 4가지 요건을 충족해야 합니다.

> **패러디가 저작권 침해가 되지 않는 4가지 조건**
> - 원작이나 사회 현실을 비평하거나 풍자하는 것이어야 해요.
> - 감상자에게 새로운 느낌을 줄 수 있어야 해요.
> - 원작을 비평 또는 풍자한 것이라는 사실을 감상자가 알 수 있어야 해요.
> - 필요한 범위를 넘어서 원작을 지나치게 사용해서는 안 돼요.

원작이나 사회 현실을 비평하지 않고 단순히 기존 포스터를 이용하여 자신의 저작물을 만드는 것은 패러디로 허용되지 않습니다. 또한 반드시 패러디에 필요한 범위 내에서만 이용해야 합니다.

이와 같은 요건을 충족하면 패러디가 성립되고 저작권자의 허락 없이 저작물을 이용할 수 있습니다. 자신의 사업이 이러한 요건을 충족할 수 있는지는 질문자가 적절히 판단하기 바랍니다. 만약 이러한 요건을 충족하기 어렵다고 판단되면 포스터의 저작권이 있는 사람과 미리 합의하고 이용 허락을 받아 놓는 것이 안전합니다.

다만 법원은 웬만해서는 패러디를 허용하지 않는다는 점을 유의해야 합니다. 즉, 패러디와 관련된 경우는 패러디라는 명목으로 이루어진 풍자 저작물을 저작권 침해로 판단한 사례 있고, 법원이 패러디를 허용한 사례는 아직 없다는 점을 주의하기 바랍니다(서울지방법원 2001. 11. 1. 선고 2001가합1837 결정).

또한 초상권이나 퍼블리시티권 침해가 될 수 있습니다. 다만 유명 연예인이나 정치가 등 공적 인물(public figure)은 표현의 자유를 위해 초상권이나 퍼블리시티권 침해를 어느 정도 수용하고 있습니다.

▶ 패러디는 207, 256, 272, 274, 276쪽을 참고하세요.

함께 보면 좋은
동영상 강의

078 인터넷 사이트에서 공모전 형식으로 패러디 포스터를 만들 었는데 저작권법에 걸리나요?

인터넷 사이트에서 공모전 형식으로 패러디 포스터를 만들려고 하는데 저작권법에 걸리나요? 기본 포스터를 사이트에 올려서 기본 소스를 제공하면 회원이 패러디해 서 다시 올리는 방식이에요. 기본 소스를 제공해도 저작권에 걸리나요? 혹시 개인 홈페이지가 아닌 기업 홈페이지에서도 하면 저작권에 걸리는지도 궁금해요.

패러디는 저작권과 관련하여 매우 예민한 문제예요

패러디는 잘하면 저작권 침해의 책임으로부터 면제될 수 있으나, 잘못하면(이런 경우를 실패한 패러디라고 해요) 저작 권 침해가 됩니다. 유명 가수이자 작곡가인 서태지의 노 래를 패러디하여 저작권 침해로 걸린 사례를 보면 알 수 있지요. 다시 말해 원래 패러디는 저작자의 허락을 받지 않지만, 패러디로서 실패 하면 저작권 침해가 됩니다.

어떤 것이 성공한 패러디이고 어떤 것이 실패한 패러디인지 기준은 명확하지 않아 그때그때 다릅니다. 따라서 획일적으로 말씀드리기 어 렵습니다. 다만 현재까지 우리나라 법원은 일단 원작자가 문제 삼은 이상 패러디를 거의 허용해 주지 않는다는 점을 유념하기 바랍니다.

기본 소스를 올리면 복제권과 전송권 침해의 책임을 져야 해요

또한 기본 소스를 올린다는 것은 패러디와 상관없이 문제가 될 소지가 높습니다. 즉, 기본 소스로 만든 패러디가 패러디로서 성공하고 저작권 침해의 책임이 면제된다고 하더라도 패러디를 만든 사람에 국한될 뿐, 기본 소스를 올린 사람은 해당 저작물의 복제권과 전송권 침해의 책임을 져야 합니다. 따라서 기본 소스를 올리는 행위는 불법이 될 가능성이 높습니다. 기업에서 올리든 개인

▶ 패러디 저작권 관련 내용은 273쪽을 참고하세요.

이 올리든 마찬가지입니다.

079

영화 포스터를 이용해 학생회장 총선거를 홍보하려고 하는
데 저작권을 침해하지 않는 좋은 방법이 있나요?

대학교 중앙선거관리위원회 홍보부장입니다. 학생회장 총선거를 홍보할 방법을 찾다
가 영화 포스터를 이용하기로 했어요. 그런데 막상 사용하려고 하니 저작권을 침해하
는 것 같아서 영화사, 중앙선거관리위원회에 문의했는데 별다른 방법이 없더군요.

영화 포스터를 그대로 가져다 쓰면 저작권 침해가 될 가능성이 많아요

저작권을 침해하지 않으려면 저작권법 제28조에서 정
하는 요건을 갖추어야 합니다. 따라서 영화 포스터를 정
당한 범위 안에서 공정한 관행에 합치되게 이용해야 합
니다.

여기서 정당한 범위가 어디까지이고, 공정한 관행이 무엇인지는 구체
적인 경우마다 다르므로 일률적으로 말할 수는 없습니다. 다만 영화 포
스터를 그대로 가져다 쓰면 저작권 침해   ▶ 공정한 관행은 52, 53, 188, 198,
가 될 가능성이 크다는 것을 밝혀 둡니다.   228, 238, 241, 243쪽을 참고하세요.

패러디를 하는 것도 문제입니다. 패러디는 원래 저작권 침해의 책임에
서 면제되는데, 우리나라 법원 판례는 패러디를 인정하는 것에 매우
인색합니다. 그러므로 현재 상태에서 패러디는 거의 저작권 침해의 책
임을 면할 수 없습니다.

팬 클럽 카페 회원인데 연예인이 나온 CF를 편집해서 올리는 것도 안 되나요?

팬 클럽 카페 회원입니다. 어떤 회원이 TV 광고에 나온 연예인 동영상을 일부 캡처하고 편집해서 카페 홈페이지에 올린 것을 봤어요. 운영자에게 물어보니 팬 클럽 카페이고 회원이 홍보해 주는 거니까 괜찮다고 합니다. 이런 경우 저작권 침해가 되지 않나요? 그리고 저작권법에 창작물은 일정 기간 동안 독점해서 사용한다고 되어 있는데 어느 정도인가요?

자기 팬을 상대로 저작권 침해를 주장할 연예인은 거의 없겠지만 주의하세요

연예인 팬 클럽 카페에 그 연예인이 나온 CF를 편집하거나 원본 그대로, 또는 일부 장면을 캡처해서 올리는 경우가 많습니다. 그러나 이런 행위는 저작권 침해의 책임을 질 소지가 있습니다.

우선 해당 연예인이 가지고 있는 초상권과 퍼블리시티권(경제적 권리)을 침해할 우려가 있습니다. 그러나 캡처한 이미지를 올리는 곳이 해당 연예인의 팬 클럽 카페라면 그 연예인이 자기 팬을 상대로 저작권 침해라고 주장할 가능성은 거의 없어 보이지만, 원칙적으로는 초상권이나 퍼블리시티권 침해가 될 수 있으니 주의해야 합니다.

다만 유명 연예인이나 정치가 등 공적 인물(public figure)은 표현의 자유를 위해 초상권이나 퍼블리시티권 침해를 어느 정도 허용하고 있습니다.

CF를 제작한 광고 회사에서 저작권 침해를 문제 삼을 수 있어요

또한 CF를 제작한 광고 회사에서 저작권 침해를 문제 삼을 수 있습니다. 광고 역시 저작권 보호를 받으므로 창작성이 있는 광고를 원본 그대로 또는 편집하여 올렸는데 원본 CF의 본질적 특징을 느낄 수 있다면 그 광고의 저작권을 침해한 게 됩니다. 카페 홈페이지에 올려서 다른 많은 사람들이 보았다면 개인적인 이용이 되지 않으므로 저작권 침해의 책임을 면하기가 더욱 어렵습니다.

저작권 보호 기간 동안 독점적으로 사용할 수 있어요

저작권 보호 기간은 경우에 따라서 다른데, 저작권법 제39조에 따르면 개인이 창작한 저작물일 경우에는 저작자가 생존하는 동안과 사후 70년까지이고, 법인 저작물일 경우에는 공표된 날로부터 70년까지입니다.

저작권법

제39조(보호기간의 원칙)

① 저작재산권은 이 관에 특별한 규정이 있는 경우를 제외하고는 저작자가 생존하는 동안과 사망한 후 70년간 존속한다.

② 공동저작물의 저작재산권은 맨 마지막으로 사망한 저작자가 사망한 후 70년간 존속한다.

---

081 오디션 프로그램을 보면 기존 가요를 대부분 편곡해서 부르는데 원곡 작사가·작곡가의 허락을 받아야 하나요?

편곡하려면 작사가·작곡가에게 허락받아야 해요

요즘 TV에서는 기존 가요를 편곡(리메이크)해서 부르는 음악 프로그램이 있는데, 이 곡 역시 2차적 저작물에 해당합니다. 따라서 편곡 작업을 하려면 기존 가요의 저작자인 작사가·작곡가에게 허락받아야 합니다.

KOMCA가 작사가·작곡가를 대신해요

우리나라 대부분의 대중가요 작사가·작곡가는 자신의 저작권을 한국음악저작권협회(KOMCA)에 맡기고 있습니다. 그래서 KOMCA가 작사가·작곡가의 저작권을 대신 행사하므로 음악을 공연하거나, 녹음하거나, 인터넷에 올리거나(전송), 어떤 형태로든 사용하려면 KOMCA에게 허락받으면 됩니다.

KOMCA 홈페이지(https://www.komca.or.kr/)에서 이용허락신청서 양식을 내려받아 사용할 곡을 써서 제출하면 됩니다. 편곡을 하려면 KOMCA뿐만 아니라 작사가·작곡가의 허락을 따로 받아야 해요. 개작(편곡)일 경우에는 KOMCA 사용승인신청서 양식에서 따로 허락받

한국음악저작권협회(KOMCA, https://www.komca.or.kr)

으라고 안내하고 있어요.

반면 기존 음반을 다시 찍어 내는 것은 리메이크가 아니라 리프레스라고 합니다. 리프레스는 편곡하는 게 아니라 단순히 복제만 하는 것이므로 KOMCA에서 사용 허락만 받으면 됩니다.

편곡과 관련하여 최근 커버 음악이 문제가 되고 있어요

'나는 가수다', '미스터 트롯' 등과 같은 오디션 프로그램이 인기를 얻고 있는데, 여기서 출연자가 부르는 노래는 기존 악곡을 자신의 취향에 맞게 새로운 버전으로 편곡한 경우가 많습니다. 이렇게 타인의 악곡을 자기 버전으로 편곡한 음악을 커버 음악이라고 합니다. 작사가·작곡가의 저작권을 신탁 관리하는 한국음악저작권협회에서는 이와 같이 커버 음악으로 편곡할 경우 기존 악곡의 작사가·작곡가로부터 편곡에 대한 별도의 이용 허락(2차적저작물작성권)을 받도록 하고 있습니다.

커버 음악, 메들리 음반과 저작권

커버 음악

커버 음악은 유튜브와 같은 개인 미디어에서 많이 활용됩니다. 허락을 받지 않고 만든 커버 음악은 원곡 저작권자의 2차적저작물작성권을 침해할 가능성이 높습니다. 특히 원곡의 녹음물(음원)까지 이용한 커버 음악일 경우에는 원곡의 작사가·작곡가뿐만 아니라 해당 음원을 녹음한 음원 제작자의 허락도 받아야 합니다.

다만 유튜브는 침해 저작물이어도 원저작자가 침해 저작물을 유튜브 플랫폼에서 삭제하기보다는 그로부터 발생하는 수익을 공유하는 정책을 펼치고 있습니다. 그러나 이런 커버 음악으로 음반을 제작할 경우에는 원칙적으로 원곡 저작권자로부터 2차적 저작물 작성에 관한 허락을 받아야 합니다.

메들리 음반

또한 서로 다른 작사가·작곡가의 곡을 한 앨범에 20개 정도 수록하는 이른바 메들리 음반일 경우에는 전체적으로 통일한 느낌이 나도록 편곡 작업을 거치는 경우가 많습니다. 이런 경우에도 원곡의 작사가·작곡가로부터 별도의 허락을 받아야 하는지 음악계에 혼란이 있었습니다. 법원에서는 메들리 음반도 원곡 작사가·작곡가의 허락을 받지 않고 제작했다면 2차적저작물작성권의 침해가 성립한다고 판시했습니다(서울북부지방법원 2019. 8. 23. 선고 2019노508호 판결(상고)).

함께 보면 좋은
동영상 강의

082 동영상을 이용해 모바일 사업을 하려고 하는데 관련 동영상을 무료로 사용할 수 있을까요?

뮤직비디오, 드라마, CF, 영화, 애니메이션 등의 동영상을 유무선을 이용해 유료 서비스를 제공하는 모바일 사업을 준비하고 있습니다. 사용자가 이용하는 동영상은 15초 정도이고, 뮤직비디오는 반주부터 1절까지입니다. 궁금한 점을 모아 보았어요.

1. 어떤 방법으로 동영상의 사용권을 얻을 수 있을까요?
2. 무료로 사용할 수 있는 방법이 있을까요?
3. 음원은 음원협회에서 관리한다던데 동영상도 따로 관리하는 협회가 있나요?
4. 동영상 저작권자는 누구이고 어떠한 대가를 지불해야 하나요?

동영상은 무료로 사용할 수 없어요

동영상을 이용하려면 반드시 저작자, 저작인접권자와 협상하여 대가를 지불해야 합니다. 동영상을 단체로 관리하는 협회는 아직 없습니다. 한국영상산업협회라는 단체가 결성되어 있지만, 비디오물 유통에 관한 것만 관리할 뿐 동영상은 취급하지 않습니다.

음원을 사용하려면 먼저 저작자, 저작인접권자의 허락을 받아야 해요

음원을 사용하려면 먼저 저작자인 작사가·작곡가와 저작인접권자인 음반 제작자, 실연자(가수, 연주자)의 허락을 받아야 합니다.

작사가·작곡가는 대부분 한국음악저작권협회(KOMCA)에 저작권 관리를 신탁하고 있습니다. 따라서 사용할 음원은 한국음악저작권협회에 사용 승인을 신청해서 허락을 받아야 합니다.

음반 제작자는 한국음반산업협회(RIAK)를 통해 해당 음원의 사용료를 협상할 수 있습니다. 그러나 이 단체가 모든 음원을 신탁 관리하고 있지는 않습니다. 따라서 사용할 음원이 이 단체에서 저작인접권을 관리하고 있는지 확인해야 합니다.

한국음반산업협회(http://www.riak.or.kr/)

만약 신탁 관리되지 않는 음원이라면 저작인접권자를 확인해서 별도로 사용 허락을 받아야 합니다. 최근 발매된 신곡이나 대형 기획사에서는 자체적으로 음원을 관리하고 있으므로 이들의 음반은 개별 허락을 받아야 합니다. 실연자는 한국음악실연자연합회(FKMP)가 결성되어 있으므

▶ 각 협회 홈페이지에서는 해당 음악이나 음원의 사용신청서 양식과 절차를 상세히 안내하고 있습니다.

한국음악실연자연합회(http://www.fkmp.kr/)

로 이 단체에서 음원 사용을 허락할 수 있는지 알아봐야 합니다.

뮤직비디오나 드라마, 영화, CF 등을 사용하려면 여러 명의 저작자와 저작인접권자의 허락을 받아야 해요

뮤직비디오나 드라마, 영화, CF 등에는 여러 명의 저작자와 저작인접권자가 관여되어 있으므로 각각 협상해야 합니다. 특히 영상 저작물의 제작자, 실연자(출연 배우), 편집자 등은 각각 저작권 또는 저작인접권을 가지고 있으므로 일일이 허락받아야 합니다.

CF를 예로 들어 보겠습니다. 저작권법에서 영상 저작물은 그에 관여한 저작자의 권리가 영상 제작자에게 양도 또는 허락된 것으로 보는 특례 규정이 있습니다. 그러나 CF에 출연한 실연자는 CF가 언론 매체에서 광고로 쓰이는 데 동의했더라도 모바일 사업자가 이용하는 데에는 동의하지 않았을 수도 있습니다. 따라서 이를 이용하여 사업을 하려면 영상 제작자뿐만 아니라 실연자와도 협상해야 합니다.

▶ '영상 저작물에 관한 특례' 규정은 셋째마당 06-7절을 참고하세요.

083 드라마 공식 홈페이지에 있는 사진을 이용해 영상을 만든 후 다른 사이트에 올렸다면 문제가 되나요?

어느 방송사의 드라마 공식 홈페이지에서 사진을 내려받아 영상을 만든 후 다른 사이트에 올리면 방송사의 저작권을 침해한 게 되나요? 그냥 사람들이 재미있게 보라고 올렸을 뿐 돈을 벌 생각은 전혀 없어요. 홈페이지에 사진을 올린 건 무료로 보라고 한 것 아닌가요? 그냥 가져가서 써도 아무 문제가 되지 않을 것 같은데요? 제가 초보라서 잘 몰라서요.

저작권법 위반, 즉 저작권 침해가 될 수 있어요

영상을 다른 사람들에게 재미삼아 보도록 했을 뿐 상업적으로 이용하지 않았다고 하더라도 저작권 침해의 책임을 피할 수는 없습니다.

타인의 사진을 이용하여 영상을 제작했는데 영상 저작물로부터 사진의 본질적인 부분을 느낄 수 있다면, 그 영상 저작물은 사진의 2차적 저작물이 됩니다. 따라서 사진 저작자의 허락을 받지 않고 영상을 제작하면 저작권 침해가 됩니다.

방송사가 자신의 홈페이지에 드라마와 관련된 사진을 올려놓은 것은 일반인이 자유롭게 보라고, 즉 감상하라고 게시한 것은 맞습니다. 그러나 사진을 마음대로 이용하여 새로운 저작물을 만드는 것까지 허락한 것은 아닙니다. 감상과 이용은 분명히 구분해야 해요.

084

월드컵 경기장 같은 건물이나 사유지를 광고에 사용할 때 권리를 주장할 수 있는 범위는 어디까지인가요?

다른 사람의 얼굴이나 창작물은 초상권이나 저작권 등으로 보호받는 것으로 알고 있습니다. 월드컵 경기장, 민속촌, 63빌딩이나 녹차밭 등을 광고에 사용하려고 하는데 허락하지 않거나 합당한 금액을 내라고 합니다. 건물이나 사유지를 찍어 광고에 사용할 때 이런 판단 기준의 범위는 어디까지인가요? 개인 집을 광고로 사용할 때에도 권리를 주장할 수 있는지, 아니면 널리 알려진 건물에만 제약이 있는지 궁금합니다.

건물이나 사유지는 소유권에 해당해요

건물이나 사유지를 광고에 사용할 경우 소유자에게 허락을 받고 대가를 지급해야 하는 경우가 있습니다. 이것은 엄격히 말해서 소유권의 문제입니다.

소유권이란 자신의 물건을 사용·수익·처분할 수 있는 권리를 말합니다. 이때 수익은 물건을 빌려주거나 이용하도록 해주고 대가를 받는 것입니다. 예를 들어 자기가 소유한 방을 월세로 빌려주고 수익으로 임대료를 받는 것입니다.

건물이나 특정 사유지를 찍어 광고에 사용하는 것은 소유권의 내용에 해당될 수 있으므로 소유자에게 허락을 받아야 하는 것이 원칙입니다. 마치 이웃집 강아지를 사진으로 찍어서 광고에 사용하려면 강아지 주인에게 허락받아야 하는 것과 같습니다. 그 대가로 얼마를 지급해야 적당한지는 소유자와 협의해서 결정하면 됩니다.

소유자뿐만 아니라 건축가의 허락도 받아야 하는지가 문제예요 2006년 파주 헤이리 건축물 광고 사진 사건이라고 해서 재판까지 갔던 사례가 있습니다.

건축가의 허락이 문제되는 것은 건축 저작물이라고 할 정도로 미술성이 있는 건물일 때입니다. 그냥 아무 곳에나 있는 흔한 건물이나 아파트 등을 촬영하는 것은 저작권 침해가 되지 않습니다. 63빌딩이나 남산 타워 등과 같이 어느 정도 건축 미술로 평가할 수 있을 정도로 창작성이 있어야 저작권 보호를 받습니다.

▶ 2006년 파주 헤이리 건축물 광고 사진 사례는 288쪽을 참고하세요. 건축 저작물 관련 내용은 셋째마당 06-5절에서 자세히 설명합니다.

085 파주 헤이리 예술인 마을의 멋진 건축물을 배경으로 영상을 촬영해서 개인 SNS에 올려도 될까요?

실제로 문제가 되었던 사례입니다. 건축 저작물이 광고 사진의 주된 배경이 되는 경우에 건물 소유자의 동의를 받는 것은 광고업계에서 어느 정도 관행으로 굳어져 있는 것 같습니다. 그러나 건축가의 동의도 받아야 하는지는 아직 확립된 관행이 없고 업계에서도 논란이 있는 상황이에요.

광고에 건물 사진을 사용하려면 소유자, 건축가의 허락도 받는 것이 안전해요

이와 관련하여 유브이(UV) 하우스 사건이 있어요. 2006년 ○○은행의 TV와 잡지 광고에 파주 헤이리에 있는 유브이 하우스 건물이 배경으로 등장합니다. 그런데 광고를 제작한 광고업자는 건물 소유자에게는 촬영 장소로 제공한 대가를 지급했으나 건물을 설계한 건축가에게는 아무런 사용료도 주지 않았어요. 이 사실을 알게 된 건축가는 재산 손해와 위자료 등을 포함한 손해배상을 청구했습니다.

▶ 건축 저작물 관련 내용을 더 알고 싶으면 셋째마당 06-5절을 참고하세요.

1심 재판부는 저작권 침해를 인정하지 않았어요. 건축가는 이에 항소

했고, 항소심을 진행하면서 재판부의 중재에 따라 광고업자가 건축가에게 1,000만 원을 지급하는 것으로 조정(합의)이 성립되어 사건은 종결되었습니다.

개방된 장소에 항시 전시된 미술 저작물 등은 자유로이 복제할 수 있어요

만약 유브이 하우스 사건 재판이 끝까지 갔다면 어떤 판결이 나왔을까요? 저작권법 제35조 제2항에서는 가로, 공원, 건축물의 외벽, 그 밖에 공중에게 개방된 장소에 항시 전시된 미술 저작물 등(사진·건축 저작물 포함)은 어떠한 방법으로든지 복제하여 이용할 수 있다고 규정하고 있어요.

저작권법

제35조(미술저작물등의 전시 또는 복제)

① 미술저작물등의 원본의 소유자나 그의 동의를 얻은 자는 그 저작물을 원본에 의하여 전시할 수 있다. 다만, 가로·공원·건축물의 외벽 그 밖에 공중에게 개방된 장소에 항시 전시하는 경우에는 그러하지 아니하다.

② 제1항 단서의 규정에 따른 개방된 장소에 항시 전시되어 있는 미술저작물등은 어떠한 방법으로든지 이를 복제하여 이용할 수 있다. 다만, 다음 각 호의 어느 하나에 해당하는 경우에는 그러하지 아니하다.

1. 건축물을 건축물로 복제하는 경우

2. 조각 또는 회화를 조각 또는 회화로 복제하는 경우

3. 제1항 단서의 규정에 따른 개방된 장소 등에 항시 전시하기 위하여 복제하는 경우

4. 판매의 목적으로 복제하는 경우

예를 들어 세종로나 남산처럼 개방된 장소에 항시 전시된 충무공 동상이나 남산 타워를 배경으로 사진을 촬영하는 것은 매우 자연스러운 행동이에요. 그런데 그때마다 충무공 동상이나 남산 타워의 저작권자에게 동의를 얻어야 한다면 매우 불편할 뿐만 아니라 공중의 이익에도 배치되겠죠. 이러한 점을 고려하여 저작권법에 이러한 규정을 둔 것입니다.

판매를 목적으로 촬영하는 경우에는 허락을 받아야 해요

그러나 영리 목적으로 그림엽서, 연하장, 달력, 포스터 등의 형태로 복제해서 판매하는 경우에는 저작권자에게 허락을 받아야 해요. 그렇다면 건축 저작물을 광고 사진이나 영상물의 배경으로 사용하면 판매를 목적으로 하는 것이니까 허락을 받아야 할까요?

이는 논란의 소지가 있습니다. 판매를 목적으로 한다는 것은 사진이나 영상 자체를 판매하는 것을 의미하는 것으로 봐야 할 것입니다. 선전이나 광고 영상은 영리를 목적으로 하지만 영상 자체를 판매하는 것은 아니어서 허용될 가능성이 높습니다. 또 공익 광고처럼 광고 자체가 무료로 상영된다면 판매를 목적으로 한 것이 아니라고 해석할 수 있습니다. 아직 판례가 없고 상황에 따라 달라질 수 있어 정확히 답변하기가 어렵습니다.

동물 관련 홈페이지를 운영하는데 동물 사진 등 자료를 유료로 사용하도록 허락하려면 어떻게 해야 하나요?

동물 관련 홈페이지 운영자입니다. 처음엔 취미로 했는데 현재 회원 수가 7만 명이 넘는 큰 사이트로 성장했어요. 동물 사진·소리·동영상 등을 제공하는데, 그동안 개인(비영리)은 출처를 밝히면 무료로 사용하게 허락하고, 기업(영리 목적)은 사용할 수 없다는 방침으로 대응했어요. 그런데 이제부터 기업이 요청하면 일정 금액을 받고 사용할 수 있도록 허락하려고 하는데 어떻게 해야 하나요?

자료의 저작권이 누구한테 있느냐가 중요해요

만약 자료를 직접 만들어서 저작권을 가지고 있다면, 개인에게 무료로 사용을 허락하든 기업에게 영리 목적으로 사용을 허락하든 아무런 상관이 없습니다.

그러나 저작권이 다른 사람에게 있다면 권리를 행사할 수 없습니다. 즉, 개인에게 비영리로 사용을 허락하거나 기업에게 영리 목적으로 사용해도 된다고 허락할 수 없어요. 출처를 밝히더라도 마찬가지입니다. 물론 저작권법 제28조에 "공표된 저작물은 보도·비평·교육·연구 등을 위하여 정당한 범위 안에서 공정한 관행에 합치되게 이를 인용할 수 있다"는 규정이 있고, 제35조의5에도 비슷한 규정이 있기는 해요. 그러나 이 규정의 요건이 매우 모호해서 이 규정을 믿고 저작자의 허락도 받지 않고 이용했다가는 분쟁이 발생할 가능성이 큽니다.

또한 질문자의 사이트에 있는 동물 사진이 회원들이 올린 것이라면 개인이 비영리로 사용하든 기업이 영리 목적으로 사용하든 사이트 운영자로서 회원들에게 사전에 미리 이용 허락을 받아 놓는 것이 좋습니다.

087 건물 사진을 광고에 사용하면 건물주는 어떤 권리를 가지고 있나요?

사진사가 건물을 촬영하여 상업적으로 사용할 때 건물주의 동의를 구해야 하는 것으로 알고 있어요. 이때 건물주는 어떤 권리를 가지고 있나요?

건물주에게는 소유권이 있어요

건물을 촬영할 때 건물주의 동의를 구해야 한다는 것은 바로 소유자의 동의를 구해야 한다는 것을 의미해요. 이때 건물주가 가지는 권리는 소유권입니다.

소유권은 물건에 관하여 성립하는 권리인데 사용권, 수익권, 처분권이 포함돼요. 다시 말해 소유권에는 물건을 사용할 수 있는 권리(사용권), 물건을 이용하여 이익을 얻을 수 있는 권리(수익권), 물건을 마음대로 양도할 수 있는 권리(처분권)가 포함되어 있는 것이죠.

> **민법 제211조 소유권의 내용**
> - **사용권**: 물건을 사용할 수 있는 권리
> - **수익권**: 물건을 이용하여 이익을 얻을 수 있는 권리
> - **처분권**: 물건을 마음대로 양도할 수 있는 권리

소유자가 아닌 사람이 어떤 물건을 촬영하여 이용하면 수익권을 침해하는 거예요. 즉, 수익권은 소유권의 하나이므로 결국 소유자의 허락을 받아야 하는 것이지요.

수익권을 좀 더 쉽게 설명해 볼까요? 예쁜 강아지나 멋진 스포츠카를 소유한 사람이 돈을 받고 촬영하도록 허락해 주는 것처럼 소유주는 강아지나 스포츠카 사진의 소유권, 즉 수익권을 가질 수 있습니다. 건물도 마찬가지입니다.

건물 사진을 상업적으로 이용하려면 저작권자와 소유권자의 허락을 받아야 해요

건물 사진을 판매할 목적으로 사용하려면 미리 저작권자인 사진사의 허락을 얻어야 합니다. 또한 소유권은 저작권과는 별개의 문제이므로 소유권자, 즉 소유주의 허락도 받아야 합니다. 결국 건축 저작물을 촬영한 사진 저작물을 상업적으로 이용(판매)하려면 건축가, 사진사, 소유권자 모두에게 허락을 받아야 하는 셈이 됩니다.

▶ 이순신 장군 동상이나 남산 타워 같이 누구나 항상 볼 수 있도록 전시되어 있는 저작물을 촬영한 사진은 판매 목적으로 이용하지 않는다면 저작권 침해가 아니에요.

함께 보면 좋은
동영상 강의

영화, 애니메이션, 드라마 등 관련 이미지를 섬네일로 만들어서 사이트에 사용하면 저작권 문제가 되나요?

영리 목적으로 웹 사이트를 운영합니다. 서비스 중에 회원이 테마를 운영하는 커뮤니티가 있어요. '테마 운영 커뮤니티'란 사용자가 관심 대상인 테마를 정해서 이미지와 동영상 등을 유지·운영해 나가는 것을 말해요. 테마의 종류는 영화, 드라마, 애니메이션 등 방송과 관련된 게 대부분입니다.

테마를 운영하면서 사용자가 이용하는 이미지는 사용자에게 책임이 있지만, 문제는 저희 사이트의 메인 화면에서 '추천 테마'라는 코너를 회사가 직접 운영한다는 것입니다. 테마 커뮤니티가 '추천 테마'라는 코너로 메인 화면에서 유지·운영되고 있어서 메인에 추천 테마 커뮤니티를 소개하려면 관련된 이미지를 섬네일로 만들어 올려야 합니다.

예를 들어 '극한직업' 테마 커뮤니티가 추천 커뮤니티로 선정되었다면 '극한직업'과 관련된 영화 이미지를 섬네일로 만들어요. 이런 경우 영화 관련 이미지를 저희 회사에서 쓰면 저작권에 위배되는지 알고 싶습니다. 물론 영화사와 판권 계약은 안 되어 있습니다. 사용자가 운영하는 수많은 테마와 관련하여 판권이나 이미지 사용 계약을 모두 하는 건 무리지요. 그럼 수많은 포털 사이트의 메인에서 사용하는 영화나 방송 애니메이션 관련 섬네일과 이미지는 관례적으로 묵인되는 건가요, 아니면 사용해도 무방한가요? 정말 다 계약하고 사용해야 하는 건가요?

또한 만화책에 나오는 캐릭터를 일러스트로 사용하여 배너와 이벤트 페이지의 성격에 맞게 만들었다면 저작권에 위배되는 건가요? 물론 캐릭터의 표정이나 몸짓은 수정했고 색상도 바꾸었으므로 느낌이 다릅니다.

섬네일에서 원작의 본질적인 특징을 느낄 수 있다면 저작권 침해가 돼요

 결론적으로 말하면 섬네일이나 캐릭터의 일러스트 이미지에서 원작(영화 또는 캐릭터)의 본질적인 특징을 느낄 수가 있다면 저작권 침해가 됩니다. 섬네일 이미지가 순수하게 찾아보기용 색인으로서의 성격만 갖는다면 저작권 침해의 책임에서 면제될 수 있습니다. 단, 이미지가 정말 섬네일 형태, 즉 화소(픽셀)가 적고 해상도가 낮아야 합니다. 화소가 많고 해상도도 높아서 감상할 수 있을 정도이면 저작권 침해가 됩니다.

《캔디 캔디》라는 장편 만화책에서 이미지 한 컷을 이용해 일러스트를 만들어 문제가 된 사건이 있습니다. 비록 이미지를 한 컷만 사용해 만든 일러스트라 해도 원작인 《캔디 캔디》의 본질적인 특징을 느낄 수가 있으므로 저작권 침해가 된다고 판결난 사례입니다(일본 도쿄고등법원 2000. 3. 30. 판결). 섬네일의 경우도 마찬가지입니다. '극한직업'을 표시하는 섬네일에서 '극한직업' 영화의 본질적인 특징을 느낄 수 있다면 저작권 침해가 될 것입니다.

본질적인 특징을 느낄 수 있다는 것은 원작의 느낌과 실제로 똑같거나 유사한 것을 말해요

여기서 쟁점이 되는 것은 본질적인 특징이란 무엇이냐, 구체적으로 어떤 경우에 본질적인 특징을 느낄 수 있다고 볼 것이냐입니다. 이 문제는 주관적인 판단이 크게 작용하므로 논란이 일어날 수 있습니다.

본질적인 특징을 느낄 수 있다는 것은 원작과 감상적 느낌이 실제로 똑같거나 유사한 경우라고 할 수 있습니다.

다만 섬네일을 순수하게 색인용으로 작성했다면 이는 자신의 저작물을 설명하려고 작성한 것, 즉 질문자의 홈페이지 중에서 특정 저작물에 관한 부분이라는 점을 설명하려고 작성한 것이라고 볼 수 있습니다. 이런 경우에는 저작권법에서 공정 이용의 범위에 속하므로 저작권 침해가 되지 않을 가능성이 높습니다.

089 기계 관련 사이트에 제품 사진을 찍어서 올리는데 생산업체에서 삭제해 달라고 하면 어떻게 해야 하나요?

기계 관련 사이트를 운영하면서 기계 판매 중개와 수리(관리) 업무를 하고 있습니다. 제품을 구매해서 직접 사진을 찍어 사이트에 올렸고, 그 제품 생산업체에서 운영하는 사이트는 없습니다. 그런데 제품 사진을 삭제해 달라는 요청을 받았어요. 기존에 이 제품을 납품한 거래처도 있고 업무와 영업도 계속 유지하고 있는데, 생산업체가 요청한 대로 해야 하나요? 만약 그대로 사용하면 법적으로 문제가 되나요?

간단한 것 같지만 법률적으로는 매우 어렵고 복잡한 문제입니다. 지금까지 관련 내용으로 논의가 많았는데 아직 명확한 결론이 내려지진 않았습니다.

제품을 직접 촬영했다면 사이트에서 내리지 않아도 돼요

질문자가 판매하는 제품을 알릴 목적으로 제품을 구입해서 직접 촬영하여 홈페이지에 올린 것이라면, 일단 책임은 면할 가능성이 매우 높습니다. 중고 제품을 판매하는 사람은 자기 제품을 알리기 위해 그 제품의 이름을 사용하는 경우가 많습니다.

예를 들어 중고 서적 판매자가 자신이 판매하는 ○○출판사의 백과사전을 알리기 위해 '○○출판사 중고 백과사전 판매'라는 광고 문구를 사용하는 경우입니다. 이때 ○○출판사에서 자기 출판사의 이름을 사용하지 말라고 할 권한은 없다는 것이 일반적인 견해입니다. 비록 출판사의 이름이 상표로 등록되어 있다고 하더라도 말입니다. 만약 중고 제품의 이름을 사용할 수 없다고 한다면 중고품 시장은 존재하기 어렵겠죠. 그러나 반대 의견이 있다는 점도 알아 두어야 합니다.

제품 생산업체에서 촬영한 사진을 사용하면 저작권 침해가 될 가능성이 커요

만약 사이트에 올린 사진이 제품 생산업체에서 촬영했거나 저작권이 생산업체에 있다면, 이는 어떤 형태로든 저작권 침해가 될 가능성이 높습니다. 따라서 질문자가 촬영한 사진이 아니라면 사용하지 않는 것이 안전합니다.

090 외제품을 수입하는 홈페이지에서 상품 이미지를 가져와 사용하면 불법인가요?

인터넷 쇼핑몰 사이트 운영자인데 제조사 홈페이지에서 상품 이미지를 가져와 사용했어요. 이렇게 하면 상품 판매를 돕는 게 되니까 저작권 침해가 되지 않는다고 알고 있었거든요. 주위에서는 저작권 침해는 맞으나 상대방이 문제 삼지 않았을 뿐인 거라고 해요. 그런데 제조사에서 불법이라면서 이미지를 내려달라는 메일을 보내왔습니다.

한 가지 더 궁금한 게 있는데요. 외국 제품을 수입해서 사이트에 올려놓고 파는 경우에도 제품 사진의 저작권을 주장할 수 있나요? 만약 상대방도 외국 사이트에서 이미지를 가져와 사용했다면 어떤가요?

상품 이미지의 저작권자가 누구인지 먼저 알아봐야 해요

최근 문제가 많이 되고 있는 내용입니다. 결론적으로 말하면 제조사가 상품 이미지를 내려 달라고 요구하면 내리는 게 안전합니다. 다만 사전에 제조사에게 해당 상품 이미지의 저작권을 가지고 있는지 확인해 보는 것이 좋습니다. 상품의 소유권자와 상품 이미지의 저작권자가 다를 수 있고, 소유권자 또는 제조사도 상품 이미지의 저작권을 반드시 가지고 있다고 볼 수 없기 때문입니다.

제조사에서 이미지를 내리라고 요구하면 사용하지 않는 게 안전해요

상품 이미지는 단순한 사진처럼 보여서 저작권이 성립하지 않을 것처럼 생각되지만, 대부분 이미지 처리 작업을 해서 사용하므로 오히려 저작권이 성립하는 경우가 많습니다. 따라서 제조사나 발주처에서 이미지를 내리라고 요구하면 사용하지 않는 것이 안전합니다.

제조사가 수입해서 판매하는 회사이든, 다른 회사로부터 구매해서 재판매하는 회사(OEM 회사)이든, 직접 제조해서 판매하는 회사이든 상관없습니다. 중요한 것은 제조사가 상품 이미지를 제작한 저작자로, 또는 상품 이미지를 제작한 사람에게 저작권을 양도받은 자로, 아니면 저작자의 정당한 대리인 자격으로 요청하는 경우라면 이미지를 내려야 합니다.

091 웹 사이트를 제작할 때 메인 페이지에 오래된 민화를 넣어도 될까요?

웹 사이트 제작을 의뢰한 고객이 메인 페이지에 민화를 넣고 싶어 합니다. 검색 사이트에서 이미지를 검색하면 나오는 민화입니다. 아주 오래된 것이고 작가가 누군지도 모르니까 사용해도 되겠죠?

민화를 직접 스캔하는 등 디지털화해서 사용하세요

민화 자체는 이미 저작권 보호 기간이 만료되어 이른바 공중의 영역(public domain)에 포함되므로 민화 자체의 저작권 문제는 생기지 않습니다. 그런데 인터넷에 올라

있는 민화는 대부분 기존 이미지를 디지털로 만들었을 것입니다. 콘텐츠산업진흥법에서는 민화를 디지털화한 사람에게 권리를 주고 있습니다. 즉, 누구든지 정당한 권한 없이 타인이 상당한 노력으로 제작한 온라인 콘텐츠를 복제·전송하는 방법으로 경쟁 사업자의 영업 이익을 침해해서는 안 된다고 규정하고 있습니다(콘텐츠산업진흥법 제 37조).

따라서 인터넷에 올라 있는 민화를 사용하려면 디지털 콘텐츠 제작자에게 허락을 받는 것이 안전합니다. 만약 제작자를 찾기 못해 허락을 받을 수 없다면, 민화를 직접 스캔하는 등 디지털화해서 사용하는 것이 좋습니다.

▶ 디지털 콘텐츠 제작자는 저작인접권자는 아니지만 제작 과정에서 창작성을 발휘하면 콘텐츠 권리자가 될 수 있어요. 하지만 창작성 없이 기계적으로만 제작에 참여하면 콘텐츠 권리자가 될 수 없습니다.

092 아동복 쇼핑몰 사이트를 만들면서 인터넷 카페에서 찾은 이미지를 사용했는데 문제가 될까요?

아동복 쇼핑몰 사이트를 만드는데 화면 상단에 외국 어린이 사진을 쓰려고 합니다. 인터넷 카페에 마음에 드는 사진이 있어서 이메일을 보냈는데 사용해도 된다는 답장을 받았어요. 그런데 사진을 직접 찍은 거 같아 보이지는 않았어요. 저작권 문제가 있을까요?

사진의 원저작자가 허락한 것인지가 중요해요

저작권자한테 분명하게 허락을 받았다면 사용해도 됩니다. 그런데 문제는 허락해 준 인터넷 카페 운영자가 원저작권자인가 하는 부분입니다. 카페 운영자가 원저작권자가 아니라면 허락을 받았다 하더라도 원저작권자가 나타나서 이의를 제기할 경우 책임을 면할 수 없습니다.

또한 원래 이미지를 창작한 사람은 따로 있고, 질문자에게 허락해 준 카페 운영자는 그 이미지를 다소 가공을 했을 수도 있습니다. 이 경우에도 원래 창작한 사람이 이의를 제기하면 질문자는 책임을 면하기 어렵습니다.

따라서 원저작권자가 누구인지, 카페 운영자가 원저작권자가 아니라면 원저작권자에게 허락을 받았는지 확인하는 것이 중요합니다. 확실하지 않다면 이미지를 사용하지 않는 것이 좋습니다. 최근 인터넷에서 저작물을 무단 이용하지 않도록 단속을 강화하고 있습니다. 그 전에도 이와 같은 사례가 있었는데 저작권 침해의 책임을 진 경우가 많습니다.

어린이 사진도 초상권과 퍼블리시티권을 주의해야 해요

여기서 또 한 가지 주의해야 할 부분이 있습니다. 외국 어린이 사진을 사용하고 싶다고 했는데, 그렇다면 어린이의 초상권 문제가 발생합니다. 또 일반 어린이가 아니라 대가를 받고 출연한 모델이라면 초상권과는 별도로 퍼블리시티권 침해가 될 수 있으므로 주의하는 것이 좋습니다.

함께 보면 좋은
동영상 강의

인형을 구입해서 촬영하여 상업용 웹 사이트를 만들려고 하는데 누구한테 허락받아야 할까요?

구매한 인형으로 사진이나 동영상을 촬영해서 상업용 웹 사이트를 제작하려고 합니다. 인형의 종류는 바비나 브라이스처럼 널리 알려진 유명한 인형일 수도 있고, 커스텀 인형이라고 해서 인형을 취향에 맞게 약간 고치거나 일부를 다시 만들 수도 있습니다. 이렇게 인형으로 작업할 경우 저작권은 어떻게 되나요? 제가 인형을 구매했고 재창작한 거니까 사진이나 동영상의 저작권은 저한테 있는 게 맞죠? 그리고 저작권은 어디서 어떻게 받아야 할까요?

어느 경우에나 저작권을 침해할 우려가 높아요

바비 인형과 같은 경우는 말할 것도 없습니다. 비록 인형을 구매하여 소유권을 가지고 있다고 하더라도 소유권과 저작권은 엄연히 별개의 권리입니다. 따라서 저작권은 인형 창작자에게 여전히 남아 있으므로 인형을 피사체로 해서 사진을 촬영하거나 동영상으로 제작해서 이용하면 인형에 대한 저작권 침해가 됩니다.

커스텀 인형도 마찬가지입니다. 인형을 변형해도 원작의 본질적인 특징이 완전히 사라지지 않고 남아 있는 한 원작 인형의 저작권도 남아 있기 때문입니다.

저작물 이용허락계약을 협의하는 수밖에 없어요

'A와 장난감 놀이'라는 유명한 키즈 콘텐츠(유튜브 영상)가 있습니다. A가 뽀로로와 타요 등 캐릭터 장난감을 가지고 놀아 주는 영상물이 많은데, 최근 뽀로로와 타요의 저작권을 가지고 있는 회사에서 그 영상물에 소송을 제기한 사례가 있습니다. 이 소송은 A 쪽에서 해당 영상물을 유튜브 등 각종 플랫폼에서 모두 내리고, 앞으로 뽀로로 캐릭터 장난감이 등장하는 영상물을 제작할 경우 사전에 허락받기로 하는 내용으로 조정이 성립되었습니다.

그러므로 질문자가 인형을 사용하려면 인형을 제조·판매하는 회사나 국내 대리인에게 연락해서 저작물의 이용허락계약을 체결할 수 있도록 협의하는 수밖에 없습니다.

함께 보면 좋은
동영상 강의

소유권과 저작권

094 게임기랑 카메라를 구입해 직접 촬영했는데 개인 홈페이지에 올려도 될까요?

게임기랑 카메라를 구입해 직접 찍어서 홈페이지를 만들 때 사용하고 싶은데 괜찮을까요? 아니면 제품 회사에 연락해서 사용해도 되는지 물어봐야 하나요?

저작권이 있는 제품을 촬영하면 복제권 침해가 될 수 있어요

일반 제품이라면 사진을 찍어서 홈페이지에 올려도 상관없습니다. 그러나 저작물을 촬영하면 복제에 해당하므로 허락을 받지 않으면 복제권 침해, 즉 저작권 침해가 될 수 있습니다.

일반 제품인지 저작물인지를 구분해야 해요

촬영할 제품이 저작물인지 여부는 겉모습이나 사상·감정을 창작성 있게 표현한 부분이 있는지, 아니면 일반적인 물품 형상에 불과한지에 따라 달라집니다. 게임기와 카메라는 저작권이 있는 미술 저작물은 아닌 것으로 생각됩니다. 그러나 캐릭터 상품, 예를 들어 인형이나 장난감, 디자인된 의복이나 신발 같은 것에는 미술 저작물(응용 미술)이 포함되어 있을 수 있습니다. 따라서 그런 제품을 촬영하여 홈페이지에 올릴 때에는 주의해야 합니다.

095 홈페이지에서 사진을 도용했으니 민·형사 책임을 지라는 내용증명이 왔는데 어떻게 대응해야 하나요?

2년 전에 회사 홈페이지가 필요하여 직원 친구를 소개받았는데 무료로 해주겠다 해서 저녁을 대접했습니다. 어느 날 느닷없이 법무법인으로부터 내용증명 한 통이 왔는데, 우리 홈페이지에서 사진을 무단 도용했다면서 민·형사상 책임을 지라는 내용이었어요.

법무법인에 전화해서 알아보니 사진작가한테 의뢰받아 저작권 소송만 전문으로 하기 때문에 사정은 듣고 싶지 않다면서 무조건 돈을 내라고 했어요. 그러면 도대체 비용이 얼마나 되느냐고 물었더니 200만 원 이랬다가 150만원 이랬다가 판결을 받으면 300만 원도 넘을 수도 있다고 하더군요. 그래서 사진작가와 직접 합의할 테니 전화번호를 달라고 하자 그건 절대 알려 줄 수가 없다고 해요.

상업적인 목적으로 이용한 것도 아니고, 더구나 홈페지 한쪽 구석에 작게 사용했을 뿐인데 막무가내로 돈만 달라고 하니 정말 어이가 없습니다. 이런 경우 무조건 저작권 침해에 해당하나요? 비용을 산정할 때 정확한 산출 근거가 있어야 하는데 법무법인 직원 한 사람의 생각에 따라 좌우된다는 것은 문제가 있다고 생각해요.

의뢰자가 진짜 사진 저작권자인지, 받을 금액은 얼마인지를 등기로 보내달라고 전화로 요구했는데, 법무법인은 황당하다는 듯 일단 알았다면서 끊었어요. 금방이라도 소송 준비를 할 것 같습니다. 어떻게 대응해야 할까요? 달라는 대로 다 주고 끝내야 할까요?

사진작가가 실제로 법무법인에게 의뢰했는지 확인하세요

 먼저 내용증명을 보낸 법무법인에서 사진작가에게 실제로 의뢰받아 질문자에게 청구했는지 확인할 필요가 있습니다.

그렇지만 일단 저작권 침해는 성립하는 것으로 보입니다. 사진을 웹사이트에서 작은 맵용으로 사용했더라도 원작을 인식할 수 있을 정도라면 저작권 침해가 될 수 있습니다. 반드시 상업용으로 사용하거나 판매해야만 저작권 침해가 되는 것은 아니며, 비영리적으로 사용하더라도 저작권 침해가 성립할 수 있습니다. 그뿐만 아니라 회사 홈페이지에 사용했다면 비상업적이라고 하기도 어렵습니다.

과실도 저작권 침해에 따른 손해배상 책임은 성립해요

한 가지 질문자가 주장할 수 있는 것은, 사진을 질문자가 직접 가져다 쓴 게 아니라는 점입니다. 홈페이지를 만든 사람이 사진을 사용했으니까 고의로 저작권을 침해한 것은 아니므로 형사 책임은 없다고 주장할 수 있습니다.

그러나 과실(실수)도 저작권 침해에 따른 손해배상 책임은 성립합니다. 질문자가 주의하지 않아 남의 사진을 사용하게 되었더라도 역시 책임은 피할 수 없습니다. 저작권을 침해할 의도가 전혀 없었던 질문자에게는 매우 당혹스러운 결론일 것입니다.

손해배상액은 정해진 게 없어요

문제는 손해배상액인데 현재 정해진 게 없습니다. 참고로 한국저작권 위원회에서는 사진이나 이미지 도용에 따른 손해배상액을 산정하는 기준을 제시하고 있으니 상담 센터에서 적절한 손해배상액을 상담하는 것이 좋 겠습니다.

▶ 손해배상액은 117, 143, 174, 317 쪽을 참고하세요.

질문자가 책임을 져야 하는 문제라고 생각하지만 상대방이 요구하는 손해배상액이 과도하다면 역시 한국저작권위원회에 적극적으로 중 재(조정) 신청을 해보는 것도 한 가지 방 법입니다.

▶ 한국저작권위원회 연락처는 90쪽을 참고하세요.

096 경쟁업체의 이미지를 허락받지 않고 사용해서 내용증명을 보내왔는데 어떻게 해야 하나요?

개인 의류 쇼핑몰을 운영하는데 경쟁업체에서 이미지를 3컷 도용했다면서 내용증명을 보내왔어요. 그동안 다 모니터 해놨고 총 3컷을 도용했으니 피해 보상으로 450만 원을 내라고 요구합니다. 이미지는 저희 쇼핑몰에 두 달 정도 게시했는데, 사실 그 제품이 판매되어 매출로 이어진 액수는 10만 원도 안 됩니다. 전화로 먼저 사과했더니 상대 업체에서는 합의금은 필요없고 고소할 테니 나중에 벌금만 내라고 하더군요.

내용증명이 온 날 바로 3컷 이미지가 들어간 상품은 삭제했어요. 경고장이 3번 정도 날아오고 삭제를 요청하고 그다음 고소나 고발순이라고 알고 있는데, 상대 업체는 내용증명을 보내오더니 바로 고소한다고 합니다. 벌금이 얼마나 나올까요? 만약 벌금이 부과된다면 전과자가 되는 건가요?

저작권을 침해하면 경고장 없이 곧바로 고소나 고발을 할 수 있어요

경쟁업체의 저작권을 침해한 것은 맞는 것 같군요. 경고장을 3번 정도 보내고 난 후에 고소나 고발을 하는 것으로 알고 있다고 했는데, 반드시 그런 것은 아닙니다. 권리자의 선택에 따라서 경고장 없이 곧바로 고소나 고발을 할 수도 있습니다.

벌금 액수와 관련된 부분은 구체적인 사안에 따라 달라집니다. 벌금형이 확정되면 그것 역시 전과 기록에 남는 게 사실입니다. 일반적인 저작권 침해는 친고죄여서 고소가 없으면 처벌할 수 없기 때문에 상대방과 합의를 해서 고소 취하를 받으면 전과 기록은 걱정할 필요가 없습니다. 그러나 영리 목적으로 또는 상습적으로 저작권을 침해한 경우에는 고소하지 않아도 처벌할 수 있으므로, 사안에 따라 합의를 해도 벌금이 나올 수 있습니다.

저작권 침해로 징역형을 선고하는 경우는 많지 않아요

대법원에서 제정한 양형 기준표에 따르면 저작권 침해의 경우 보통 징역 8월에서 1년 6월의 형을 선고한다고 되어 있는데, 실제로는 거의 벌금형으로 처벌하고 있습니다. 침해 행위의 규모가 크고 손해액이 많은 경우가 아닌 한 징역형을 선고하는 경우는 현재까지 그리 많지 않습니다.

097 인터넷 쇼핑몰의 상품 이미지를 도용했다면서 저작권 침해 통보서를 보내왔는데 어떻게 처리해야 할까요?

인터넷 쇼핑몰을 운영하는데 어떤 홈쇼핑에서 저작권 침해 통보서를 보내왔어요. 2004년 2월에 방송한 TV 제품에 들어가는 이미지를 저희 쇼핑몰에서 도용했다는 거예요. 2018년에 올렸던 제품인 것 같은데 2019년 6월에 통보서를 보내왔습니다. 상품 이미지는 보통 공급업체에서 직접 등록하므로 저희로서는 잘 알 수 없고, 이미지를 편집하거나 도용한 사실도 없으며, 단지 등록업체에서 올려 주는 제품을 판매한 것뿐입니다. 더구나 이 제품은 판매된 적도 없어요. 현재 저희 쇼핑몰을 개편해서 그 제품 정보 또한 없는 상태입니다. 인터넷에서 검색해 보니 현재 다른 여러 쇼핑몰에서도 그 제품 이미지를 계속 사용하고 있더군요. 어떻게 처리하는 게 좋을까요?

고의로 저작권을 침해한 것으로 보기는 어려울 것 같아요

저작권 침해에 관한 인식이 부족했던 것 같습니다. 그렇다면 질문자 쪽에서 고의로 저작권을 침해한 것으로 보기는 어려울 것입니다.

저작권을 침해한 책임은 형사 책임과 민사 책임으로 나뉩니다. 그중에서 형사 책임은 고의로 저작권을 침해한 경우에만 해당합니다. 따라서 형사 책임 부분은 걱정하지 않아도 됩니다. 그러나 민사 책임은 고의로 저작권을 침해한 경우뿐만 아니라 과실, 즉 실수로 저작권을 침해한 경우에도 인정됩니다. 따라서 본인이 부주의하여 다른 사람의 저작권을 침해한 상품 이미지가 자신의 쇼핑몰 사이트에 올라와 있는 것을 방치했다면 과실 책임이 인정될 수 있습니다.

과실 없다는 점을 적극 입증하면 민사 책임에서 벗어날 수 있어요
그러나 여러 판매자가 쇼핑몰 사이트에 올리는 제품 이미지마다 다른 사람의 저작권을 침해했는지를 일일이 감시하고 조사한다는 것은 사실상 불가능합니다. 따라서 문제가 된 이미지는 제품 공급업체에서 직접 올린 것이고, 누군가의 저작권을 침해했는지를 알기 어려웠다는 점을 적극적으로 입증하면 민사 책임에서도 벗어날 수 있습니다.

상품을 올리는 공급업체와 계약할 때 책임 규정을 두기도 해요
대부분의 인터넷 쇼핑몰에서는 제품 이미지를 올리는 공급업체와 계약할 때 지적재산권을 비롯해서 다른 사람의 권리를 침해하는 이미지를 올릴 경우 모든 책임은 공급업체에게 있고 쇼핑몰 운영자에게는 책임이 없다는 규정을 두기도 합니다. 그러나 그런 규정을 두었다고 해서 책임을 면할 수는 없습니다. 다만 질문자가 책임을 져야 한다면 그 잘못은 원칙적으로 제품을 올린 공급업체에게 있으므로 쇼핑몰 운영자가 손해배상을 먼저 하면 공급업체에게 그 액수만큼 구상을 청구할 수 있습니다.

▶ 구상(求償)이란 여러 사람이 공동으로 책임을 져야 할 사건에서 한 사람이 먼저 손해배상을 전부 한 후 나머지 사람에게 책임 비율만큼 배상금을 청구하는 것을 말해요.

인터넷에서 내려받은 이미지로 카드나 편지지를 꾸며 서비스하는 일을 했던 직원인데, 저에게도 저작권 침해 책임이 있나요?

인터넷으로 카드나 편지지 등을 서비스하는 회사 직원입니다. 퇴사하기 전에 인터넷에서 마음에 드는 이미지를 내려받아 편지지를 꾸며서 무료로 서비스를 제공한 적이 있어요. 바탕 그림에 플래시 효과를 주고 카피 문구를 하나 넣었을 뿐 크게 변형하지 않고 거의 그대로 가져다 사용했습니다. 그런데 이미지 소유권자가 형사 고소를 했다면서 예전 회사에서 연락이 왔어요. 지금은 그 이미지를 어디서 가져다 썼는지 기억도 나지 않습니다. 궁금한 점을 모아 보았습니다.

1. 서비스를 제공했지만 제가 수익을 얻은 것도 아니고, 회사도 무료로 서비스를 제공했는데 손해배상을 해야 하나요?
2. 저작권자에게 피해 보상을 할 수도 있다는데, 회사에서 피해 보상을 금전으로 하면 저도 법적으로 일부 부담해야 하나요?
3. 그 당시 팀장에게 결재를 받고 서비스했는데 손해배상액 전부를 저 혼자 책임져야 하나요? 아니면 결재권자였던 팀장과 나눠서 배상하는 건가요? 그럼 회사는 어떤 책임도 없나요?
4. 고소인 전화를 받지 않고 싶은데 그러면 죄가 가중되나요?

----

1. 손해배상은 반드시 가해자가 이익을 얻은 경우에만 청구할 수 있는 게 아니에요

저작권을 침해해서 얻은 이익이 없다고 하더라도 손해배상은 해야 합니다. 무료로 운영하는 웹 사이트라 하더라도 마찬가지입니다. 상대방으로서는 돈을 받고 팔 수 있

는 것을 팔지 못한 셈이므로 그에 상당하는 금액, 즉 팔았을 경우 받을 수 있는 금액만큼 손해배상을 청구할 수 있습니다. 따라서 형사 책임이든 민사 책임이든 저작권 침해가 인정되는데, 질문자가 저작권 침해 행위를 직접 했다면 책임에서 벗어나기는 어렵겠습니다.

2. 저작권 침해는 행위자, 상급자, 회사 모두에게 연대 책임을 물을 수 있어요

저작권 침해를 한 사실이 인정된다는 전제 아래 설명하겠습니다. 형사 책임은 행위자에게 직접 책임을 묻기 때문에 회사 업무를 하느라 다른 사람의 저작물을 사용했다고 하더라도 허락받지 않고 사용했다면 책임을 져야 합니다. 따라서 저작권 침해를 당한 상대방은 행위자와 감독자인 상급자(팀장), 회사 어느 누구라도 형사 고소를 할 수 있으며 손해액 전부를 청구할 수 있습니다. 또한 민사 책임, 즉 손해배상 책임 역시 모두 져야 합니다.

다만 침해를 당한 상대방으로서는 회사만을 상대로 손해배상을 청구할 수도 있습니다. 그러나 그렇게 해서 회사가 손해를 배상하면 회사는 직접 침해 행위를 한 질문자를 상대로 이른바 구상권을 행사하여 회사가 배상한 손해액만큼 질문자에게 청구할 수 있습니다.

3. 회사는 과실에 따라 행위자와 감독자에게 구상금을 청구할 수 있어요

또한 팀장의 결재를 받고 올렸다고 해도 그것만으로 저작권을 침해한 책임을 면제받을 수 없습니다. 오히려 팀장이 감독 책임을 다하지 못했다고 해서 팀장까지 책임을 질 수 있습니다. 다만 질문자와 당시 팀장이 공동 책임을 지면 회사가 질문자에게 구상할 수 있는 금액은 팀장의 책임 부분만큼 감액되겠지요.

회사가 상대방에게 손해배상액을 지급하면, 회사는 행위자와 감독자를 상대로 구상권을 행사할 수 있습니다. 그때에는 각자 과실 비율에 따라 금액이 달라집니다. 즉, 감독자의 과실이 30%, 행위자의 과실이 70%라면, 회사는 행위자에게 70%만 구상금으로 청구할 수 있습니다. 행위자는 감독자의 과실은 주장할 수 있지만 회사가 저작권을 침해하라고 지시하지 않았으므로 회사 과실을 주장하기는 어렵습니다.

다만 팀장이 감독을 게을리 한 책임이 있으므로 질문자는 회사에게 감독자의 책임 부분만큼 구상금을 감액해 달라고 주장할 수는 있습니다. 만약 회사가 손해배상으로 100만 원을 지급했고 감독자의 과실이 30%라면, 회사는 행위자에게 구상금을 70만 원만 청구할 수 있습니다.

4. 고소인의 전화를 받지 않는다고 죄가 가중되지는 않아요

고소인의 전화를 받지 않는다고 해서 반드시 죄가 가중되는 것은 아닙니다. 다만 법원에서 처벌하기 위해 벌금 액수 등 형량을 결정할 때 범죄 후의 정황을 참작할 수 있는데, 고소인(피해자)의 전화도 받지 않았다면 범죄 후의 정황이 나쁘다고 하여 좀 더 중하게 처벌할 근거가 될 수 있습니다.

인터넷에서 이미지를 찾아 웹 사이트에 사용했는데, 이미지 판매 회사에서 저작권과 초상권을 침해했다고 소송하면 누가 이길까요?

웹 에이전시에 근무하는데 이미지를 판매하는 회사에서 저작권을 침해했다며 연락이 왔어요. 자사에서 판매하는 이미지(인물 사진)를 저희가 만든 웹 사이트에서 무단으로 사용하여 소송을 걸었다는 내용입니다. 확인한 결과 디자이너가 다른 웹 사이트에서 출처가 불분명한 인물 사진을 1컷 사용했다고 합니다.

경우야 어찌되었든 저작권을 침해한 것은 인정하겠지만 이미지 판매 회사에서 초상권 침해까지 걸었습니다. 인물 사진에 초상권이 있다는 건 알지만 이미지 저작권을 갖고 있다는 것만으로 불특정 다수에게 초상권까지 주장하는 건 무리라고 생각합니다.

보통 이미지를 무단으로 사용한 사실을 알았을 경우 소송하기 전에 미리 이미지 구매 의사가 있는지, 또는 폐기하라고 요구하고, 합의가 이루어지지 않을 때 소송하는 걸로 알고 있습니다. 그런데 갑자기 전화해서 해당 이미지 판매 가격의 10배도 넘는 비용을 요구하는 건 부당하다고 생각합니다. 만약 합의가 이루어지지 않아서 소송까지 가면 어떻게 되나요? 또 소송에서 지면 상대방의 소송 비용까지 물어 줘야 하나요?

초상권은 인격적 권리이므로 본인만 주장할 수 있어요

저작권 침해는 인정되는 것으로 보입니다. 그러나 초상권 부분은 상대방(이미지 판매 회사)에게 초상에 관한 권리가 확실히 있는지 확인하는 게 좋겠습니다. 초상권은 인격적 권리이므로 반드시 본인만 주장할 수 있기 때문입니다. 이미지 판매 회사는 초상의 본인이 아니므로 초상권을 주장하는 것은 문제가 있어 보입니다.

판매 금액의 10배를 저작권 침해의 손해배상으로 청구하는 것이 과다한 요구냐 아니냐 하는 문제는 결국 당사자끼리 합의나 조정, 또는 법원에서 맨 마지막으로 가릴 문제입니다.

소송에서 패소하면 상대방의 소송 비용까지 배상해 주어야 해요

다만 상대방이 승소하면 변호사 비용으로 지출한 돈은 전액 물어 주는 게 아니라 대법원 예규에 따라 산정하면 됩니다. 대법원 예규에 따라 계산하는 변호사 비용은 소송가액에 비례하여 커지며, 보통 실제 지출한 변호사 비용보다 훨씬 적습니다. 상대방의 요구가 과다하다고 생각되면 한국저작권위원회에 조정 신청을 하는 것도 한 방법입니다.

▶ 한국저작권위원회의 조정 신청 절차는 136, 172, 215쪽을 참고하세요.

100 플래시 파일을 구입해 참고하여 새로 만들어서 웹 사이트에 올리면 저작권 위반이 될까요?

자동차 엔진이나 핸들의 움직임 등과 관련해서 자동차 구조 플래시 파일을 만들려고 하는데 이미 나와 있었어요. 그래서 원본 파일을 구매해서 내려받아 참고하여 새롭게 만들어 제 웹 사이트에 올리려고 하는데 저작권을 위반하는 걸까요?

원본 파일의 내용을 보면 일반적인 자동차 원리를 다루었고 사진 대신 만화를 사용해 구성했더군요. 저는 그림의 색깔이나 방식을 차별화할 예정입니다. 자동차 회로도를 스캔하여 웹 사이트에 올리면 저작권 위반이라고 들었어요. 그래서 회로도를 보고 직접 따라 그리려고 하는데 괜찮은 거죠?

누가 그려도 비슷하게 작성된다면 저작권을 침해한 게 아니에요

플래시 파일을 담은 CD를 구입하여 그 안에 들어 있는 플래시 파일을 웹 사이트에 그대로 올리면 당연히 저작권법 위반이 됩니다.

문제는 플래시 파일을 보고 비슷하게 만들어서 올리는 경우인데요. 자동차의 구조와 같이 누가 그려도 비슷하게 그릴 수밖에 없는 것은 비슷하게 그렸다고 해서 저작권 침해가 되지는 않습니다. 만약에 누군가 자동차 구조를 그렸는데 나중에 다른 사람이 그린다면 모두 처음 그린 사람의 저작권을 침해하는 게 되어 불합리하겠지요? 따라서 비슷하게 그렸다고 해서 저작권 침해가 되는 것은 아닙니다.

자동차 구조나 설계도와 같이 누가 그리더라도 비슷하게 작성될 수밖에 없는 저작물을 **기능적 저작물**이라고 합니다.

이렇게 최소한의 개성이 없는 기능적 저작물의 저작권은 매우 약합니다. 따라서 비슷하게 만들어도 저작권 침해가 성립하지 않을 가능성이 많습니다.

기능적 저작물의 창작성을 모방하면 저작권을 침해할 수 있어요

그러나 기능적 저작물이라고 하더라도 그 저작물만이 가지고 있는 창작성 부분을 비슷하게 모방하면 저작권을 침해한 것이 됩니다. 다시 말하면 자동차 구조를 그리면서 꼭 있는 그대로 그리는 것이 아니라, 그리는 사람 나름대로 독창성을 부여하여 이해하기 쉽고 보기 좋게 다소 변형하여 그리는 경우가 있어요. 이때 변형된 부분을 비슷하게 모방하면 저작권 침해가 될 수 있습니다.

결국 저작권 침해 여부는 CD에 들어 있는 플래시 파일을 보고 그릴 때 독창적인 부분까지 모방했는지에 따라 결정될 것입니다.

101 개인이 번역해서 올린 영화 자막을 사용한다면 저작권을 침해하는 건가요?

영화 관련 웹 사이트를 운영하고 있습니다. 외국 영화의 한글 자막은 개인이 번역하여 공유하는 곳에서 구했습니다. 이 자막을 만든 사람은 공유할 목적으로 혼자 번역해서 유포한 것이고, 원저작자의 허락은 구하지 않았다고 합니다.

그런데 어떤 사람이 자신의 웹 사이트에 있는 자막을 사용했으니 저작권 침해와 상업적 도용에 해당한다고 주장하면서 상영 금지와 보상을 요구했어요. 만약 보상해주면 저작권 침해를 무효로 해주겠다고 합니다. 과연 이 사람에게 저작권이 있는지, 보상을 요구할 자격이 있는지요? 오히려 원저작자의 저작권을 침해한 게 아닐까요?

한글 자막을 공유한다는 의미를 판단해야 해요

우선 자막을 번역해서 인터넷에 올린 사람이 진짜 모든 사람과 자유롭게 공유할 목적으로 했는지 입증할 수 있느냐가 문제입니다. 그냥 인터넷에 올렸다거나, 다른 사람들이 자막을 올리는 곳에 같이 올렸다고 해서 누구나 자유롭게 공유해도 된다는 취지로 올렸다고 단정하기에는 무리가 있습니다. 공유할 목적으로 올린 것인지 여부는 여러 가지 정황을 검토하여 판단할 문제입니다.

원저작권자한테 허락받지 않고 작성한 번역물도 저작권 **보호**를 받아요

원저작권자의 허락을 받지 않고 불법으로 작성한 번역물, 즉 2차적 저작물도 번역자의 허락 없이 이용하면 저작권을 침해한 것이 됩니다. 2차적 저작물(한글 번역 자막)을 작성하려면 원저작자(영어 자막 작성자)의 허락을 받아야 하지만, 허락을 받지 않아도 일단 2차적 저작물이 만들어지면 2차적 저작물의 저작권은 독립하여 보호를 받습니다. 원저작자의 허락이 있었는지 여부는 2차적 저작물의 저작권 발생에 영향을 주지 않습니다.

결론을 말하면 번역한 한글 자막은 공유할 목적으로 올린 게 아니라면 저작권 침해의 책임을 져야 합니다.

102 학회 논문을 가공하여 비영리 목적으로 웹 사이트에 올리려면 누구한테 허락받아야 하나요?

매월 또는 정기적으로 학회에서 발표되는 논문을 우편으로 받아 보고 있습니다. 이 논문을 PDF 파일로 변환하여 웹 사이트에 올리려고 합니다. 제 개인 이익이 아니라 학문을 확대할 목적으로 일반인에게 제공하는 것입니다. 특수 무늬에 워터마크를 넣는 식으로 논문을 가공해서 웹을 이용해 배포하려고 하는데, 추후 저작권 문제가 발생하지 않도록 하려면 누구와 협의해야 할까요? 발표된 논문의 저작권은 학회와 저자 중에 누구한테 있나요?

당연히 저작권자의 허락을 받아야 해요

영리를 목적으로 하지 않고 순수하게 학문의 발전을 위한 것이라 해도 다른 사람의 논문을 PDF 파일로 올리면 저작권 침해가 됩니다. 여러 가지 무늬를 넣어 가공한 형태로 올리더라도 저작권 침해가 되는 것에는 변함이 없습니다.

협의는 저작권자와 해야 합니다. 학회 논문은 대부분 저자(필자)한테 저작권이 있고, 학회는 학회지에 수록할 수 있는 권한, 즉 편집 권한만 부여받는 경우가 많습니다. 따라서 이러한 경우에는 먼저 저자에게 허락을 받으면 됩니다.

학회의 저작권과 편집저작권도 확인해 봐야 해요

다만 저자가 학회와 계약해서 자신의 저작권을 아예 학회에 넘겨 버렸다거나 학회가 출판권을 가지고 있는 경우에는 학회의 허락도 같이 받아야 합니다. 따라서 학회와 저자 사이에 어떻게 계약되어 있는지 먼저 알아봐야 해요.

대부분의 학회에서는 학회에 논문을 투고하는 요령이나 학회 회원 규약 등을 웹 사이트 등에 게시하고 있고, 이 게시물에 저작권에 관한 내용이 들어 있는 경우가 많습니다. 만약 학회와 저자 사이에 논문 저작권에 관하여 아무런 명시적 또는 묵시적인 계약이 체결되어 있지 않다면 원칙에 따라 저자가 저작권을 보유하고 있다고 봐야 합니다.

또한 개별 논문을 각각 올리는 게 아니라 학회지를 통째로 올리는 경우에는 학회에 편집저작권이 있습니다. 따라서 이런 경우에는 저자의 허락뿐만 아니라 학회의 동의도 받아야 합니다.

103 온라인에서 구매한 소프트웨어 정품으로 작업한 파일을 기업에 판매하면 저작권 침해인가요?

소프트웨어 정품을 인터넷 쇼핑몰에서 구매해서 내려받았어요. 글자를 입력하면 음성으로 나오거나 저장해 주는 프로그램입니다. 이 프로그램으로 작업해서 완성한 파일을 고객사 17곳의 웹 사이트에 연결해서 사용하게 했습니다. 저작권과 관련해서 3가지가 궁금합니다.

1. 작업하여 완성한 파일의 저작권은 누구한테 있나요? 소프트웨어 업체에 있나요? 소프트웨어저작권협회(SDC)에 문의했더니, "제도용 샤프펜슬로 글을 썼다고 해서 그 글이 마이크로사 제품이 되는 것은 아닌 것처럼, 제작을 위한 수단의 귀속 주체 여부가 저작권의 귀속에 영향을 미치지는 않는다. 따라서 저작물의 권리자는 저작물을 완성한 사람이다."라는 답장을 보내왔습니다.

2. 소프트웨어 업체에서는 개인용 제품이니 기업에서 사용할 수 없으며, 그 내용도 포장 박스 등에 명시해 놓았다고 하더군요. 그러나 소프트웨어를 구매할 때 압축된 파일만 받았어요. 물론 제품을 구매할 때 개인용인지 기업용인지 웹 사이트에 명시되어 있지도 않았고요. 이렇게 소프트웨어 정보를 전혀 확인할 방법이 없었을 경우에 단지 제작사의 주장만으로도 저작권 침해가 되나요?

3. 합의하지 않으면 형사 고발을 하겠다면서 1,500만 원이 넘는 합의금을 요구해 왔는데, 이런 경우 형사 고발 대상이 되는 게 맞나요? 소프트웨어저작권협회에서는 다른 사례를 찾아보니 설치 사용자 설명서에 명시되어 있다고 해도 정품을 구매하면 개인용·기업용이라는 제한된 범위에서 벗어나므로 형사 고발 대상은 아니라고 합니다. 단, 민사 소송 대상은 될 수 있다고 하는데 맞나요?

1. 제작한 파일이 어떤 형태인지 알아봐야 해요

소프트웨어 정품으로 제작한 음성 파일이 저작권 침해가 되는지 여부는 음성 파일이 소프트웨어 중 일부 구성 요소를 어떤 형태로 포함하고 있는지에 따라 달라집니다.

만약 음성 파일에 소프트웨어의 일부 구성 요소가 본질적인 특징을 유지한 채 포함되어 있거나 다소 변형된 형태로라도 존재할 경우 다른 사람에게 제공하면 저작재산권 중 배포권을 침해할 수 있어요. 만약 음성 파일에 소프트웨어의 구성 요소가 존재하지 않거나, 존재하더라도 소프트웨어의 특징을 상실한 채 단순 구성 요소로만 있다면 저작권 침해가 되기 어려울 것입니다.

또한 음성 파일에 소프트웨어의 구성 요소가 자동으로 포함되도록 설계되어 있다면 저작권 침해를 주장할 수 없습니다. 글꼴 프로그램에서 이런 경우가 많아요. 따라서 허락받지 않은 글꼴 프로그램으로 작성되었더라도 결과물 자체를 저작권 침해 저작물로 보지 않습니다. 상담한 한국소프트웨어저작권협회(https://www.spc.or.kr)의 상담 내용도 이러한 점을 안내한 것으로 보입니다.

2. 저작권 이용 형태를 제한하려면 계약할 때 제한 문구를 명시적으로 나타내야 해요

프로그램을 내려받을 때나 실행하려고 설치할 때 기업용과 개인용을 구분하는 문구가 전혀 보이지 않았다면 소프트웨어 회사의 요구는 무리한 주장으로 보입니다. 저작권 이용 형태를 제한하려면 계약할 때 제한 문구를 명시적으로 나타내야 합니다. 사용자에게 책임이 인정된다고 하더라도 소프트웨어 회사의 요구는 과도하다고 생각됩니다.

3. 개인용 소프트웨어를 기업용으로 사용했다면 단순한 계약 위반이에요

저작권 침해가 성립하면 정품을 사용했다고 해서 형사 책임을 면제받거나 민사 책임만 지면 된다고 볼 수는 없습니다. 그러나 소프트웨어 회사에서 주장하는 것이 개인용 소프트웨어를 기업용으로 사용했다는 것이라면, 저작권법 위반이 아니라 단순한 계약 위반으로 볼 수 있습니다. 그렇게 된다면 형사 책임은 부담하지 않아도 됩니다.

법원 판례 중에는 소프트웨어를 개인용으로 내려받아 업무용으로 사용한 경우, 저작권 침해는 되지 않고 단순한 계약 위반이라고 본 사례가 있습니다(서울고등법원 2014. 11. 20. 선고 2014나19891 판결: 일명 오픈 캡처 사건 판결).

104 방송국에서 영상물을 제작·판매했는데, 촬영 동의만 받고 복사·판매를 알리지 않았다면 저작권법에 걸릴까요?

방송국에서 재미 동포 장애인 의사의 삶을 5부작으로 취재한 후 비디오물로 만들어 인터넷에서 판매했습니다. 이후 의사는 자신의 의도와 달리 방송국에서 비싸게 판매하고 있다는 사실을 알고 부당하다고 생각했습니다.

저작권법에 따라 방송국에서 복사·판매하는 것은 당연하게 여기지만, 만일 방송국이 의사에게 단순히 촬영 동의만 받고 취재한 저작물의 복사·판매 권한에 따른 국내 법적 사항과 규칙을 사전에 문서나 서류로 충분히 알리거나 통보하지 않았다면 어떻게 되나요? 의사는 자신이 입은 피해와 부당함을 법적으로 호소하기 위해 소송하면 승산이 있나요?

방송물은 제작자(방송사) 또는 프로듀서에게 모든 저작권이 있어요

결론적으로 말씀드리면 촬영 대상인 의사가 취할 수 있는 법적 조치는 그다지 많지 않습니다. 그리고 있다 하더라도 인정될 가능성도 높아 보이지 않습니다.

우선 의사는 자신의 이야기를 촬영한 방송물의 저작권을 가지고 있지 않습니다. 방송물은 저작권법에서 영상 저작물에 해당하는데, 이는 제작자(방송사) 또는 프로듀서가 모든 저작권을 가진다고 볼 수밖에 없습니다. 그리고 방송물을 비디오물로 제작해서 판매하는 것은, 이른바 복제 또는 2차적 저작물의 작성과 배포에 해당합니다. 그런데 이러한 행위는 모두 저작권자의 권리에 속하므로 의사가 저작권법에 따라 취할 수 있는 조치는 거의 없다고 봐야 할 것입니다.

방송에 출연함으로써 초상권을 포기한 것으로 볼 수 있어요

다만 의사에게는 자신의 모습이나 이름이 방송물에 등장하는 것과 관련하여 인격권의 한 종류인 초상권이 있습니다. 이 권리는 자신의 이름이나 모습이 방송을 비롯한 언론 매체에 함부로 등장하지 않도록 통제할 수 있으며 사생활의 비밀과 자유 권리에 속합니다. 그러나 의사는 이미 방송 출연을 스스로 허락함으로써 자신의 초상권을 포기한 것으로 볼 여지가 많습니다. 따라서 초상권에 기초하여 방송물에 법적인 조치를 취하는 것도 어렵습니다.

방송물 외에 비디오물까지 판매했다면 초상권 침해를 주장할 수 있어요

마지막 한 가지 가능성이 있다면, 의사가 방송 촬영을 허락한 것은 방송물만 제작하는 것으로 알았다는 데 있습니다. 당사자 간에 명시적 또는 묵시적으로 양해된 범위를 넘어서서 비디오물까지 만들어 판매했다면 허락의 범위를 넘어서는 것이므로 초상권 침해가 된다고 주장할 수 있습니다. 그러나 방송국에서는 최근 통상적으로 대부분의 다큐멘터리 방송물을 비디오나 유튜브 영상물, 다시보기 서비스 등으로 제작하여 판매하고 있으므로, 방송물에 출연하는 것을 동의한 것은 비디오물 제작에도 동의한 것으로 봐야 한다고 항변할 것입니다. 이 경우에 사법 기관이 누구의 손을 들어 줄 것인지는 판단하기 어렵습니다.

105 드라마를 영화로 만들면 저작권을 침해하는 게 되나요?

영화 제작자인데 드라마를 영화로 만들려고 합니다. 중심 스토리라인은 드라마에서 영감을 받아 비슷하지만 완전히 다르게 각색하려고 합니다. 이런 경우 저작권 문제가 발생하나요? 만약 저작권 문제가 발생한다면 어떻게 해결해야 하나요?

영화와 드라마 사이에 실질적 유사성이 있느냐에 달렸어요

중심 스토리라인은 같고 나머지 부분은 전혀 다르게 각색한다고 했는데, 참 모호한 내용입니다. 다른 저작물로부터 영감을 받아 중심 스토리라인이 같아졌다고 해서 반드시 저작권을 침해한 것은 아닙니다. 그러나 그렇다고 해서 반드시 안전한 것도 아닙니다.

결론적으로 말하면 앞으로 만들 영화가 영감을 받은 드라마의 저작권을 침해한 게 침해가 되느냐, 즉 표절 여부는 두 저작물 사이에 실질적 유사성이 있느냐에 따라 달라집니다. 실질적 유사성이 있으면 저작권 침해(표절)이고, 그렇지 않으면 새로운 저작물이므로 저작권 침해가 아닙니다.

실질적 유사성을 판단하는 기준은 매우 주관적이에요

실질적 유사성을 판단하는 기준은 매우 주관적입니다. 일반적으로는 두 저작물 사이의 창작적 표현에 유사성이 있는지를 판단하는데, 이때 유사성은 부분적·문자적 유사성이 있는 경우와 포괄적·비문자적 유사성이 있는 경우로 나뉩니다. 즉, 두 저작물 사이의 일부 문장이 유사한 경우와 문장 대 문장의 유사성은 없어도 전체적·포괄적으로 유사성이 있는 경우가 있으며, 그중 어느 하나라도 유사성이 있으면 저작권을 침해한 것입니다.

표절로 판단되면 드라마 대본 작가, 방송국에게 이용 허락을 받아야 해요.

일본에서는 실질적 유사성의 의미를 원저작물의 본질적 특징을 느껴서 알 수 있다는 의미로 이해하고 있습니다. 어떻든 매우 주관적인 기준이지요? 그러나 원래 표절을 판단한다는 것은 주관적일 수밖에 없습니다. 표절로 판단한다면 원저작자, 즉 드라마 저작자인 드라마 대본 작가와 방송국으로부터 허락을 받아야 합니다.

▶ 438쪽 〈스페셜 05〉 '표절과 모방을 구별해요'를 참고하세요.

106 중국 노래를 번역해서 배우기 쉽게 편집했는데 저작권 침해가 되나요?

중국어를 공부하고 싶어 하는 사람들을 위해 중국 노래 몇 편을 번역하여 쉽게 배울 수 있는 형태로 편집했는데, 이것도 저작권 침해에 해당하는지 궁금합니다.

저작권 보호를 받지 않는 노래만 이용하세요

편집한 노래가 저작권 보호를 받지 않는다면, 즉 보호 기간이 만료되었거나 작사가·작곡가가 누군지 알 수 없다면 문제되지 않습니다. 그러나 저작자가 살아 있거나 사망한 지 70년이 지나지 않았다면 저작권이 존재하므로 저작권을 침해하는 것이 됩니다.

저작자는 자신의 저작물을 복제, 공연, 방송, 전시, 배포, 2차적 저작물 작성, 전송할 수 있는 권리를 독점합니다. 그중에서 2차적 저작물 작성이란 원저작물을 번역·변형·편곡·각색·수정·영상화 등을 통해 2차적 저작물로 만드는 것을 말합니다. 따라서 저작자에게는 다른 사람들이 이 모든 행위를 하지 못하도록 금지할 권리가 있습니다.

▶ 전송·방송 관련 내용은 첫째마당 22, 25쪽과 셋째마당 06-7절을 참고하세요.

가사를 번역하면 작사가의 2차적저작물작성권을 침해하는 거예요

중국 노래를 수집하여 편집할 때 악보 형태로 모아서 편집하든, 녹음을 해서 파일 형태로 모아 저장하든 이러한 행위는 작곡가의 복제권을 침해하는 것입니다. 또한 가사를 번역하면 작사가의 2차적저작물작성권을 침해하는 것이 됩니다.

따라서 이런 편집물을 만들어서 개인이 소장하면 아무 문제가 없으나, 일반 공중에게 공개하면 저작권 침해가 됩니다. 중국도 WTO에 가입되어 있으므로 중국 저작물은 우리나라에서도 보호받을 수 있습니다.

함께 보면 좋은
동영상 강의

이미 우리나라에서 DVD로 제작되어 판매된 중국 드라마 DVD를 정식 수입해서 유통하면 문제가 될까요?

중국에서 방영한 후 시중에서 유통되고 있는 중국 드라마 DVD를 정식으로 수입해서 판매하려고 합니다. 그런데 문제는 이 드라마가 우리나라에서도 DVD로 제작되어 판매된다는 것입니다. 이 경우 중국에서 제작된 DVD를 국내에서 판매하는 것이 문제가 될까요? 문제가 된다면 해결책은 무엇인가요?

질문은 간단하지만 어려운 법률적 문제를 내포하고 있네요. 이른바 진정 상품 병행 수입의 문제입니다. **진정 상품 병행 수입**이란 제3자가 독점 수입 판매업자의 허락을 받지 않고 외국에서 유통되는 진정 상품을 국내에 수입하여 판매하는 일을 말합니다.

▶ **진정 상품**이란 짝퉁이 아니라 외국에서 적법하게 유통할 수 있도록 정식 상표가 부착된 상품을 말해요.

우선 질문자가 정식으로 통관하여 수입하려고 하는 DVD가 정품인지, 불법 복제품인지 확인해야 합니다. 만약 불법 복제품이라면 더 볼 것도 없이 제품을 수입하여 판매하는 것은 불법입니다. 그런데 중국에서 저작권자의 허락을 받고 적법하게 만든 DVD가 정품이라면 진정 상품에 해당합니다. 따라서 중국 DVD를 수입하여 판매하는 데는 일단 지장이 없습니다. 문제는 국내에 독점 수입업자가 있는 경우입니다.

질문 내용을 보면 우리나라에서 독점적으로 배급·판매하겠다고 중국의 저작권자와 계약을 체결한 국내 판매업자가 있을 것입니다. 그리고 국내에서 배포권을 독점한 국내 판매업자도 있을 것입니다.

이 경우 배포권을 제한하는 권리 소진의 원칙(또는 최초 판매의 원칙)이 국제적으로도 적용되느냐, 국내에서만 적용되느냐 하는 문제와 연결됩니다. 즉, 국제 소진론이냐 국내 소진 ▸ 권리 소진의 원칙 또는 최초 판매의
론이냐에 따라 해결 방법이 달라요. 원칙은 433쪽을 참고하세요.

국제 소진론은 국내에서 독점적 배포권을 가진 판매업자가 있다고 하더라도 진정 상품일 경우에는 국내에서 판매할 수 있다는 견해입니다. 즉, 진정 상품이라면 그것이 어느 한 나라에서 일단 판매된 이상 다른 어느 나라에서도 자유롭게 판매될 수 있어야 한다는 것이에요.

이와 달리 국내 소진론은 진정 상품이 어느 한 나라에서 한 번 판매된 사실이 있다고 하더라도 배포권을 가진 저작권자가 다른 나라에서 다시 팔리는 것을 제한할 수 있다는 견해입니다. 국내 소진론에 의하면, 어느 한 나라에서 팔린 정품이라고 하더라도 다른 나라에서는 저작권자의 허락 없이 팔 수 없습니다.

독점적 계약이 있는지 확인해야 해요

현재까지 국제 소진론과 국내 소진론 사이에 명확한 결론이 내려지지는 않았습니다. 그러나 국내 소진론으로 보면, 질문자가 정품을 수입하여 판매한다 하더라도 국내 판매업자의 독점적 배포권을 침해할 소지가 있습니다. 따라서 이러한 독점 계약의 존재 여부를 중국의 저작권자에게 확인하는 것이 안전합니다.

108 해외 저작물을 권한 없는 자가 새로 등록했다면 독점적 사용 계약자가 저작권 침해를 이유로 직접 대응할 수 있나요?

A가 해외 저작물을 국내에서 독점적으로 사용하기로 계약을 맺었다면,국내에서 저작권 침해가 발생할 경우 A를 통해서 대응하면 되나요? 특히 해외 유명 캐릭터를 국내에서 제3자가 한국저작권위원회에 자신의 미술 저작물로 등록한 경우, A가 이를 취소시킬 수 있는 권한을 직접 행사할 수 있나요? 아니면 원저작자로부터 위임받아서 행사해야 하나요? 그리고 독점적 사용 계약을 맺은 시기가 제3자의 허위 등록 시기보다 나중이더라도 저작권은 원저작권자가 창작한 때로부터 발생함을 이유로 이해관계인으로서 대항할 수 있나요?

저작권자와 독점적 사용 계약을 맺은 것만으로 침해자에게 직접 대응할 수 있는지, 즉 독점적 사용권자가 자기 이름으로 직접 민·형사상 고소를 제기할 수 있는지는 견해가 나뉩니다.

저작물 사용 계약은 채권적 권리이므로 제3자에게 대항력이 없어요

저작물 사용 계약은 원칙적으로 채권적 권리이므로 원권리자를 통해서만 가능합니다. 그러나 독점적 사용 계약, 또는 독점적 이용허락계약(exclusive license)을 맺은 경우에는 달리 보아야 한다는 견해도 있습니다.

미국에서는 독점적 이용허락계약을 체결한 이용권자는 스스로 원고가 되어 침해자를 상대로 소송을 제기할 수 있는 당사자 적격이 있다고 보고 있습니다. 그러나 우리나라에서 채권적 권리는 제3자에게 대항력이 없다는 것이 원칙이므로 해석을 다르게 합니다.

다만 저작권법에는 출판권과 배타적 발행권이 있는데 이 권리들은 제3자적 효력을 가진 준물권적 권리입니다. 따라서 원저작자로부터 출판권이나 배타적 발행권을 부여받은 사람은 원저작자와 상관없이 독자적으로 침해자에게 대항할 수 있습니다.

저작권 등록은 일종의 행정 처분이므로 취소를 구하려면 적법한 법률적 이해관계가 있어야 해요

해외 유명 캐릭터를 국내에서 제3자가 자신의 저작물로 등록한 경우 독점적 이용 허락권자가 독자적으로 등록 취소를 구할 수 있는지, 아니면 저작권자로부터 위임을 받아야 하는지 여부는 또 다른 문제라고 생각합니다. 저작권 등록은 일종의 행정 처분입니다. 따라서 취소를 구하려면 적법한 법률적 이해관계가 있어야 합니다. 그런데 독점적 이용허락계약을 맺은 이용권자라면 법률적 이해관계가 있다고 봅니다. 이해관계가 있다고 인정된다면 저작권 등록 관청인 한국저작권위원회(또는 그 위원장)를 상대로 등록 처분 취소를 구할 수 있을 것으로 생각됩니다.

또한 자기가 저작권자가 아닌데도 저작권자로 허위 등록한 경우에는 3년 이하의 징역 또는 3천만 원 이하의 벌금에 처하는 처벌 규정이 있음을 알아 둬야 합니다(저작권법 제136조 제2항 제2호).

 독점적 사용 계약을 맺은 사람이 권리를 독자적으로 행사할 수 있는 경우

출판권이나 배타적 발행권과 달리 독점적 사용 계약을 맺은 사람이 독자적으로 권리를 행사할 수 있는지 문제와 관련해서는 2가지 경우로 나누어 볼 수 있습니다. 첫 번째는 침해자를 상대로 손해배상을 청구할 수 있는가이고, 두 번째는 침해 금지를 청구할 수 있는가입니다.

① 침해자를 상대로 독자적인 손해배상을 청구할 수 있는가?

독점적 사용 계약을 맺은 사람은 침해자에게 독자적으로 손해배상을 청구할 수 있다고 보는 것이 옳습니다. 왜냐하면 대법원 판례에서 채권을 침해한 불법 행위의 성립을 인정하고 있으므로, 독점적 사용 계약을 맺은 이용권자는 침해자를 상대로 자신의 채권이 불법으로 침해되었다고 주장하여 불법 행위의 성립에 따른 손해배상을 청구할 수 있다고 보기 때문입니다(대법원 2001. 5. 8. 선고 99다38699 판결).

② 침해자를 상대로 독자적인 침해 금지를 청구할 수 있는가?

독점적 사용 계약을 맺은 사람은 원칙적으로 이용권이 채권의 성질을 갖는 이상 침해자에게 고유의 금지청구권을 행사할 수 있는 근거는 없다고 봐야 합니다. 그러나 채권자 대위의 법리에 따라 저작자를 대위하여 침해자를 상대로 금지청구권을 행사할 수 있습니다.

▶ **채권자 대위**란 채권자가 자신의 권리를 보전하고자 채무자의 권리를 대신 행사하는 것을 말해요. 어려운 법률 용어이지만 한번 읽고 넘어가세요.

 **원격 수업에서 교사·학생이
주의할 점**

2020년 코로나19 이후 온라인 개학과 함께 본격적으로 모든 학교에서 원격 수업이 시작되었습니다. 원격 수업을 위한 학습 자료는 기존 저작물을 인터넷에서 찾아서 사용하거나 동영상, PPT 등의 콘텐츠를 만들기도 합니다. 이러한 콘텐츠에 이미지, 영상, 음원, 글꼴, 지문 등을 사용할 때에는 저작권을 침해하지 않도록 주의해야 해요. 또한 수업이 온라인으로 이루어지면서 교사와 학생, 학생 간에 사이버 폭력 문제도 우려되고 있습니다.

저작권법 제 25조를 참고하여 원격 수업의 주체인 교수, 교사, 강사와 학생이 유의할 점을 살펴보겠습니다.

 원격 수업의 종류

교육부가 제시한 원격 수업은 다음 4가지입니다.

- 실시간 쌍방향 수업
- 단방향 학습 콘텐츠 활용 수업
- 과제 제시형 수업
- 그 밖에 자율 유형

교사, 교수, 강사 — 강의 자료 준비부터 저작권을 신경 써야 해요

1. 학교 교육 목적의 학습 자료를 만들 때에는 올바른 출처 표시를 하고 저작권 보호 관련 경고 문구를 넣어야 합니다.

2. 기존 저작물을 사용할 때에는 "문제가 될 경우에는 즉시 삭제하겠습니다."라는 문구를 넣어 주면 좋아요.

3. 처음부터 교사 또는 학생들이 구입하거나 빌려서 이용할 것을 상정하고 제작해서 시장에서 판매되는 것(각종 워크북, 참고서, 문제집, 보조 교재, 연습서, 교육 기관에서의 상영을 목적으로 판매 또는 유료로 대여되는 영상물 등)을 구입하거나 대여하지 않고 대체할 목적으로 허락없이 복제해서 사용하면 안 돼요.

4. 수업 중에 학생들이 출연하는 장면을 송출하는 경우에는 학생들에게 초상권 공개 동의서를 미리 받아야 합니다. 학생의 과제물도 저작권 보호를 받을 수 있으므로 인용할 때에는 출처 표시를 하고 이용 허락을 받아야 해요.

5. 복제 또는 인터넷에서 내려받은 강의 자료는 교사, 학생 외에 제3자에게 배포·전송하는 행위를 해서는 안 됩니다. 해당 강의 수강생의 범위를 초과하여 이용할 수 있게 하거나 학생 1인당 1부를 초과해 복제하지 마세요. 전송된 저작물을 다른 사람에게 전송하거나 SNS에 게시하여 공개하는 경우 소송 대상이 될 수 있습니다.

6. 본래의 수업에 필요한 기간을 넘어서서 계속 이용하면 안 됩니다.

저작권법에 따른 학교 교육에서 수업의 범위

저작권법에서는 수업의 범위를 다음과 같이 제시하고 있습니다.

① 유아교육법상의 교육과정 및 원장의 지휘, 감독 아래에서 이루어지는 방과 후 과정

② 초·중등교육법상의 교육과정(교과, 창의적 체험활동) 및 학교장의 지휘, 감독 아래에서 이루어지는 교육 활동(보충 수업, 학교 스포츠클럽 활동, 범교과 학습 활동, 계기 교육, 방학 중 프로그램 등)

- 창의적 체험활동: 자율 활동, 동아리 활동, 봉사 활동, 진로 활동 등
- 수업은 교육 과정에 의한 수업을 원칙으로 하나 학교장의 관리, 감독 아래에서 이루어지는 야간 수업, 계절제 수업, 시간제 수업, 방송 통신에 의한 수업 그리고 정보 통신 매체 등을 활용한 온라인 수업을 포함함
- 수업을 준비하기 위해 필요한 경우 저작물의 일부가 사용된 수업 자료를 시·도 교육청 등의 관리, 감독 아래에 공유할 수 있음

③ 특별법에 따라 설립된 학교 및 교육기관의 교육 과정에 따른 수업

출처: 〈교육목적 저작물 이용 가이드라인〉, 문화체육관광부, 2016.

7. 유료 콘텐츠는 원칙적으로 결제를 한 사람에게만 허용되므로 교육 목적이더라도 사전 허락을 받아야 해요. 또한 출처를 정확히 표기하고 교육 목적 외에 사용할 수 없다는 것을 공지해야 합니다.

▶ EBS 유료 콘텐츠는 코로나19로 온라인 개학이 이루어지면서 원격 강의에서 한시적으로 무료로 사용할 수 있습니다. 코로나19가 종료되면 사용한 파일은 반드시 삭제해야 합니다.

8. 유튜브의 기존 영상물을 이용할 때 주소를 링크하거나 URL을 복사해서 연결하는 방법은 저작권 침해에 해당하지 않습니다. 유튜브는 인터넷 카페나 블로그와 달라 누구나 접근할 수 있는 형태로 서비스되므로, 저작물이 포함된 수업 자료를 유튜브에 업로드할 때에는 학생과 교사만 열람할 수 있도록 반드

▶ 유튜브 영상을 내려받아 다른 사이트에 업로드하면 저작권 중에 복제권, 공중송신권(전송권)을 침해하는 행위가 되어 민·형사상 책임을 질 수 있어요. 유튜브 관련 정책은 82쪽 〈스페셜 01〉을 참고하세요.

시 제한 설정을 해야 합니다.

9. 학생들이 저작권 침해 행위를 하지 않도록 인터넷 에티켓 교육을 해야 합니다.

10. 교사가 저작권을 침해한 경우 형사 처벌로 5년 이하의 징역(저작권법 제136조 제1항 제1호), 민사 소송으로 손해배상, 징계 조치에 처해질 수 있어요.

초상권 침해

인터넷을 이용한 원격 수업에서 저작물이나 인물이 포함된 화면을 무단 캡처하여 배포·전송하면 저작권뿐 아니라 초상권 침해에 해당해서 민사 소송으로 넘어갈 수도 있어요. 미성년자라고 해서 예외는 아닙니다. 만약 교사나 친구들의 얼굴을 캡처해서 재미 삼아 무단으로 배포·전송하여 초상권을 침해한 경우 민법 제755조에 따라 부모에게 감독 연대 책임을 물어 손해배상을 청구할 수 있습니다.

초상권은 헌법 제10조에 따라 보장되는 권리로서 수업 지원 목적이고 보상금을 지급했더라도 초상권자의 동의 없이 이용할 수 없으며 반드시 허락받아야 합니다. 만약 초상권자가 촬영해서 사용하는 데 동의했더라도 동의 조건과 다르게 사용해도 초상권 침해가 성립합니다.

학생 — 함부로 캡처하거나 배포하면 절대 안 돼요

1. 학생은 수업 목적의 범위 내에서 공표된 저작물을 복제 또는 전송만 할 수 있어요. 따라서 다른 사람의 저작물을 변형·수정·편집하는 경우에는 저작권 침해가 될 수 있습니다. 예를 들어 컴퓨터 모니터나 모바일에서 교사가 강의하는 장면이나 친구의 얼굴을 촬영하여 인터넷에 게시하거나 합성해서 개인 SNS에 올리면 초상권, 퍼블리시티권, 전송권, 배포권 등 저작권 침해에 해당하여 민·형사상 처벌을 받을 수 있습니다.

2. 카카오톡, 페이스북에서 친구를 험담하거나 욕한 경우 처벌받을 수 있습니다. 카카오톡의 경우 두 사람만 대화하면 처벌받지 않지만, 3명부터는 처음에 험담을 한 친구가 처벌을 받습니다. 법원에서 중요하게 생각하는 것은 험담한 내용을 전파하는 사람이 있느냐 여부입니다. 이와 달리 페이스북은 많은 사람에게 공개된 공간이어서 공연성을 전제로 하므로 친구에 관한 헛소문이나 욕을 써서 올리면 처벌받을 수 있습니다. 헛소문을 퍼뜨리면 명예훼손죄가, 욕을 하면 모욕죄가 성립합니다.

3. 유튜브나 틱톡 등 동영상 플랫폼에 익명으로 계정을 만들어 놓고 친구들을 험담하거나 욕을 하면 사이버 수사대에서 IP 주소로 추적할 수 있으니 주의해야 합니다. 그리고 스마트폰으로 작성하면 고유 아이디를 추적해서 찾아냅니다.

4. 다른 사람의 주민등록번호를 도용하여 성인 웹 사이트(음란, 도박 등)에 들어가면 형법 제230조 '공문서 등의 부정행사죄'로 2년 이하의 징역이나 금고 또는 500만 원 이하의 벌금에, 주민등록법 제37조 '위반죄'로 3년 이하의 징역 또는 3천만 원 이하의 벌금에 처해집니다.

5. 다른 사람을 비방할 목적으로 채팅을 하거나 SNS에 댓글을 달아 명예훼손죄나 모욕죄가 성립하면 3가지 처벌을 받습니다. 정보통신망법 제70조에서는 7년 이하의 징역에, 형법 제311조에서는 1년 이하의 징역에 처해지고, 민법 제755조에서는 미성년자 부모가 감독 책임을 져야 하므로 피해자에게 위자료를 지급해야 한다고 규정하고 있습니다.

6. 사이버 폭력은 형사 처벌, 민사 소송 외에 학교폭력위원회 또는 학교선도위원회에서 징계 조치를 받을 수 있으며 서면 사과, 사회봉사, 출석 정지, 퇴학 처분까지 가능합니다. 학교폭력위원회는 2019년까지는 학교폭력대책자치위원회로 운영되었으나 2020년 3월 1일부터는 학교폭력대책심의위원회로 명칭이 바뀌고 교내에서 지역 교육청으로 옮겨져 엄격하게 처

리되고 있습니다. 특히 '성(性)'과 관련된 사이버 폭력은 훨씬 더 심각하게 다루어서 학교 폭력으로 접수되면 24시간 내 경찰로 통보되도록 되어 있고 수사 과정도 경찰과 공조로 이루어집니다.

7. 강의 자료를 학생 외에 이용하거나 복제할 수 없도록 한 접근제한조치와 복제방지조치를 무력화하는 행위를 해서는 안 됩니다.

8. 강의 자료가 게시된 Virtual Campus나 Webex Meetings, ClassNet 등에 접근할 수 있는 아이디와 비밀번호를 다른 사람과 공유하거나 알려 주는 행위, 강의 자료에 부착된 복제방지조치를 무력화하는 해킹 행위 등을 해서는 안 됩니다.

 촉법 소년

범행 당시 형사 책임 연령인 만 14세가 되지 않은 소년범을 촉법 소년이라고 해요. 우리나라 소년법에서는 "형벌 법령에 저촉되는 행위를 한 10세 이상 14세 미만인 소년"을 촉법 소년이라고 합니다. 그러므로 범죄 행위가 성립하면 미성년자의 부모는 피해자에게 위자료와 손해배상을 해야 합니다. 법원은 부모에게 미성년자의 감독 연대 책임이 있다고 보기 때문입니다.

출처: 한국교원단체총연합회(http://www.kfta.or.kr), 샘TV 〈온라인 개학, 더 중요해진 저작권법!〉, 〈카톡으로 주고받은 험담도 처벌받는다〉(2020)에서 발췌.

함께 보면 좋은
동영상 강의

 **스페셜 04** 학교 교육에서 저작물을 이용할 때 알아 두세요

저작권법은 어렵고 복잡해 보이고 엄격하게 규정하고 있지만, 학교 교육을 목적으로 저작물을 활용할 때에는 예외 규정을 폭넓게 두어 지켜야 할 것만 따르면 면책 사유로 보장해 주고 있습니다.

▶ 저작권법에서 수업을 위해 공표된 저작물 등의 일부분을 저작권자 등의 허락 없이 사용할 수 있도록 허용(제25조 제2항)한 것은 헌법에서 국민의 교육받을 권리(제31조)에 기초한 국민의 학습권을 보장하기 위한 것입니다.

1. 공표된 저작물은 사용할 수 있어요

수업 또는 수업 지원 목적으로 필요하다고 인정되는 경우에는 공표된 저작물의 일부분을 복제, 배포, 공연, 전시, 공중송신(방송, 전송, 디지털 음성 송신) 등의 방법으로 이용할 수 있습니다.

▶ 인물 사진 등과 같은 이미지 저작물은 초상권을 생각해야 합니다. 영리 목적이 아니더라도 인물 사진을 사용할 경우에는 먼저 사진사, 초상권자에게 허락받아야 해요.

2. 모든 저작물 전체를 이용할 수 있는 건 아니에요

문학·음악·미술 등 모든 저작물을 사용할 수 있지만, 이용 범위는 저작권자의 이익을 부당하게 침해하지 않는 범위 내에서 공표된 저작물의 일부분만 써야 합니다. 다만 짧은 시조나 시·사진·그림 등과 같이 저작물의 성질이나 이용 목적과 형태 등에 비추어 저작물의 전부를 이용할 수밖에 없는 경우에는 전부를 이용할 수 있어요.

수업 목적 저작물의 공정한 이용 범위 가이드 라인

저작물	공정한 이용 범위
어문(논문, 소설, 수필, 시 등)	1~10% 이내
음원	5~20% 이내(최대 5분 이내)
영상	5~20% 이내(최대 15분 이내)

공표된 저작물은 유치원, 초·중등학교 교사와 대학교 교수, 강사와 수강하는 학생에 한정하여 이용할 수 있습니다. 따라서 교사는 수업에 참여하는 학생의 범위를 넘어서서 전송하거나 자료를 배포해서는 안 됩니다.

3. 이용한 저작물의 출처는 꼭 밝혀야 해요

저작물을 이용할 때에는 반드시 저작물의 명칭, 저작자, 수록 매체(도서명, 홈

원격 수업과 학습을 위한 저작물 이용 기준

	저작물의 이용 사례	사전 동의	비고
1	ICT 활용 수업을 위한 저작물 이용	불필요	접근 제한 등의 조치 필요
2	원격 학습을 위한 저작물 이용	불필요	
3	수업을 위한 카페, 블로그 등에서의 저작물 이용	불필요	
4	수업을 위한 교과서 사진, 그림 등의 인터넷 이용	불필요	
5	학습 자료 BGM으로 음원 파일 이용	동의 필요	
6	학습 자료에 무료·유료 글꼴 파일 이용	동의 필요	

▶ 이 자료는 저작물의 공정 이용을 기준으로 한 것이므로, 실제 저작물을 이용하는 방법에 따라 다르게 해석될 수 있습니다.

출처: 〈교육기관 '원격 수업 및 학습'을 위한 저작권 FAQ〉, 한국교육학술정보원, 2020. 03.

페이지 등), 출판처, 발행 일자 등 출처를 누구나 알아볼 수 있도록 올바르게 표시해야 합니다. 특히 저작자의 실명 또는 이명이 표시된 저작물인 경우에는 그대로 사용해야 해요.

4. 글꼴·음원은 이용 조건 확인 후 허용 범위 안에서 사용하세요

무료 글꼴 파일은 대부분 비영리 목적으로 사용한다면 허용하고 있습니다. 하지만 일부 글꼴 파일은 사용 대상을 개인으로 한정하여 학교의 교육 활동 등에서도 사용 제한을 하는 경우가 있습니다. 그러므로 무료 글꼴도 반드시 이용 조건을 확인한 후 허용 범위 안에서 사용해야 합니다.

▶ ㈜한글과컴퓨터에서는 번들로 제공된 글꼴은 한글오피스 프로그램에서만 사용하도록 안내하고 있습니다. 다음 판례를 참고하세요.

판례 번들로 제공된 글꼴 파일을 다른 프로그램에서 이용한 행위

'한글'이나 'MS 워드', '오토캐드' 같은 문서 작성 프로그램은 프로그램과 함께 번들로 글꼴 파일을 제공합니다. 이때 제공된 글꼴 파일은 해당 문서 작성 프로그램에서만 이용할 수 있도록 제한이 걸려 있는 경우가 많습니다. 그래서 이런 제한을 어겼을 때 저작권 침해가 되는지 문제가 되고 있습니다.

이에 대하여 문화체육관광부는 '한글' 등 정품 프로그램을 적법하게 구입하여 제공된 글꼴 파일을 '오토캐드' 등 다른 프로그램에서 불러와 이용하는 경우에는 저작권 침해에 해당하지 않는다고 회신한 바 있습니다(문화체육관광부, 공문번호 시행 저작권정책과-269. 수신 대한건축사협회. 2012. 2. 1.). 법원 역시 특정 문서 작성 프로그램에 번들로 제공된 글꼴 파일을 다른 프로그램에서 이용한 행위에 대하여 저작권 침해로 보기 어렵다고 판결했습니다(서울중앙지방법원 2014. 5. 1. 선고 2012가합535149 판결).

▶ [한국저작권위원회(http://www.copyright. or.kr) → 자료 → 발간자료 → 조사·연구]를 클릭한 후 검색란에 '글꼴(폰트) 파일 저작권 바로 알기(2019)'를 입력해서 자료를 내려받으세요. 글꼴 파일과 관련된 다양한 문제를 상세하게 살펴볼 수 있습니다. 212쪽을 참고하세요.

음원도 마찬가지입니다. 헌법 제31조에 따라 국민의 교육받을 권리에 기초한 국민의 학습권을 보장하기 위해 특별한 경우가 아니라면 학교(교사)는 수업을 위해 음원의 일부분(20%, 최대 5분 이내)을 자유롭게 이용할 수 있습니다. 하지만 학습 목적이 아니라 단지 학생들의 집중도와 흥미를 높이기 위해 음원을 사용한다거나 동영상 배경 음악으로 사용한다면 수업 목적의 저작물 이용으로 보기 어렵습니다.

그러므로 동영상의 배경 음악으로 음원을 사용하려면 저작권이 만료되거나 무료 이용할 수 있는 '공유 저작물'을 찾아 사용하세요.

▶ 무료·공유 저작물을 제공하는 웹사이트는 첫째마당 03장에서 소개합니다.

복제 방지 조치

학교(교사·교수)는 수업을 목적으로 공표된 저작물의 일부분을 동일한 교과목을 신청한 학생에게 오프라인으로 배포하거나 인터넷 또는 모바일을 이용해 온라인으로 제공(전송)할 수 있습니다. 그러므로 학교 또는 수업 지원 기관은 수업을 받거나 같은 교과목의 교사만 접근할 수 있도록 해야 합니다(저작권법 제25조 제12항).

▶ **수업의 주체는** 보조 교사, 파견 교사, 외부 강사 등도 포함돼요. **수업 지원 기관은** 교육청과 산하 기관으로 교육지원청, 교육정보원, 시·도 교육연수원 등이 포함되며, 실제 학교 수업을 지원하는 경우에 한하여 저작물을 이용할 수 있습니다.

① 각급 학교 및 교육 기관에서 수업을 목적으로 저작물을 전송할 때에는 저작권 침해를 방지하기 위해 다음과 같은 조치를 해야 합니다(저작권법 시행령 제9조).

- 접근 제한 조치: 전송하는 저작물은 교육을 받는 자 외에는 이용할 수 없도록 해야 합니다. 이를 위해 교사(교수)는 아이디와 비밀번호를 설정하는 등 적절한 기술적 조치를 취해야 하고, 교육을 받는 자는 아이디와 비밀번호를 다른 사람과 공유해서는 안 됩니다.

- 복제 방지 조치: 전송하는 저작물을 교육을 받는 자 외에는 이용할 수 없도록 해야 합니다. 교육을 받는 자는 이를 무력화하는 행위(예: 강의 자료에 부착된 복제 방지 조치를 무력화하는 해킹 행위)를 해서는 안 됩니다. 자료가 유포되어 저작권 침해가 발생하지 않도록 예방하는 차원입니다.

  ▶ 저작권 보호 관련 경고 문구 예시는 341쪽 〈스페셜 03〉 '원격 수업에서 교사·학생이 주의할 점'을 참고하세요.

- 저작물에는 저작권 보호 관련 경고 문구를 표시해야 합니다.

② 전송과 관련한 보상금을 산정하는 장치를 설치해야 합니다. 대학 이상의 학교 및 국가나 지방자치 단체가 운영하는 교육 기관에서 저작물을 이용하려면 문화체육관광부 장관이 정하여 고시하는 기준에 따른 보상금을 해당 저작재산권자에게 지급해야 합니다.

저작권법

제25조(학교 교육 목적 등에의 이용)

③ 유치원 등과 각급 학교 또는 교육 기관이 수업 목적으로 이용하는 경우에는 공표된 저작물의 일부분을 복제·배포·공연·전시 또는 공중 송신(이하 '복제 등'이라 한다)할 수 있다. 다만, 공표된 저작물의 성질이나 그 이용의 목적 및 형태 등에 비추어 해당 저작물의 전부를 복제 등을 하는 것이 부득이한 경우에는 전부 복제 등을 할 수 있다.

④ 유치원 등과 각급 학교 또는 교육기관의 수업을 지원하는 기관은 수업 지원을 위하여 필요한 경우에는 공표된 저작물의 일부분을 복제 등을 할 수 있다. 다만, 공표된 저작물의 성질이나 그 이용의 목적 및 형태 등에 비추어 해당 저작물의 전부를 복제 등을 하는 것이 부득이한 경우에는 전부 복제 등을 할 수 있다.

⑤ 유치원 등과 각급 학교 또는 교육기관에서 교육을 받는 자는 수업 목적상 필요하다고 인정되는 경우에는 제3항의 범위 내에서 공표된 저작물을 복제하거나 공중 송신할 수 있다.

⑫ 교과용 도서를 발행한 자, 학교·교육 기관 및 수업 지원 기관이 저작물을 공중송신하는 경우에는 저작권, 그 밖에 이 법에 의하여 보호되는 권리의 침해를 방지하기 위하여 복제 방지 조치 등 대통령령으로 정하는 필요한 조치를 하여야 한다.

셋째
마당

알아 두면 더 좋은
유형별 저작물,
저작인격권, 저작재산권

첫째마당에서 저작권법을 알기 위한 필수 기초 지식을 배웠다면, 여기에서는 첫째마당에서 깊이 다루지 못해 아쉬웠던 저작물의 종류와 저작자의 권리인 저작인격권·저작재산권을 조목조목 더 자세히 배워봅니다.

06

저작물은
11가지로 나눠요

저작권법에서 저작물은 표현 형식에 따라 9가지로 나누고 작성 방법에 따라 2가지로 나눕니다. 콘텐츠는 어느 유형에 속하느냐에 따라 다양한 쟁점을 불러일으킵니다. 06 장에서는 콘텐츠 유형별로 어떤 점이 문제가 되고 또 어떤 점을 유의해야 하는지 '함께 읽는 판례'를 통해 알아보겠습니다. 원저작물은 아니지만 저작권법에서 독자적인 저작물로 보호하는 2차적 저작물과 편집 저작물도 여기서 살펴보겠습니다.

06-1 어문 저작물

어문 저작물이란?

어문 저작물은 인간의 사상이나 감정이 언어(말과 글)를 수단으로 하여 표현된 창작물을 말합니다. 어문 저작물은 크게 문서 저작물과 구술 저작물로 나눌 수 있습니다.

우리나라 저작권법에서 저작물이 되려면 외부에서 인식할 수 있는 상태로 표현하면 됩니다. 따라서 어문 저작물이 반드시 원고지나 인쇄물 등에 고정되어 있을 필요는 없고, 구술로 무형적으로 표현하거나 디지털 파일 형태로 작성될 수도 있습니다.

미국에서는 '고정화' 되어야 저작물로 인정받아요

미국 저작권법에서는 유형의 표현 매체에 고정화되어 있지 않은 것은 저작물이 될 수 없습니다. 따라서 강사가 말로 한 강의는 우리나라에서는 어문 저작물이 되지만, 미국에서는 녹음·녹화하거나 받아쓰기를 하는 등 어떤 형태로든 고정해 놓지 않으면 저작물이 되지 않습니다.

문서 저작물과 구술 저작물

문서 저작물은 글자로 표현된 저작물로 소설, 시, 논문, 각본 등이 있습니다. 문서 저작물은 문자로 작성된 것들이 대부분이지만 암호나 점자, 속기 기호, 전신 기호 등으로 작성된 것도 일반적인 문자로 바꿀 수 있다면 문서 저작물이 됩니다.

구술 저작물은 말로 표현한 저작물로 강연, 강의, 설교, 축사 같은 것이 있습니다. 세바시('세상을 바꾸는 시간 15분'의 줄임말)나 TED 같은 토크 쇼, 인터뷰, 개그, 토론 등 생각이나 감정을 창작적으로 진술하는 것도 구술 저작물입니다. 그러나 다른 사람의 시나 소설을 그대로 낭독만 하는 것은 창작성이 없어 저작물이 되지 않습니다. 이런 것은 실연(實演), 즉 일종의 연기라고 봐서 저작권이 아니라 저작인접권으로 보호합니다.

▶ 실연은 셋째마당 06-3절 연극 저작물을 참고하세요.

📖 판례 동영상 강의 교재 사건

학교나 학원에서 하는 강의, 인터넷이나 유튜브를 통한 동영상 강의에서는 교재 내용을 그대로 낭독해 주는 게 아니라, 강사 나름대로 소화해서 설명해 주므로 실연이 아니라 저작물이 될 수 있습니다.

"A의 강의에서는 B의 회계학 교재를 기본 교재로 채택하고 있고, 강의 중에 B의 회계학 교재 내용을 거론하지만 교재 자체를 구술하는 게 아니라 A 나름대로 창작에 의한 구술을 하고 있으므로, 이 강의는 A의 독자적인 저작물이라고 봐야 한다"고 판결한 사례가 있습니다(서울지방법원 2000. 3. 29. 선고 99가합3667호 판결).

저자가 강사를 상대로 교재 사용에 관한 저작권 침해 소송을 제기하는 경우를 가끔 볼 수 있습니다. 과거에는 자신의 책으로 강의해 주면 책이 그만큼 많이 팔리기 때문에 감사할 일이었습니다. 그런데 최근에는 오히려 자신의 책으로 강의하지 말라고 소송하는 경우가 생긴 것입니다. 이것은 책을 팔아서 얻는 수입보다 인터넷이나 유튜브 동영상 강의를 통해서 얻는 수입이 더 크기 때문입니다. 이런 경우 침해를 인정한 판례도 있지만, 그렇지 않은 판례도 있습니다. 이번 회계학 동영상 강의 교재 사건에서는 침해를 인정하지 않았습니다. 그러나 중·고등학교 국어와 영어 교과서 출판사들이 동영상 강의 업체를 상대로 제기한 소송에서는 저작권 침해를 인정한 사례가 있습니다. 왜냐하면 국어와 영어 과목은 교과서의 지문을 동영상 강의에서 그대로 사용할 수밖에 없기 때문입니다.

기타 유형의 어문 저작물

어문 저작물이라고 해서 반드시 문학적인 가치를 지녀야 하는 것은 아닙니다. 예를 들어 상품 카탈로그나 홍보용 팸플릿, 직업별 전화번호부 같은 편집물, 지침서나 용법 등의 설명서(매뉴얼), 시험 문제 등도 독자적으로 작성된 것이고, 누가 해도 같거나 비슷하지만 않는다면 어문 저작물이 될 수 있습니다.

판례 대학 입시 문제 사건

대학 입학 학력고사 시험 문제가 어문 저작물이 될 수 있다는 판결도 있습니다(대법원 1997. 11. 25. 선고 97도2227 판결). "대학 입학 본고사의 입시 문제가 교과서, 참고서, 기타 교재의 일부분을 발췌하거나 변형하여 구성된 측면이 있다고 하더라도, 출제 위원들이 우수한 인재를 선발하기 위하여 정신적인 노력과 고심 끝에 남의 것을 베끼지 않고 문제를 출제하였고, 그 출제한 문제의 질문의 표현이나 제시된 여러 가지 답안의 표현에 최소한도의 창작성이 인정된다면 저작물로 볼 수 있다"고 판결했습니다. 따라서 이런 시험 문제를 풀이해 주는 동영상 강의를 제작하려면 시험 문제 저작권자로부터 허락을 받는 것이 안전합니다.

---

① 일기, 메모, 서예 작품

편지나 일기, 이메일 등도 어문 저작물이 될 수 있으므로 유의해야 합니다. 다만 단순히 용건만 간단하게 전달하는 메모 형태나 이메일 같은 것은 창작성이 없어서 저작물이 아닙니다.

서예 작품은 문자로 되어 있지만 언어적 사상이 아니라 시각적·형상적 사상을 표현한 것입니다. 따라서 어문 저작물이 아니라 미술 저작물로 분류합니다.

▶ 미술 저작물은 06-4절을 참고하세요.

② 표어, 슬로건, 광고 문구

짤막한 표어나 슬로건, 광고 문구 등도 저작물로 보호받을 수 있는가 하는 문제가 실무에서 자주 등장합니다. 이런 문구는 대부분 저작권의 보호를 받지 못하는 경우가 많습니다.

 왕의 남자 사건과 광고 문구 사건

1,000만 관객을 돌파했던 영화 〈왕의 남자〉에 나왔던 유명한 대사 "나 여기 있고, 너 거기 있어"는 일상생활에서 흔히 쓰는 표현이어서 저작권이 없다고 한 판례가 있습니다(서울고등법원 2006. 11.

14.자 2006라503 결정, 일명 왕의 남자 사건).

맥주 광고에 사용한 "가장 신선한 하이트의 맛, 눈으로 확인하세요라는 문구 역시 저작권 보호를 받지 못한다"고 한 판례도 있습니다(서울고등법원 1998. 7. 7. 선고 98도112 판결).

 저작권법으로 보호받지 못하는 저작물

다음 저작물은 저작권법에서 보호하지 않으므로 누구나 자유롭게 사용할 수 있어요 (저작권법 제7조).

- 헌법·법률·조약·명령·조례 및 규칙
- 국가 또는 지방자치단체의 고시·공고·훈령 그 밖에 이와 유사한 것
- 법원의 판결·결정·명령 및 심판이나 행정심판절차 그 밖에 이와 유사한 절차에 의한 의결·결정 등
- 국가 또는 지방자치단체가 작성한 것으로서 제1호 내지 제3호에 규정된 것의 편집물 또는 번역물
- 사실의 전달에 불과한 시사보도

06-2 음악 저작물

음악 저작물이란?

음악 저작물은 인간의 사상이나 감정을 음(음성, 음향)으
로 표현한 창작물을 말합니다. 오페라 아리아나 가곡,
가요곡 같이 악곡에 가사가 있는 경우에는 그 가사도
음악 저작물의 하나로 취급됩니다.

그러나 새소리나 바람 소리, 천둥소리 같은 자연의 소리나 자동차 소
음, 기계음 따위를 녹음한 것은 음악 저작물이 아닙니다. 인간의 사상
이나 감정을 표현한 것이 아니기 때문입니다. 따라서 저작권 보호는
받지 못합니다.

그러나 이런 자연의 소리나 기계음 등을 녹음한 것은 음반이라고 하
여 저작권이 아니라 저작인접권으로 보호를 받습니다. 실제로 방송에
나오는 각종 효과음, 배경음에는 이런 ▶ 저작인접권은 첫째마당 02-4절에서
음반을 많이 사용합니다.   자세히 설명합니다.

악보도 저작물이다?

악보도 저작물인가요? 결론부터 말하면 악보 자체는 저작물이 아닙
니다. 음악이 저작물이고, 악보는 음악 저작물을 기록한 매체(복제물)
에 불과하기 때문입니다. 마치 소설을 원고지에 써놓으면 그 원고지

는 소설의 기록 매체일 뿐 원고지 자체가 소설(저작물)이 아닌 것과 마찬가지입니다.

그럼 악보를 마음대로 복사해도 될까요? 안 됩니다. 악보를 복사하면 악보에 기록되어 있는 음악을 복제하는 것이기 때문입니다. 따라서 아직 보호 기간이 남아 있는 음악의 악보를 복사하는 것은 원칙적으로 저작권 침해가 됩니다. 여기서 원칙적으로 저작권 침해가 된다고 한 것은, 저작권법 제30조에서 개인적으로 이용하는 경우에는 복제할 수 있다고 허용하는 규정이 있기 때문입니다. 그러나 그 외에는 저작권 침해가 됩니다.

만약 작사가, 작곡가 사후 70년이 경과하여 저작권이 소멸되었다면 악보를 복제하더라도 음악 저작물의 저작권 침해는 성립하지 않습니다. 전래되어 오는 전통 음악이나 민요를 연주·가창할 수 있도록 오늘날 방식으로 채보(採譜, 곡조를 듣고 그것을 악보로 만듦)하는 것은 그에 내재된 음악 저작물의 저작권이 소멸하여 공중의 영역에 들어간 것입니다. 또한 채보 방식에 독창성이 있다 하더라도 저작권 보호가 미치지 않는 아이디어 영역에 속할 가능성이 큽니다. 따라서 채보한 것을 허락 없이 복제했다고 하더라도 저작권 침해는 성립하기 어렵습니다.

▶ 전통 음악과 같이 저작권이 이미 소멸한 음악 저작물이라도 이를 현대적 감각으로 연주하기에 적합하게 편곡하였다면 2차적 저작물로서 보호를 받을 수 있어요.

다만 악보 자체가 미술적·도형적 표현으로 제작되어 창작성을 지니는 경우 미술 저작물 또는 도형 저작물로 보호받을 수 있습니다. 그러나 이는 악보에 내재되어 있는 음악 저작물과는 상관없이 악보 자체가 독립적인 저작물로 되는 것이어서 경우가 다릅니다.

또 다른 사람이 많은 노력과 비용을 투자하여 수집한 채보를 무단으로 복제해서 판매한다면, 저작권 침해는 되지 않더라도 부정경쟁행위가 될 수 있습니다(부정경쟁방지법 제2조 제1호 카목).

민간 전승물도 저작권 보호가 필요해요

민간 전승물(민속 저작물, folklore), 즉 민담이나 민간 수수께끼, 민요, 민속춤, 민속 공예, 민속 의상 등과 같은 전통적 문화유산을 어떤 형태로든 보호해야 한다는 논의가 국제 사회에서 오래 전부터 진행되어 왔습니다. 구전되어 온 민담이나 민요는 비록 공중의 영역에 속하지만 채집, 정리하는 데는 막대한 노력과 비용이 소요됩니다. 또 선진국에서 일부 민족의 민속물을 대량 수집하여 이용한 사례도 있어 특히 보호받을 수 있도록 요청하고 있습니다.

의약 분야에서 신약이나 건강 보조제 등에도 전래되어 오는 민간요법에 기초한 것들이 적지 않습니다. 이런 것들에 대한 보호 문제도 논의되고 있습니다.

06-3 연극 저작물

연극 저작물이란?

연극은 배우가 각본에 따라 어떤 스토리나 인물을 말과 동작으로 표현하여 관객에게 보여 주는 무대 예술입니다. 연극 저작물은 인간의 사상이나 감정이 동작으로 표현된 창작물을 말합니다. 각본 자체는 문자(언어)로 표현하므로 연극 저작물이 아니라 어문 저작물에 속합니다. 또 연극이나 영화에서 배우의 연기는 연극 저작물이 아니라 실연이라고 해서 저작권이 아닌 저작인접권의 보호를 받습니다.

따라서 연극 저작물로 인정되는 것은 연기나 동작의 형태로 구성되어 있는 안무입니다. 안무는 동작 형태를 창작한 것이고 그것이 곧 연극 저작물입니다. 안무와 구별되어야 하는 것으로 연출이 있는데 연출은 안무, 즉 창작된 동작 형태를 창작한 의도와 내용대로 실연하도록 하는 것입니다. 연출자도 실연자에 포함됩니다(저작권법 제2조 제4호).

연극 저작물은 과거에는 중요성이 크게 인식되지 않았으나 요즘 K-POP, 아이돌 그룹, 뮤직비디오, 유튜브 동영상 등을 통해 안무의 중요성이 커지면서 급속도로 주목받고 있습니다.

```
┌─ 저작권법 ──────────────────────────────────

  제2조 제4호
  "실연자"는 저작물을 연기·무용·연주·가창·구연·낭독 그 밖의 예능적 방법으로
  표현하거나 저작물이 아닌 것을 이와 유사한 방법으로 표현하는 실연을 하는 자를
  말하며, 실연을 지휘, 연출 또는 감독하는 자를 포함한다.
```

리듬 체조, 에어로빅 동작도 연극 저작물이 될 수도 있다!

스포츠 경기 중에 피겨 스케이팅이나 리듬 체조, 수중 발레와 같이 예능적·연기적 요소를 포함한 동작도 연극 저작물로 볼 수 있는지 논의되고 있습니다. 이러한 경기들은 운동 능력과 기술적 요소에 예술적 요소가 결합된 동작의 형태로 표현됩니다.

▶ 같은 관점에서 이러한 연기를 표현한 스포츠 선수를 저작권법에서 실연자로 볼 것이냐의 문제도 논란이 있습니다.

또한 일정한 규정이 있어서 어떤 동작을 반드시 수행해야 한다든지, 어떤 동작은 특별히 높은 점수를 부여한다든지, 아니면 어떤 동작과 어떤 동작을 반드시 결합하여 수행해야 한다든지 등의 제한이 있는 경우가 많습니다. 그렇게 되면 표현에서 창작성을 발휘할 여지가 적어지므로 저작물로 보기 어렵다고 생각할 수도 있습니다.

그러나 그런 규정에 제한이 있다는 점만으로 스포츠 경기에서 예능적으로 표현된 연기나 동작이 연극 저작물로 성립할 수 없다고 한다면 무용이나 안무의 경우에 비추어 볼 때 균형이 맞지 않는다는 주장도 있습니다.

스포츠 경기라고 해서 일률적으로 연극 저작물로 성립할 수 없는 것은 아닙니다. 인간의 사상이나 감정을 창작적인 동작으로 표현한 것

이라면 그것이 발레나 고전 무용, 무언극 등의 형태로 표현되었든, 또는 피겨 스케이팅이나 리듬 체조의 형태로 표현되었든 연극 저작물로 성립할 수 있다고 봐야 합니다.

그럼 요가나 필라테스, 에어로빅의 동작도 창작성이 있으면 연극 저작물이 될 수 있을까요? 요가, 필라테스, 에어로빅 강사가 개발한 자기만의 독창적인 동작으로 예능적 표현이 들어 있다면 연극 저작물이 될 수도 있습니다. 그러나 이런 동작은 육체적 기능을 향상하기 위한 방법으로서 아이디어의 영역에 속해서 저작권 보호를 받지 못할 가능성이 높습니다. 그렇더라도 예능적·예술적 동작이 포함된 유명 강사의 강의 동영상을 그대로 모방한 동영상을 제작해서 유튜브에 올리면 연극 저작물은 아니더라도 영상 저작물의 저작권 침해가 될 수 있다는 점은 주의해야 합니다.

함께 보면 좋은
동영상 강의

06-4 미술 저작물

미술 저작물이란?

미술 저작물은 인간의 사상이나 감정을 시각적 형상이나 색채 또는 그것을 조합해서 미적으로 표현한 저작물을 말합니다. 회화, 서예, 조각, 판화, 공예, 응용 미술과 같이 선, 색채, 명암을 이용해서 이차원적(평면적) 또는 삼차원적(공간적) 아름다움을 시각적으로 표현한 것입니다. 만화나 삽화 같은 것도 미술 저작물에 포함됩니다.

공예는 한번 작업으로 하나의 제품을 제작(일품 제작)하는 수공적인 미술입니다. 반면에 응용 미술은 공업적 대량 생산을 목적으로 하는 미술입니다. 공예와 응용 미술은 모두 미적인 요소와 실용적인 요소가 있고, 미술을 실생활에 응용한 것이기 때문에 2가지를 모두 포함하여 넓은 의미의 응용 미술이라고도 합니다. 그러나 저작권법은 일품 제작의 공예와 대량 생산을 목적으로 하는 응용 미술을 구분하여 예시하고 있고, 특히 응용 미술 저작물에는 별도의 정의 규정을 두어 특별 취급을 하고 있습니다.

> **저작권법**
>
> **제2조**(정의)
> 15. "응용 미술 저작물"은 물품에 동일한 형상으로 복제될 수 있는 미술 저작물로서 그 이용된 물품과 구분되어 독자성을 인정할 수 있는 것을 말하며, 디자인 등을 포함한다.

미술 저작물은 반드시 완성되어야만 저작물이 되는 것은 아닙니다. 아직 작품으로는 미완성이어도 창작적 표현이 발휘되어 외부로 나타났다면 저작물이 될 수 있습니다. 따라서 스케치나 데생처럼 그 자체로 완성된 게 아니라 준비 단계에 있다 하더라도 창작성만 갖추면 저작물로 성립할 수 있습니다.

▶ 저작권법에는 '미술 저작물 등'이라는 용어가 가끔 나오는데, 이것은 미술 저작물, 건축 저작물, 사진 저작물을 통틀어 가리킬 때 사용합니다.

간단한 도안

저작물이 되는 데 필요한 창작성은 예술성이나 작품성과는 무관합니다. 따라서 미술 저작물이라고 하여 반드시 예술성이나 미적인 가치가 있어야만 하는 것은 아닙니다. 그러나 올림픽 오륜 마크 같은 간단한 상징적 도안이 저작물로 인정될 수 있는지를 두고 일본에서 문제가 된 적이 있습니다.

상징성 있는 도안은 저작물로 인정

일본에서는 오륜 마크는 간단한 도안에 지나지 않으므로 저작물로 인정하기 곤란하다고 판시했습니다(도쿄지방법원 1964. 9. 25. 결정). 올림픽 오륜 마크나 적십자사의 십자가 마크는 저작권법이 아니라 상표법과 부정경쟁방지법으로 보호받으므로 별도로 저작권법으로 보호할 필요성은 적다고 볼 수 있습니다. 또한 후지 TV의 심벌마크로 알려진 눈 알 모양의 이미지는 저작물이라고 판결했습니다(도쿄지방법원 1996. 8. 30. 판결). 1970년대에 우리나라에서도 널리 유행했던 스마일 마크도 저작물로 인정하는 견해가 있습니다.

후지 TV의 심벌마크

스마일 마크

출처: 구글 이미지, 나무위키

인터넷 자료도 창작성만 있으면 저작물로 인정

인터넷을 검색해 보면 간단한 그림이나 일러스트 이미지를 흔히 볼 수 있습니다. 유튜브 동영상이나 프레젠테이션 자료를 만들 때 이런 이미지를 사용하고 싶은 유혹을 느낄 때가 많을 것입니다. 그러나 조심해야 합니다. 이런 이미지도 창작성만 있으면 저작물로 성립할 수 있기 때문입니다.

저작권법에서 창작성이란 높은 차원의 예술성이나 작품성을 의미하는 게 아니라 단순히 남의 것을 베끼지 않았고, 누가 하더라도 같거나 비슷하게 될 정도만 아니라면 창작성을 인정받을 수 있습니다. 카카오톡에서 사용하는 여러 가지 이모티콘이나 앱의 아이콘 모양 따위도 간단해 보이지만 저작물이 될 수 있습니다.

과거 어떤 신문사에서 오늘의 운세라는 코너에 인터넷에서 퍼온 복주머니 이미지를 사용했다가 저작권 침해로 경고장을 받고 합의금을 물어 준 사례가 있습니다. 또 어느 유명 제과업체는 홈페이지 제작을 외주로 맡겼다가 외주업체가 인터넷에서 퍼온 구름 이미지를 허락 없이 사용하는 바람에 역시 많은 합의금을 물어 준 사례도 있습니다. 어느 여행사는 홈페이지에 여행 상품 안내를 하면서 현지에서 직접 사진을 찍어 올 수 없어서 인터넷에 올라 있는 사진을 퍼와서 올렸다가 적발된 사례도 있습니다. 또 몇 년 전에는 초·중·고등학교 교사들이 학생들에게 나누어 주는 수업 자료에 인터넷에서 검색해서 내려받은 이미지들을 허락 없이 사용했다가 이미지 업체로부터 집단적으로 경고장을 받거나 소송을 당해서 국회에서까지 문제가 된 적도 있습니다.

화풍, 서풍

입체파나 인상파 등 특정한 화풍으로 그린 회화가 미술 저작물인 것
은 당연합니다. 그러나 입체파나 인상파 같은 화풍 자체가 미술 저작
물은 아닙니다. 화풍이나 서풍은 인간의 사상이나 감정을 형상이나
색채로 표현할 때 사용하는 하나의 방법(method) 내지 해법(solution)
입니다. 화풍이나 서풍은 아이디어 영역에 속할 뿐 그 자체가 표현, 즉
저작물이라고는 볼 수 없습니다. 독자적으로 개발한 화풍 그림이라도
표현 자체를 구체적으로 모방하지 않는 한 화풍을 모방한 것만으로는
저작권 침해가 성립하지 않습니다.

06-5 건축 저작물

건축 저작물이란?

건축 저작물은 인간의 사상이나 감정이 토지 위에 공작물로 **표현**되어

있는 저작물을 말합니다. 건축물 자체는

물론이고, 건축을 위한 모형이나 설계

도서도 건축 저작물에 포함됩니다(저작

▶ 건축 저작물은 반드시 토지 위의 공작물뿐 아니라 한강 수면 위의 세빛섬처럼 하천이나 바다 위에 세운 건물도 될 수 있어요.

권법 제4조 제1항 제5호).

건축물은 보통 집이나 사무실 같이 사람이 들어가 살 수 있는 구조물

을 말하지만, 반드시 주거를 주된 목적으로 하지 않는 정자, 전시장,

가설 건축물 같은 것도 해당합니다. 다만 어느 정도 사람들이 통상적

으로 출입할 수 있어야 건축 저작물이라고 할 수 있습니다. 그렇지 않

다면 조형 미술로 볼 수는 있을지언정 건축 저작물로 보기는 어렵습

니다.

예를 들어 같은 탑이라고 하더라도 남산 타워 같은 구조물은 사람의

통상적인 출입이 예정되어 있으므로 건축 저작물로 볼 수 있지만, 다

보탑이나 석가탑과 같은 것은 미술 저작물로 보는 것이 타당합니다.

실내 건축도 건축 저작물로 성립할 수 있다고 보고 있습니다. 정원, 다

리, 탑과 같은 건축물은 그것이 전체 건축 저작물의 일부를 구성하는

경우도 있지만, 독립하여 그 자체에 창작성이 있다면 독립한 건축 저

작물로 평가할 수 있습니다.

건축 저작물이 아닌 경우

그러나 모든 건물이 건축 저작물이 되는 것은 아닙니다. 아무 곳에서나 흔히 볼 수 있는 일반 주택이나 아파트 같은 것은 창작성이 없기 때문에 건축 저작물이라고 볼 수 없습니다. 여의도 63빌딩이라든가 남산 타워 같이 흔히 볼 수 없고 어느 정도 개성을 갖추고 있어야 건축 저작물이라고 할 수 있습니다.

요즘에는 건설 회사가 독자적으로 개발한 아파트 내부 평면도를 건축 저작물로 등록하는 경우가 있습니다. 그런데 아파트 내부 평면은 개성이 나타나기 어려운 측면이 있습니다. 아파트는 건축 관계 법령에 따라 많은 부분에서 건축 조건이 이미 결정되어 있고, 각 세대별 전용 면적은 법령에서 인정하는 세제 혜택이나 유행하는 선호 평형이 있어서 건축할 수 있는 각 세대별 전용 면적을 선택하는 데에 제약이 따를 수밖에 없습니다. 그러므로 아파트 내부 평면도나 배치도에 저작물로서의 창작성이 있다고 보기는 어렵다는 판결도 있습니다(대법원 2009. 1. 30. 선고 2008도29 판결).

아파트를 고를 때 우리나라 사람들은 유독 남향을 좋아합니다. 그래서 남쪽으로 향한 방이나 거실이 몇 개인지로 2베이, 3베이, 4베이 등으로 구분합니다. 또 방이나 거실의 치수는 일정한 단위, 예를 들면 270×300, 300×360 등과 같이 30cm 단위로 끊어서 구성하도록 권장하고 있습니다. 이는 건축 자재를 규격화하여 낭비를 없애고 시공 기간을 단축하기 위해서입니다.

또 같은 평형 안에서 사람의 동선이나 방향을 고려하면 주방이나 현관, 화장실의 위치, 거실과 방의 위치 등 내부 구조는 크게 변형할 수 없는 경우가 많습니다. 그러다 보니 아파트 내부 평면은 개성 있게 표현할 수 있는 여지가 별로 없어서 창작성이 없거나, 또는 창작성이 있다고 하더라도 아이디어 영역에 해당하여 저작권 보호를 받지 못할 가능성이 높습니다.

판례 골프장 사건

서울중앙지방법원은 골프장의 저작물성과 관련하여 "골프장의 경우 연못이나 홀의 위치와 배치, 골프 코스가 돌아가는 흐름(routing plan) 등을 어떻게 정하느냐에 따라 다른 골프장과 구분되는 개성이 드러날 수 있고, 시설물이나 골프 코스의 배치 등을 정할 때에도 골프장 부지의 지형, 토양, 일조 방향, 바람, 식생 등 자연적 요소와 진입 도로, 관리 도로, 상수, 오수, 전기, 통신 등의 관로 배치 등을 종합적으로 고려함으로써 골프장의 전체적인 미적 형상을 표현하게 되는데, 이 골프장 사건은 클럽 하우스, 연결 도로, 홀(티 박스, 페어웨이, 그린, 벙커, 러프 등), 연못과 그 밖의 부대시설 등의 구성 요소가 골프장 부지 내에서 배치되고 서로 연결됨에 있어 각각 다른 골프장과 구별할 수 있을 정도로 창조적인 개성이 인정된다고 할 것이므로, 저작권의 보호 대상인 저작물에 해당한다"고 판시했습니다(서울중앙지방법원 2015. 2. 13. 선고 2014가합520165 판결).

이 판결은 골프장의 저작물성을 인정하면서도 저작물의 예시 규정 중 어느 종류의 저작물에 해당하는지는 명백히 밝히지 않았지만, 전체적인 판결 취지에 비추어 볼 때 건축 저작물로 인정한 것으로 이해됩니다. 이후 이 사건의 항소심 판결(상고)에서는 골프장이 건축법령상 건축물 중 운동 시설로 분류되어 있는 점 등에 비추어 볼 때, 골프장의 골프 코스는 건축 저작물에 해당한다고 적극적으로 판단했습니다(서울고등법원 2016. 12. 1. 선고 2015나2016239).

06-6 사진 저작물

사진 저작물이란?

사진 저작물은 인간의 사상이나 감정을 일정한 영
상으로 표현한 저작물을 말합니다. 사진과 유사한
방법으로 제작된 것도 포함됩니다. 사진은 광선의
물리적, 화학적 작용을 이용하여 피사체를 필름 등
에 재현함으로써 제작하는 것입니다. 사진과 유사한 방법으로 제작하
는 것에는 청사진, 그라비어(gravure, 사진 요철) 인쇄, 디지털 사진, 청
사진, 기타 인쇄술에 이용되는 콜로타이프 같은 것 등이 해당됩니다.
사진은 다른 창작물에 비해 상대적으로 늦게 저작물로 인정받았습니
다. 왜냐하면 사진은 인간의 사상이나 감정을 표현하는 것이라기보다
는 기계가 사물을 정확하게 재현하는 것으로 보았기 때문입니다. 그
러다가 점차 사진 촬영 과정에서 발휘되는 사진작가의 창작성에 주목
하면서 사진을 문화,예술의 한 분야로 받아들였고, 지금은 대학에 사
진학과가 있을 정도로 중요한 예술 분야가 되었습니다.

사진 저작물의 창작성

사진 저작물은 이미 존재하는 피사체를 기계적, 화학적 방법을 이용
해 재현해 내는 저작물이라는 점에서 미술 저작물이나 건축 저작물

등 다른 시각적 저작물과 구별됩니다. 그래서 이런 재현 작품이 과연 저작물로서의 성립 요건인 창작성을 갖추고 있는지 다툼이 있어 왔습니다. 재현은 창작이라기보다는 단순한 복제로 보았던 것입니다. 지금도 증명사진이나 여권 사진, 제품을 그대로 단순히 **촬영한** 사진 등은 창작성이 없다고 보고 있습니다.

⟨판례⟩ 브로마이드 사건

일본 도쿄 지방법원에서는 "브로마이드 사진은 피사체의 특징을 나타내려고 그에 맞는 포즈와 표정을 취하게 하고, 배경과 조명의 배합을 봐가면서 셔터 찬스를 기다리다가 최종적으로 팬들의 기호에 맞는 표현을 포착하여 촬영하는 것이므로, 이러한 조작을 거쳐 제작되는 사진에는 촬영자의 개성과 창조성이 나타나는 것이고, 단순한 기계 작용으로 표현되는 증명사진과 달리 사진 저작물로 성립할 수 있다"고 판시한 바 있습니다(도쿄 지방법원 1987. 7. 10. 선고 소화 57(ㄱ) 2997 판결).

▶ 브로마이드란 취화은(silver bromide)을 감광제로 사용한 사진용 인화지에 연예인, 가수 등의 모습을 담은 대형 사진을 말해요.

이와 같이 사진 저작물이 성립하려면 피사체의 선택, 구도의 설정, 빛의 방향과 양의 조절, 카메라 앵글의 설정, 셔터 찬스의 포착 등에 개성과 창조성이 있어야 합니다. 증명사진이나 카탈로그의 제품 사진처럼 피사체를 기계적으로 충실하게 재현해 내는 데 그치는 사진은 저작물로 볼 수 없습니다.

그러나 유명한 아이스크림이나 도넛 매장에 가보면 아이스크림, 도넛 따위를 촬영하여 벽에 크게 붙여 놓은 것을 볼 수 있는데, 이런 사진을 찍으려면 고도의 기술이 필요합니다. 또 시계나 귀금속 등을 소개하는 책을 보면 숙련된 사진작가가 각종 명품을 촬영한 사진이 수록되어 있습니다. 이런 사진들은 단순히 제품을 재현하는 것만으로 끝나지 않으므로 저작물로 인정받을 수 있다고 생각합니다. 따라서 이러한 사진은 저작권 보호를 받을 수 있다는 점을 염두에 두고 사용하기 전에 허락받는 것이 안전합니다.

또한 단순한 제품 사진이라 해도 포토샵이나 그래픽 작업을 하면 창작성이 있다고 인정해서 저작권 보호를 받을 수 있습니다. 인터넷 쇼핑몰을 운영할 때 제조회사 웹 사이트에서 제품 사진을 가져와 사용하는 경우가 있는데 저작권 침해가 될 수 있으므로 주의해야 합니다.

판례 광고용 사진 사건

광고용 책자에 수록된 식품 사진이 문제가 된 사건입니다. 하나는 햄 제품을 그대로 촬영한 사진이고, 또 하나는 햄 제품을 다른 장식물이나 과일, 술병 등과 조화롭게 배치하여 촬영함으로써 제품의 이미지를 부각시켜 광고 효과를 극대화한 사진입니다.

대법원은 첫 번째 제품 사진은 비록 사진작가의 기술에 의해 촬영되었다고 하더라도 피사체인 햄 제품 자체만 충실하게 표현한 것이고, 창작적 노력 내지 개성이 있다고 인정하기 어렵다면서 저작물로 인정하지 않았습니다. 그러나 두 번째 사진은 창작성을 인정하여 저작권 보호를 받을 수 있다고 판시했습니다(대법원 2001. 5. 8. 선고 98다43366 판결).

수술 기계 사진 사건

특정한 수술 기계를 이용해서 수술하는 장면을 그대로 촬영한 사진의 창작성이 문제가 된 사건입니다. 대법원은 판결에서 이 사진들은 고주파 수술기를 이용하여 치핵 절제 시술을 하는 과정을 촬영한 것으로 촬영 대상을 중앙 부분에 위치시킨 채 근접한 상태에서 촬영한 것이고, 고주파 수술기를 이용한 수술 장면 및 환자의 환부 모습과 치료 경과 등을 충실하게 표현한다는 실용적 목적을 위하여 촬영된 것이어서, 사진 저작물로서 보호될 정도로 촬영자의 개성과 창조성이 있다고 보기는 어렵다고 하였습니다(대법원 2010. 12. 23. 선고 2008다44542 판결).

before & after 사진 사건

성형외과 웹 사이트에 실린 모발 이식 수술의 치료 전후 사진이 문제가 된 사건입니다. 이런 사진은 모발 치료 효과를 나타내고자 하는 실용적 목적으로 촬영한 것으로 피사체 선정, 촬영 방법 등에서 촬영자의 개성과 창조성이 인정되지 않으므로 사진 저작물로 볼 수 없다고 판결했습니다. 따라서 이 사진을 다른 성형외과에서 허락 없이 이용해도 저작권 침해는 되지 않습니다. 그러나 부정경쟁행위에 해당하므로 손해배상 책임은 있다고 판시했습니다(서울중앙지방법원 2007. 6. 21. 선고 2007가합16095 판결).

파파라치 사진 사건

연예인 등 유명 인사를 쫓아다니며 특종이나 경제적 대가 등을 목적으로 사생활을 촬영한 사진을 파파라치(paparazzi) 사진이라고 합니다. 이러한 사진은 경우에 따라 매우 큰 경제적 가치를 가지기도 하지만 반면에 창작성이 문제될 가능성이 적지 않습니다. 법원에서는 "이 사진은 유명한 스포츠 스타가 여자 아나운서와 비공개 장소에서 사적인 만남을 가지고 있다는 사실을 전달하기 위한 목적으로 촬영된 점, 이 사진을 촬영하는 상황의 특성상 촬영자가 촬영 시간을 자유롭게 정할 수 없으며, 자신의 개성을 표현하기 위해 구도를 설정하거나 빛의 방향과 양, 카메라 각도를 조절하는 등의 작업을 할 여지가 없으므로, 이 파파라치 사진은 저작권법으로 보호할 만한 창작성이나 개성을 인정할 수 없고, 따라서 저작물이라고 할 수 없다고 판시했습니다(서울남부지방법원 2014. 4. 24. 선고 2013가단215014 판결).

이 사건에서는 원고가 촬영한 사진이 저작물임을 전제로 저작권 침해에 따른 청구만 해서 원고 청구가 기각되었습니다. 그러나 before & after 사진 사례처럼 선택적 또는 예비적으로 부정경쟁행위나 일반 불법 행위에 근거한 청구도 했더라면 어떻게 되었을지 생각해 볼 필요가 있습니다.

06-7 영상 저작물

영상 저작물이란?

영상 저작물은 연속적인 영상으로 사람의 사상이나 감정을 표현한 저작물을 말합니다. 저작권법은 영상 저작물을 "연속적인 영상(음의 수반 여부는 가리지 아니한다)이 수록된 창작물로서 그 영상을 기계 또는 전자 장치에 의하여 재생하여 볼 수 있거나 보고 들을 수 있는 것을 말한다(제2조 제13호)"고 정의하고 있습니다.

> ▶ 영상 저작물은 연속적인 영상이라는 점에서 일정한 영상으로 표현되는 사진 저작물과 구별됩니다. 만화도 연속적인 영상으로 표현되지만 기계 또는 전자 장치에 의하지 않고 직접 본다는 점에서 영상 저작물과 다릅니다. 만화는 미술 저작물에 속합니다.

영상 저작물이 되는 조건

영상 저작물이 되려면 다른 저작물과 마찬가지로 창작성이 있어야 합니다. 창작성이 없는 단순한 상(像)의 녹화물은 영상 저작물이 아닙니다. 카메라 앵글과 구도의 선택, 몽타주 또는 커트 등의 기법, 필름 편집 등 지적이고 창조적인 활동이 있어야 합니다.

유명한 그림을 있는 그대로 비디오로 연속해서 촬영하거나 사진을 단순히 기계적으로 늘어놓은 것(예컨대 연속된 슬라이드)은 창작성이 없어서 영상 저작물로 보기 어렵습니다. 그러나 소재를 선택·배열하고 제작하는 과정에서 제작자의 개성이 가미되었다면 창작성을 인정할 수 있습니다.

연극이 상연되는 극장에 가서 카메라를 설치해 두고 상연되는 연극을 단순히 기계적으로 녹화만 한 것은 영상 저작물이 아니라 연극의 녹화물에 해당합니다. 그러나 녹화라 하더라도 전문적인 영상 기법을 바탕으로 창작성 있게 촬영한 녹화는 영상 저작물로 인정받을 수 있습니다. 이런 녹화 영상은 연극과는 별도로 그 자체가 영상 저작물이 되며, 저작권법에서 영상 저작물의 특례 규정을 적용받습니다.

스포츠 경기를 영상으로 편집하여 제작하는 경우에도 여러 가지 촬영 기술과 편집 기법을 창의적으로 사용한다면 창작성을 인정받을 수 있습니다. 스포츠나 게임을 생중계하는 방송은 필름의 편집 과정은 없다고 하더라도, 경기 장면 순간순간을 어떻게 효과적으로 포착할 것인가를 고심하고, 카메라를 여러 대 사용하거나 앵글과 줌을 사용해서 가장 극적인 경기 장면을 선택해서 느린 동작의 반복으로 순간을 재현하는 등 경기를 더욱 흥미진진하게 사실적으로 볼 수 있게 하기 때문에, 촬영이나 방송 기술만이 아니라 프로듀서의 창작적 표현이 더해집니다. 이렇게 만든 영상물은 저작물의 성립 요건인 창작성을 인정할 수 있습니다.

영상 저작물에 관한 특례 규정

영상 저작물은 대체로 소설이나 시나리오를 토대로 만들어지는 경우가 많습니다. 그렇게 되면 영상 저작물 속에는 소설이나 시나리오의 창작성이 남아 있으므로 소설가나 시나리오 작가의 저작권도 포함되어 있습니다. 또한 영상에 사용된 음악이나 미술, 사진 저작자의 권리도 영상 저작물에 포함되어 있습니다. 이렇게 하나의 영상 저작물 속에는 관련된 많은 사람들의 권리가 포함되어 있어서 그것들이 복합적으로 작용합니다.

이를 그대로 방치하면 여러 관련자의 다양한 이해관계를 조율할 수 없어서 영상 저작물을 원활하게 이용하지 못할 수도 있습니다. 그 결과 많은 자본과 노력을 들여 영화를 제작한 영화 제작자는 투자비를 회수할 길이 막힙니다. 이런 문제를 해소하기 위해 저작권법에서는 '영상 저작물에 관한 특례' 규정(제99조, 제100조, 제101조)을 두고 있습니다.

유튜브나 MCN(multi-channel network) 영상을 제작하는 사람들처럼 창작에 관여하는 사람들에게 저작권법이 영상 저작물에 관해 어떻게 규정하고 있는지 알아 두는 것은 매우 중요합니다. 저작권법 제5장 '영상 저작물에 관한 특례' 규정을 조금 더 자세히 알아봅시다.

① 영상 저작자와 영상 제작자

'영상 저작물에 관한 특례' 규정을 이해하려면 영상 저작자와 영상 제작자를 구별할 수 있어야 합니다. 영상 저작자와 영상 제작자는 둘 다 영상 저작물의 제작에 관여하지만 각자 역할이 다릅니다.

먼저 **영상 저작자**는 영상 저작물의 창작을 직접 담당하는 사람을 말합니다. 대체로 TV 방송 프로그램에서는 PD, 영화에서는 감독이 해당됩니다. 총감독, 촬영 감독, 조명 감독, 의상 감독, 무대 감독 등이 바로 영상 저작자입니다. 또한 영상물의 대본이나 시나리오 작가, 배경음악이나 주제가 등 음악의 작사가·작곡가는 비록 영상물 자체를 창작하지는 않았지만 영상물 속에 창작한 부분이 들어 있으므로 그 부분만큼 저작권을 갖습니다.

반면에 **영상 제작자**는 영상물을 기획하고 투자한 사람을 말합니다. 저작권법은 영상 제작자를 "영상 저작물의 제작에 있어서 그 전체를 기획하고 책임을 지는 자"라고 정의하고 있습니다(저작권법 제2조 제14호). 즉 영상 저작자가 되려면 창작이라는 요소가 필요하지만, 영상 제작자가 되려면 기획과 책임이라는 2가지 요소가 필요합니다. 영상 저작자는 창작을 하는 사람이고, 영상 제작자는 투자하는 사람이라고 이해하면 됩니다.

저작권법은 저작자를 보호합니다. 그런데 저작자가 아니면서 저작권법으로 보호받는 사람들이 있습니다. 바로 제작자입니다. 저작권법은 영상 저작물, 음반, 데이터베이스의 경우에는 제작자에게도 일정한 권리를 주어서 보호합니다. 투자한 사람을 보호해 주어야 안심하고 제작할 수 있기 때문입니다.

영상 제작자는 보통 ○○영화사, △△필름, □□엔터테인먼트 같은 명칭을 가지고 있는 경우가 많습니다. 영상 제작자는 시나리오 작가와 감독을 섭외하고, 촬영비라든가 배우의 캐스팅 비용 등을 조달하여 영화를 제작하므로 영화가 성공하느냐 실패하느냐와 이해관계가 가장 큽니다. 시나리오 작가나 감독, 배우 등을 적절하게 보호하지 않으면 영상 제작자는 투자할 수 없게 되고, 그렇게 되면 영상 저작물은 만들어지기 어렵습니다. 이것이 저작권법에서 '영상 저작물에 관한 특례' 규정이라는 특별 규정을 두어 영상 제작자를 보호하는 이유입니다. 음반의 경우도 마찬가지입니다. 음반 제작자는 음반에 수록된 음악을 창작하지는 않지만, 음반을 만드는 데 기획하고 투자하는 일을 합니다. 따라서 이들도 보호해야 음반에 대한 투자가 이루어집니다. 저작권법은 음반 제작자에게 저작인접권이라는 권리를 주어서 보호하고 있습니다.

영화 제작에는 영상 저작자와 영상 제작자 외에 배우와 같은 출연자도 관여합니다. 배우는 영상 저작자도, 영상 제작자도 아니며 실연자라고 하여 저작권과는 다른 저작인접권이라는 권리를 갖습니다.

판례 **영상 제작자의 지위 사건**

서울고등법원 판결에는 "영상 제작자는 영상 저작물 자체의 창작 과정을 기획하고 책임을 지는 자만을 의미하는 것으로 좁게 해석할 수는 없고, 그 외 영상 저작물의 제작을 위하여 직접 투자를 하거나 다른 투자자를 유치하고 영상 저작물의 제작과 관련된 제반 사무처리 및 회계 업무를 담당하는 등 영상 저작물의 제작과 관련된 사무적인 업무를 전체적으로 기획하고 책임을 진 자 역시 영상 제작 과정에 기여한 정도에 따라 영상 제작자에 포함될 수 있다"고 판시했습니다(서울고등법원 2008. 7. 22. 선고 2007나67809 판결).

이 판결을 보면 오해할 수 있는 부분이 있습니다. 이 판결의 취지는 단지 재정적 기여만 한 경우에도 영상 제작자로 봐야 한다는 것이 아닙니다. 재정적 기여에 더하여 영상 저작물 제작과 관련된 제반 사무와 회계업무를 전체적으로 기획하고 책임을 진 경우에 영상 제작자가 될 수 있다는 의미로 이해해야 합니다. 즉 ① 재정적 기여, ② 제반 사무와 회계 업무를 하되, 그것이 ③ 전체적인 범위에서 이루어져야 비로소 영상 제작자의 지위를 가질 수 있다는 것입니다.

영상 제작자의 지위 = ① + ② + ③

---

② '영상 저작물에 관한 특례' 규정의 내용

이제 영상 저작자와 영상 제작자의 차이와 의미를 살펴보았으니, '영상 저작물 특례' 규정의 내용이 무엇인지 구체적으로 알아보겠습니다. 영상 저작물의 특례 규정은 저작권법 제99조, 제100조, 제101조로 이루어져 있습니다. 먼저 저작권법 제99조부터 보겠습니다.

저작권법

제99조(저작물의 영상화)

① 저작재산권자가 저작물의 영상화를 다른 사람에게 허락한 경우에 특약이 없는 때에는 다음 각 호의 권리를 포함하여 허락한 것으로 추정한다.

1. 영상 저작물을 제작하기 위하여 저작물을 각색하는 것
2. 공개 상영을 목적으로 한 영상 저작물을 공개 상영하는 것
3. 방송을 목적으로 한 영상 저작물을 방송하는 것
4. 전송을 목적으로 한 영상 저작물을 전송하는 것
5. 영상 저작물을 그 본래의 목적으로 복제 · 배포하는 것
6. 영상 저작물의 번역물을 그 영상 저작물과 같은 방법으로 이용하는 것

각색이란 소설 같은 어문 저작물을 무대에서 상연하거나 영화로 제작하려고 희곡이나 시나리오 등 각본으로 고쳐 쓰는 것을 말합니다. 저작권법에서 각색과 영상 제작은 별개의 행위로 구분하고 있습니다(저작권법 제5조 제1항). 따라서 어떤 소설을 영상으로 제작해도 된다는 허락을 받았어도, 그 소설을 각색하려면 별도로 허락받아야 하는 것이 원칙입니다. 그러나 그렇게 되면 번잡하므로 소설을 영화화하도록 허락받은 경우에는 각색하는 허락까지 받은 것으로 추정한다는 것이 제1호의 내용입니다.

다만 각색을 허락받은 것으로 추정한다고 하더라도 원저작자인 소설가의 명예를 훼손하는 결과를 초래한다면 저작인격권을 침해할 수 있다는 점을 유의해야 합니다(저작권법 제124조 제2항).

나머지 제2호에서 제6호까지도 비슷한 내용입니다. 제2호는 소설을 영화화하라고 허락받았다면, 영화를 영화관에서 공개 상영하는 것도 허락받은 것으로 추정합니다. 제3호는 영화가 TV 방송용 영화였다면 TV로 방송하는 것도 허락받은 것으로 추정합니다. 제4호는 그 영화가 유튜브처럼 인터넷 전송을 위한 영화였다면 인터넷 전송도 허락받은 것으로 추정합니다.

이처럼 복잡한 규정을 둔 이유는 영화로 만드는 것과 상영, 방송, 전송하는 것은 별개의 행위이기 때문입니다. 그러므로 원래는 따로 허락받아야 하는데 번잡하므로 영화화하는 것을 허락받았다면 상영, 방송, 전송도 허락받은 것으로 추정한다는 것입니다. 결국 저작권법 제99조는 복잡하게 해야 할 일을 간단하게 할 수 있도록 하는 규정입니다.

그러나 영화의 본래 목적과 다른 방법으로 이용하는 것은 허락받은 것으로 추정되지 않으므로 따로 허락받아야 합니다. 예를 들어 소설을 영화관 상영용 영화로 제작하도록 허락받았는데 영화관이 아니라 유튜브로 전송하려면 따로 허락받아야 합니다.

다음으로 제100조의 규정을 살펴보겠습니다. 이 규정이 영상 저작물 특례 규정의 핵심입니다. 먼저 제1항을 보겠습니다.

> **저작권법**
>
> **제100조**(영상 저작물에 대한 권리)
> ① 영상 제작자와 영상 저작물의 제작에 협력할 것을 약정한 자가 그 영상 저작물에 대하여 저작권을 취득한 경우 특약이 없는 한 그 영상 저작물의 이용을 위하여 필요한 권리는 영상 제작자가 이를 양도받은 것으로 추정한다.

이 규정이 가장 중요합니다. 영화를 제작할 때 영상 제작자는 감독이나 제작 스태프, 배우 등 수많은 이해관계자와 계약(영상 제작 계약)을 체결합니다. 그런데 계약하지 않았거나, 계약했어도 계약 내용이 불분명한 경우에 적용되는 것이 바로 제100조 제1항입니다. 이 특례 규정에 따라 영상 제작에 참여한 감독이나 제작 스태프, 배우가 갖는 저작권 중에서 영상 저작물을 이용하는 데 필요한 권리는 모두 영상 제작자에게 양도한 것으로 추정합니다.

예를 들어 A 영화사가 영화를 제작하기로 기획하고 투자를 했습니다. A 영화사는 영화감독 B를 섭외하여 영화를 제작했습니다. 영화나 드라마 같은 영상 저작물은 감독이나 PD를 저작자로 봅니다. 따라서 이 영화의 제작자는 A이고, 저작자는 B가 됩니다. A와 B는 영화 저작권에 관한 특별한 계약을 체결하지 않았습니다. 저작권은 저작자에게 있으므로 이 영화의 저작권은 원래 저작자인 B가 갖습니다. 그러나 이 특례 규정에 따라 B의 저작권 중 영화 상영을 위한 공연권이라든가 TV 방송을 위한 방송권, 유튜브 전송을 위한 전송권은 영화 제작자인 A 영화사에게 양도한 것으로 추정합니다.

첫째마당 02-3절 48쪽에서 설명했듯이 저작권은 저작재산권과 저작인격권으로 나뉩니다. 그중에서 양도할 수 있는 것은 저작재산권뿐입니다. 따라서 이 특례 규정에 따라 영상 제작자에게 양도된 것으로 추정되는 권리는 저작재산권뿐이므로 A 영화사가 영화를 이용하는 데 필요한 권리를 모두 양도받았다고 하더라도 영화감독 B의 저작인격권은 존중해 주어야 합니다. 그러므로 영화를 상영할 때 A 영화사는 영화감독 B의 이름을 자막 등에 표시해 주어야 하고, 영화의 내용을 함부로 변경해서는 안 됩니다.

영화 제작자의 영화 내용 변경 사건

법원은 "영화 제작사가 영화를 가정용 비디오물로 제작하는 과정에서 시나리오 작가 겸 연출가의 승낙을 받지 않고 선정적인 장면을 길게 삽입하는 방식으로 원래 극장에서 상영된 영화와는 다르게 제작을 하였다면 동일성유지권 침해가 성립한다"고 판시했습니다(서울지방법원 2002. 7. 9. 선고 2001가합1247 판결).

다음으로 제100조 제2항을 살펴보겠습니다.

저작권법

제100조(영상 저작물에 대한 권리)
② 영상 저작물의 제작에 사용되는 소설·각본·미술저작물 또는 음악저작물 등의 저작재산권은 제1항의 규정으로 인하여 영향을 받지 아니한다.

이 규정의 취지는, 영상 저작물의 제작에 사용한 원작 소설이나 각본 등의 문학 작품, 주제가나 배경 음악으로 사용한 음악 등의 저작권자는 저작권법 제99조에 따른 제한을 받을 뿐 그 외에는 아무런 제한 없

이 원작 소설이나 음악에 관한 저작권을 행사할 수 있다는 의미입니다. 따라서 원작 소설가와 음악가는 자기 소설을 영화 이외의 다른 방법으로 이용할 권리를 여전히 보유합니다.

저작권법 제100조 제3항은 영상 제작자와 배우(실연자) 사이의 관계를 규정해 놓았습니다.

저작권법

제100조(영상 저작물에 대한 권리)

③ 영상 제작자와 영상 저작물의 제작에 협력할 것을 약정한 실연자의 그 영상 저작물의 이용에 관한 제69조의 규정에 따른 복제권, 제70조의 규정에 따른 배포권, 제73조의 규정에 따른 방송권 및 제74조의 규정에 따른 전송권은 특약이 없는 한 영상 제작자가 이를 양도 받은 것으로 추정한다.

영화배우가 영화에 기여하는 바는 매우 큽니다. 영화배우의 명성이나 인기에 따라서 영화 흥행의 성패가 결정되는 경우가 많습니다. 그러나 저작권법은 영화배우를 저작자로 보지 않고 실연자로 인정할 뿐입니다. 영화배우는 창작자(감독)가 아니라 창작자의 지시대로 충실하게 역할을 수행하는 자에 불과하다는 인식이 있기 때문입니다. 다만 배우의 연기(실연)에도 예능과 개성이 담겨 있으므로, 저작권법은 연기자를 저작자는 아니지만 실연자라고 해서 저작인접권이라는 다소 제한된 권리를 부여합니다.

그러나 영화에 출연한 배우가 실연자로서 갖는 저작인접권은 제3항 규정에 의해 영화 제작자에게 양도한 것으로 추정합니다. 다만 그 영화의 이용과 관련하여 필요한 범위 내에서만 양도한 것으로 추정하니다. 따라서 영화의 본래적인 이용을 넘어서는 부분은 여전히 배우가 권리를 갖습니다. 예를 들어 영화에서 배우가 등장하는 한 장면을 분리하여 광고 영상이나 노래방 기기 화면, 뮤직비디오의 일부로 사용하면 영화 본래의 이용 범위를 넘어서 이용하는 경우가 되므로 제3항을 적용받지 않고 배우에게 여전히 실연자로서의 저작인접권이 있습니다. 그런 경우에는 배우로부터 따로 허락을 받아야 합니다.

판례 영화 이용 범위 관련 사건

대법원에서는 "영상 저작물 특례 규정에 의하여 영상 제작자에게 양도된 것으로 간주되는 영상 저작물의 이용에 관한 실연자의 녹음·녹화권이란 영상 저작물을 본래의 창작물로서 이용하는 데 필요한 녹음·녹화권을 말한다. …영화 상영을 목적으로 제작된 영상 저작물 중에서 특정 배우들의 실연 장면만을 모아 가라오케용 엘디(LD) 음반을 제작하는 것은, 그 영상 제작물을 본래의 창작물로서 이용하는 것이 아니라 별개의 새로운 영상 저작물을 제작하는 데 이용하는 것에 해당하므로, 영화배우들의 실연을 이와 같은 방법으로 엘디 음반에 녹화하는 권리는 구 저작권법 제75조 제3항에 의하여 영상 제작자에게 양도되는 권리의 범위에 속하지 아니한다"고 판시했습니다(대법원 1997. 6. 10. 선고 96도2856 판결).

실연자의 퍼블리시티권 사건

영화에 출연한 배우의 퍼블리시티권도 저작권법 제100조 제3항의 특례 규정과 관계없이 배우에게 있다고 보고 있습니다. 판례는 영상 저작물의 배포나 통상적인 홍보에 수반하는 필수적인 범위를 넘어서 실연자(배우)의 허락 없이 영상 장면을 이용하여 일반 광고에 사용하거나 사진집, 브로마이드, 상품 등에 임의로 이용하는 행위 등 별도의 상업적 목적으로 사용하는 경우에 대하여는 배우가 초상권, 퍼블리시티권 등을 여전히 행사할 수 있다고 판시했습니다(서울중앙지방법원 2007. 1. 31. 선고 2005가합51001 판결; 서울중앙지방법원 2007. 11. 14. 선고 2006가합106519 판결).

06-8 도형 저작물

도형 저작물이란?

도형 저작물은 지도, 도표, 설계도, 약도, 모형 그 밖의 도형 등에 사람의 사상이나 감정이 표현된 저작물을 말합니다. 설계도, 분석표, 그래프, 도해와 같이 2차원 평면적인 것도 있고 지구본, 인체 모형, 동물모형과 같이 3차원 입체적인 것도 있습니다.

도형 저작물 중에서 특히 지도나 설계도 등은 누가 작성하더라도 같거나 비슷할 수밖에 없어서 창작성이 없다고 보는 것이 많습니다. 이런 것들은 저작권 보호를 받을 수는 없지만 부정경쟁방지법과 같은 다른 법으로 보호받을 수 있습니다.

판례 3D 형태 지도 제작 사건

지도에는 종이 지도뿐만 아니라 내비게이션이나 T맵과 같이 디지털 형태 지도도 있습니다. 그런데 3D(3차원) 형태의 지도는 창작성이 없어서 저작물로 보호받을 수 없다는 판결이 있습니다.

서울중앙지방법원은 세계 주요 도시에 관한 웹 지도를 제작하면서 각 도시의 건물 등 주요 구조물을 3D 형태로 표시한 지도에 대하여 "3D 형태로 지도를 제작하는 방법은 아이디어에 불과하여 그 자체만으로는 독자적인 저작물이 될 수 없고, 이러한 표현 방식은 이미 국내외의 디지털 지도에서 널리 사용되는 표현 방법으로서 창작성을 인정할 수 없다"고 판시했습니다(서울중앙지방법원 2009. 5. 15. 선고 2008가합36201 판결). 따라서 피고가 유사한 방법으로 다른 지역의 지도를 제작한 것만으로는 저작권 침해가 되지 않습니다.

관광 지도처럼 만화나 회화적 요소를 가미한 것은 미술 저작물과 도형 저작물 양쪽 모두에 해당합니다.

 춘천시 관광 지도 사건

관광 지도와 같이 사실대로 그리지 않고 일정한 목적 아래 특정 부분을 왜곡하거나 과장, 축소하는 등 개성 있게 그린 지도는 창작성을 쉽게 인정받을 수 있습니다.

춘천시의 전경을 입체적으로 표현하는 관광 지도를 제작하면서 의도적으로 왜곡하여 시내 지역을 크게 나타내고, 원거리에 산재되어 있는 관광 명소(예: 남이섬)를 실제보다 가까운 거리에 배치함으로써 관광 명소를 한눈에 볼 수 있도록 제작한 관광 지도는 기존 관광 지도와 구별되는 창작성이 있으므로 저작물로 보호받을 수 있다고 판시했습니다(서울중앙지방법원 2005. 8. 11. 선고 2005가단2610 판결).

지도와 마찬가지로 각종 설계 도서나 모형 등도 표준이 되는 작성 방법에 따라 작성해야 하는 등 여러 가지 제약이 있으므로 작성자의 사상이나 감정을 자유롭게 표현할 수는 없습니다. 따라서 누가 하더라도 같거나 비슷하게 될 수밖에 없으므로 창작성이 부인될 수 있습니다.

 설비 제안 도면 사건

대법원에서는 지하철 화상 설비 설계도는 예술적 표현보다는 기능이나 실용적인 표현을 주된 목적으로 하는 이른바 기능적 저작물로서, 그 분야에서 사용하는 일반적인 표현 방법이나 규격, 용도, 기능 자체, 설계도를 보는 사람의 이해의 편의성 등을 고려하여 표현이 제한되는 경우가 많으므로 작성자의 창조적 개성이 드러나지 않을 가능성이 크다고 판시했습니다(대법원 2005. 1. 27. 선고 2002도965 판결).

06-9 컴퓨터 프로그램 저작물

컴퓨터 프로그램 저작물이란?

컴퓨터 프로그램 저작물은 특정한 결과를 얻기 위해서 컴퓨터 내에서
직접 또는 간접으로 사용되는 일련의 지시나 명령으로 표현되는 창작
물을 말합니다(저작권법 제2조 제16호).

컴퓨터 프로그램이 되는 조건

다음과 같은 조건을 충족하면 컴퓨터 프로그램으로 볼 수 있습니다.

① 정보 처리 능력이 있는 장치 내에서 사용할 것

통상 컴퓨터의 연산·제어(통제)·기억·입력·출력이라는 5종류의 기능
중에서 입력·출력 기능은 없더라도 연산·제어·기억의 기능만 있으면
정보 처리 능력이 있는 장치라고 할 수 있습니다. 그러한 장치 내에서
사용된다는 것은 그 장치의 통상적인 용법에 따라 사용될 수 있는 것
을 의미합니다.

② 특정한 결과를 얻을 수 있을 것

특정한 결과를 얻을 수 있다는 것은 어떠한 의미를 갖는 하나의 일을
할 수 있다는 것을 말합니다. 일의 크고 작음이나 가치의 높고 낮음은

문제되지 않습니다. 응용 프로그램이 전체로서 하나의 프로그램인 경우에 그것이 독립하여 기능할 수 있는 몇 개의 모듈이나 서브루틴으로 구성되어 있으면 이들도 프로그램에 해당하는 것으로 볼 수 있습니다.

③ 컴퓨터 내에서 직간접으로 사용되는 일련의 지시, 명령일 것

프로그램은 일련의 지시, 명령입니다. 그러므로 단 한 단계의 지시만으로는 프로그램이라고 인정될 수 없습니다. 몇 단계의 지시, 명령이 결합되어야 프로그램으로 인정할 수 있을지는 구체적이고 개별적으로 판단하여 결정해야 합니다.

또한 프로그램이란 컴퓨터 내에서 직간접으로 사용되는 것이어야 합니다. 이것은 지시나 명령이 컴퓨터에 대한 것이어야 한다는 의미입니다. 따라서 순서도(flowchart) 같은 것은 컴퓨터에 대한 지시, 명령이 아니라 사람이 알아볼 수 있도록 표시한 것이므로 프로그램이 아니고 경우에 따라 통상의 저작물로 인정될 수 있을 뿐입니다.

저작권법에서 컴퓨터 프로그램 저작물을 정의하는 "직접 또는 간접으로 사용되는 일련의 지시, 명령으로"에서 직접 또는 간접이란 프로그램이 컴퓨터 내에서 사용되는 방법은 관계가 없다는 의미로 해석할 수 있습니다. 따라서 원시 코드(source code)와 목적 코드(object code)가 모두 포함되는 것을 뜻합니다.

④ 외부에 표현될 것

이것은 일반 저작물의 성립 요건을 재확인한 것으로서, 아이디어는 보호되지 않고 아이디어의 표현이 보호 대상이라는 의미를 내포합니다.

⑤ 창작성을 가질 것

저작권법의 정의 규정에 포함되어 있지는 않지만, 저작권법의 보호 대상인 프로그램도 일반 저작물과 마찬가지로 창작성이 있어야 합니다.

저작권 보호 대상에서 제외되는 프로그램

프로그램이나 프로그램 구성 부분 중에서 다음 3가지는 저작권보호를 받을 수 없습니다. 즉, 저작권법은 프로그램을 작성할 때 사용하는 프로그램 언어, 규약, 해법은 저작권의 보호 대상에서 제외하고 있습니다(저작권법 제101조의2). 이 규정은 저작권법의 원리인 아이디어·표현 이분법을 적용한 것으로 이해되고 있습니다.

▶ 아이디어·표현 이분법은 31, 166, 389쪽을 참고하세요.

① 프로그램 언어

프로그램 언어란 프로그램을 표현하는 수단으로서의 문자, 기호 및 그 체계를 말합니다(저작권법 제101조의2 제1호). 프로그램 언어를 보호 대상에서 제외시킨 이유는 프로그래머가 공동으로 이용하는 프로그램 언어에 독점권을 인정할 경우 프로그램 간의 호환성을 확보하기 어려우며 산업 발전을 기대할 수 없기 때문입니다. 또한 프로그램 언어는 표현의 수단일 뿐 표현 그 자체는 아닙니다.

② 규약

규약이란 특정한 프로그램에서 프로그램 언어의 용법에 관한 특별한 약속을 말합니다(저작권법 제101조의2 제2호). 규약은 컴퓨터 사이의 호환성을 확보하고 데이터 교환을 쉽게 하기 위해 사용됩니다. 구체적으로는 프로그램 언어의 사용 방법을 기술한 사용 설명서, 프로그램과 시스템 분석에서 인정되는 표준 약속, 즉 프로그램과 프로그램 사이의 약속, 하드웨어와 프로그램 사이의 약속, 하드웨어와 하드웨어 사이의 약속, 그리고 네트워크 시스템에 접속하기 위한 약속 등이 이에 해당합니다.

③ 해법

해법이란 프로그램에서 지시·명령의 조합 방법을 말합니다(저작권법 제101조의2 제3호). 알고리즘, 즉 프로그램에서 특정 문제를 해결하기 위한 논리적인 순서가 여기에 해당합니다. 다만 이 규정은 프로그램의 해법 자체에 관한 저작권은 보호해 주지 않는다는 취지일 뿐, 프로그램 해법이 구체적으로 표현된 코드는 보호해 준다는 것입니다.

따라서 프로그램의 알고리즘 자체는 추상적인 아이디어로서 저작권의 보호 대상이 될 수 없으나, 알고리즘이 구체적으로 표현된 코드는 저작권 보호를 받을 수 있습니다. 다만 특정한 알고리즘의 표현 방법이 이론상 또는 사실상 하나밖에 없는 경우에는 아이디어·표현 합체의 원칙에 따라 그 표현은 보호받지 못합니다.

06-10 2차적 저작물

2차적 저작물이란?

지금까지 저작물을 표현 방식에 따라 9가지 유형으로 구분해서 살펴보았습니다. 이번에는 저작물을 작성 방법에 따라 2가지로 나눈 2차적 저작물과 편집 저작물을 자세히 알아보겠습니다. 실제 저작권과 관련된 분쟁은 이 두 저작물과 관련하여 발생하는 경우가 대부분입니다.

2차적 저작물이란 원저작물을 기초로 내면적 형식을 유지한 채 번역, 편곡, 변형, 각색, 영상 제작 그 밖의 방법으로 외면적 형식을 다르게 표현한 창작물을 말합니다. 저작자는 자신의 저작물을 원저작물로 하는 2차적 저작물을 작성하여 이용할 권리를 갖습니다(저작권법 제22조). 따라서 2차적 저작물을 만들려면 원저작자에게 허락을 받아야 합니다.

2차적 저작물이 되는 요건

2차적 저작물이 되려면 다음 3가지 요건을 갖추어야 합니다.

2차적 저작물의 3가지 요건

- 원저작물을 기초한 것이어야 해요(의거 관계).
- 원저작물에는 없는 새로운 창작성을 부가하는 실질적 변형이 있어야 해요.
- 원저작물과 실질적 유사성이 유지돼야 해요.

예를 들어 장편 만화 〈캔디〉는 원작인 소설 《캔디(A)》에 그림을 넣어 탄생한 것입니다. 소설의 내면적 형식인 스토리는 거의 같게 유지하면서 그림을 추가해 외면적 형식에 변형을 가져왔습니다. 그 과정에서 소설에 없던 그림이라는 새로운 창작성이 부가되었습니다.

또한 장편 만화 〈캔디〉가 다시 영상물인 〈들장미 소녀 캔디〉라는 만화 영화로 제작되었습니다. 만화 영화를 제작하려면 영상화 작업을 해야 하는데 그 과정에서 내면적 형식인 스토리는 역시 그대로 유지되지만 영상이라는 새로운 창작성이 부가되었으며, 정지 화면인 만화에서 동영상으로 외면적 형식이 변경되었습니다. 결국 소설, 만화, 만화 영화의 내면적 형식인 스토리는 모두 같거나 비슷하지만 외면적 형식은 글에서 그림으로, 그림에서 동영상으로 변경된 것입니다.

만화 영화 〈들장미 소녀 캔디〉
출처: 구글 이미지

만화 〈캔디〉

이때 만화는 소설의 2차적 저작물이 되고, 만화 영화는 소설과 만화의 2차적 저작물이 됩니다. 2차적 저작물 안에는 어떤 창작성이 있는지 살펴볼까요? 우선 소설에는 스토리가 있고, 만화에는 스토리와 그림이 있습니다. 만화 영화에는 스토리와 그림과 영상이 있습니다. 결국 만화는 소설의 2차적 저작물이므로 만화를 만들려면 소설가에게 허락받아야 합니다. 만화 영화는 소설과 만화의 2차적 저작물이므로 만화 영화를 만들려면 소설가와 만화가에게 모두 허락받아야 합니다. 이와 같이 2차적 저작물이 성립하려면 원저작물의 수정이나 변형이 실질적일 것, 즉 일정한 수준 이상이어야 합니다. 따라서 다음과 같이 원저작물에 새로이 추가된 기여분이 그러한 수준에 미달하면 2차적 저작물로 성립할 수 없다고 보는 것이 일반적인 해석입니다.

2차적 저작물이 아닌 경우
- 기존 악곡에서 리듬만 변형하거나 반주 베이스를 약간만 변형한 것
- 기존 서적에 단순히 새로운 페이지 매김을 한 것
- 특정한 내용을 설명하는 표를 수직 형태에서 수평 형태로 변형한 것
- 기존 지도를 이용해 지도 안에 표시될 도시만 새로이 선별하여 제작한 것
- 3차원 형상의 물품(예: 저금통) 재질을 금속에서 플라스틱으로 변경하면서 모양이 약간만 변화한 것

반면에 기존 민요에 독창적인 반주를 붙인 것, 기존 자수무늬를 채용하여 직물 디자인으로 변형시킨 것 등은 2차적 저작물로 인정하는 데 필요한 실질적인 개변이 있다고 보는 것이 일반적인 경향입니다.

2차적저작물작성권

그럼 원저작권자에게 허락받지 않으면 2차적 저작물이 될 수 없을까요? 그렇지 않습니다. 원저작권자의 허락은 2차적 저작물이 성립하기 위한 요건은 아니기 때문입니다. 다만 허락 없이 2차적 저작물을 작성한 사람은 원저작자가 갖고 있는 2차적저작물작성권을 침해한 것이 되므로 그에 따른 책임을 져야 합니다. 원저작자는 자기 허락 없이 만들어진 2차적 저작물을 이용하지 못 하도록 금지할 수도 있고 손해배상을 청 구할 수도 있습니다.

▶ 2차적저작물작성권은 49, 117, 132, 249쪽을 참고하세요.

2차적 저작물의 저작권

번역, 편곡, 변형, 각색, 영상 제작은 2차적 저작물이 만들어지는 대표적인 방법입니다. 2차적 저작물은 원작과 별개의 저작물이므로 원작의 저작권과 별도로 새로운 저작권입니다. 예를 들어 소설을 바탕으로 영화를 만들었다면 영화의 저작권은 소설의 저작권과 별개입니다. 그렇다면 〈캔디〉 만화 영화를 극장에서 상영하려면 누구한테 허락을 받아야 할까요? 소설가, 만화가, 그리고 영화 저작자 모두에게 허락받아야 합니다. 왜냐하면 영화를 상영함으로써 영화뿐만 아니라 원작인 소설과 만화까지 실질적인 감상이 이루어지기 때문입니다. 마찬가지로 영어 소설을 번역하여 출판하려면 영어 원저작자(소설)와 국내 번역자 모두에게 허락받아야 합니다.

▶ 영화는 저작권법의 '영상 저작물에 관한 특례' 규정에 따라 영상 제작자가 모든 권리를 행사할 수 있어요. 자세한 설명은 셋째마당 06-7절을 참고하세요.

📁 판례 재현 작품

원작을 그대로 재현한 작품, 특히 사진 저작물을 그림으로 복제한다든가 조각 저작물을 사진 또는 그림으로 그대로 묘사하여 복제하는 이른바 이종 복제 작품이 원작과는 별도의 2차적 저작물로서 성립할 수 있는지 여부가 종종 문제가 됩니다.

미국 제2 항소 법원에서 이러한 문제를 다룬 적이 있습니다(536 F.2d 486(2d Cir.) 1976 판결, 일명 배틀린 & 선과 스나이더 사건). 이 사건에서는 스나이더(Snyder)가 기존 저금통을 변형하여 제작한 저금통이 2차적 저작물로서 독자적인 저작권 보호를 받을 수 있는지가 문제였습니다. 원래 미국에서는 상징물인 수염 기른 노신사(Uncle Sam)의 형상으로 된 금속제 저금통이 널리 사용되어 왔습니다. 스나이더는 원저작물인 금속제 저금통의 재질을 플라스틱으로 바꾸고 모양을 약간 변형하여 원작인 금속제 저금통의 2차적 저작물로 저작권을 등록했습니다. 이에 상대방인 배틀린 & 선(Batlin & Son)에서 스나이더의 플라스틱 저금통은 기존 금속제 저금통의 사소한 변형에 불과하여 2차적 저작물로 성립할 수 없다면서 저작권 등록의 취소를 구했습니다.

두 작품을 비교해 보면, 원저작물인 금속제 저금통은 독수리가 화살을 움켜쥔 그림이 새겨진 기단 위에 중절모를 쓴 수염 기른 노신사가 우산을 들고 있는 형상입니다. 그에 비해 스나이더가 제작한 저금통은 재질이 플라스틱으로 달라진 것 외에 기단에 새겨진 독수리가 화살 대신 나뭇잎을 움켜쥐고 있으며, 원작과는 달리 노신사가 들고 있는 우산이 몸체와 붙어 있는 등 모양에 약간 차이가 있습니다.

법원은, 스나이더가 부가한 변형은 재질을 금속에서 플라스틱으로 바꾼 것뿐이고 그 외에 모양에서 약간 달라진 부분은 재질을 변경함에 따른 제작 기법의 필요에 따른 것(예를 들어 플라스틱 사출은 금속 성형에 비해 세밀하게 표현하기 어려우므로 우산을 몸체로부터 분리하여 제작하지 못하고 붙여서 제작한 것)이므로, 이는 2차적 저작물의 성립 요건인 실질적인 변형에 미치지 못하는 사소한 개변에 불과하다면서 2차적 저작물의 성립을 부정했습니다.

함께 보면 좋은
동영상 강의

06-11 편집 저작물

편집 저작물이란?

편집 저작물은 이미 존재하는 저작물 또는 기타 자료를 수집·선정·배열·조합·편집 등의 방법으로 하나의 저작물이 되도록 한 것을 말합니다. 그리고 컴퓨터 등 정보 처리장치로 검색할 수 있는 데이터베이스도 포함됩니다. 저작권법은 편집 저작물과 데이터 베이스를 다음과 같이 정의하고 있습니다.

저작권법

제2조(정의)

17. "편집물"은 저작물이나 부호, 문자, 음, 영상 그 밖의 형태의 자료의 집합물을 말하며 데이터베이스를 포함한다.
18. "편집 저작물"은 편집물로서 그 소재의 선택, 배열 또는 구성에 창작성이 있는 것을 말한다.
19. 데이터베이스는 부호, 문자, 음, 영상 그 밖의 형태의 자료(이하 소재라 한다)를 체계적으로 배열 또는 구성한 편집물로서 개별적으로 그 소재에 접근하거나 그 소재를 검색할 수 있도록 한 것을 말한다.

여러 가지 소재 중에서 특정한 소재를 선택하거나 선택된 소재를 배열·구성하는 것을 편집한다고 합니다. 편집 저작물은 편집해서 창작성이 있는 저작물을 말합니다. 즉, 여러 소재를 마구잡이로 모아 놓은 것이 아니라 나름대로 일정한 창의적인 편집 방침에 따라 소재를 취사선택하거나 배열·구성한 것이 편집 저작물입니다. 편집 저작물도

저작물이므로 창작성이 있어야 하는데, 소재의 내용이 아니라 소재를 편집하는 데 창작성이 있다는 것입니다.

백과사전, 회화집, 사전, 캘린더, 문학 전집, 판례집, 신문, 잡지, 영어 단어장, 직업별 전화번호부 등이 대표적인 편집 저작물이라고 볼 수 있습니다. 신문을 예로 들어보겠습니다. 신문에는 여러 가지 정보나 자료(소재)가 모여 있습니다. 자료 중에는 칼럼이나 사설 같이 저작물인 것도 있고, 주식 시세나 날씨 정보와 같이 저작물이 아닌 것도 있습니다. 신문을 만들려면 이런 여러 소재 중에서 같은 날짜에 실을 자료를 취사선택하고, 또한 적절하게 배열·구성하는 작업, 즉 편집을 하게 됩니다. 이때 어떻게 편집할지는 각 신문사마다 방침이 다릅니다. 각각 나름대로 독자적이고 창의적인 편집 방침에 따라 자료를 선택·배열·구성하는데, 그 편집 방침에 창작성이 있으므로 신문은 편집 저작물이 됩니다.

그럼 문학 전집은 어떨까요?《한국현대단편문학 100선집》같은 문학 전집은 한국 현대 단편 문학 중에서 출판사가 나름대로 창의적인 선정 기준에 따라 작품 100편을 뽑아 작가순 또는 연대순으로 구성·배열, 즉 편집한 것입니다. 따라서 문학 전집은 편집 저작물이 될 수 있습니다.

반면에 특별한 기준이나 방침 없이 단순히 자료를 수집해 놓기만 하면 편집 저작물이 될 수 없습니다. 또 누가 편집하더라도 같거나 비슷해진다면 창작성이 없다고 보기 때문에 편집 저작물이 될 수 없습니다. 예를 들어 고등학교 동창회 명부를 만든다면 누가 하더라도 같거나 비숫하게 완성될 것입니다. 1회 졸업생부터 올해 졸업생까지 연도별 동창생 명단을 가나다순으로 배열할 것이기 때문입니다. 이런 동창회 명부는 창작성, 즉 최소한의 개성이 없어서 편집 저작물이 될 수 없습니다. 또한 가나다순으로 이름을 기록하고 그 옆에 전화번호를 배열한 인명편 전화번호부도 창작성을 갖추고 있다고 보기 어렵습니다.

그러나 직업별 전화번호부는 다릅니다. 이런 전화번호부는 분류 기준을 세워 업종을 분류하고 독창적인 배열 기준으로 업종을 배열하여 제작합니다. 그 과정에서 개성이 발휘되므로 편집 저작물이 될 수 있습니다.

편집 저작물이 되려면 소재의 선택·배열·구성 모두 창작성이 있어야 하는 것은 아닙니다. 소재의 선택이나 배열, 구성 중에서 어느 하나에만 창작성이 있어도 편집 저작물이 될 수 있습니다.

'편집'과 '편집 저작물'은 다르다!

유튜브 영상과 같은 저작물을 제작할 때 촬영한 영상의 일부를 삭제하고 이어 붙이는 작업을 하는데 흔히 편집이라고 합니다. 음반을 제작할 때도 편집이라는 말을 씁니다. 그러나 이런 편집과 편집 저작물에서 말하는 편집은 다르다는 것을 유의해야 합니다. 이런 편집 작업을 했다고 해서 유튜브 영상이 편집 저작물이 되는 것이 아닙니다. 대부분의 유튜브 영상은 그냥 일반 영상 저작물입니다. 이때 편집은 소재를 선택·구성·배열하는 것이라기보다는 저작물을 완성해 가는 과정에서 수정·보완하는 작업으로 봐야 하기 때문입니다.

다만 유튜브 영상 중에는 특정 영상을 여러 개 모아 놓은 영상 모음이 있는데, 이렇게 모아 놓은 전체가 하나의 편집 저작물이 될 수 있습니다. 예를 들어 세바시('세상을 바꾸는 시간 15분'의 줄임말)라는 TV 프로그램에서 방영한 많은 영상물 중에서 인문학에 관한 영상물만 50개 모아 놓은 영상 모음은 편집 저작물이 될 수 있습니다. 그러나 특별한 규칙 없이 세바시 영상물 전부를 그냥 날짜순으로만 모아 놓은 영상 모음은 누가 하더라도 같거나 비슷해질 수밖에 없으므로, 다시 말해 최소한의 개성이 없으므로 편집 저작물이 될 수 없습니다.

기업이나 단체, 또는 개인 사업자의 홈페이지는 기업이나 단체 소개, 인사말, 연혁, 생산·판매하는 제품과 서비스에 관한 설명, 연락처, 이용자를 위한 게시판 등 다양한 항목으로 구성됩니다. 이런 홈페이지도 편집 저작물이 될 수 있을까요? 얼마나 개성 있게 구성했느냐에 따라 편집 저작물이 될 수도 있고 그렇지 않을 수도 있습니다.

 홈페이지의 저작물성에 대한 서로 다른 판결

법원에서 "A 홈페이지에 게시된 상품 정보 등의 구성 형식이나 배열, 서비스 메뉴의 구성 등은 구성 형식, 소재의 선택이나 배열에 창작성이 있어서 편집 저작물로 볼 수 있고, 다른 사람이 이것을 무단 복제하여 자기 웹 사이트에 올리거나 회원에게 이메일로 전송하면 편집 저작물인 홈페이지의 저작권 침해가 된다"고 판시한 사례가 있습니다(서울지방법원 2003. 8. 19. 선고 2003카합1713 판결).

반면에 B 홈페이지의 레이아웃이나 메뉴 구성, 콘텐츠 구성 등은 아이디어에 불과하거나 같은 업종에 있는 다른 업체의 홈페이지에서도 유사한 형태로 구성되어 있는 것이라고 하여 편집 저작물이 아니라고 판시한 사례도 있습니다(서울중앙지방법원 2006. 12. 14. 선고 2005가합101611 판결).

결국 홈페이지가 편집 저작물이 될 수 있는지는 소재의 선택, 배열 또는 구성에 창작성이 있는지 여부에 따라 결정된다고 볼 수 있습니다.

일반 저작권과 편집 저작물의 저작권

저작권법은 편집 저작물을 "독자적인 저작물로서 보호된다"고 규정하고 있습니다(제6조 제1항). 그 의미는 여러 가지 소재를 모아서 편집 저작물을 작성했을 때 소재가 저작물로서 보호를 받든 받지 못하든 관계없이, 소재와는 별개로 모아 놓은 편집물 자체가 전체로서 하나의 저작물로 보호된다는 의미입니다. 예를 들어 신문은 여러 개의 저작물(칼럼이나 사설 등)과 비저작물(주식 시세 등 단순한 각종 정보)로 이루어지는데, 소재인 칼럼이나 사설, 정보와는 별개로 신문 전체가 하나의 저작물로 보호되는 것입니다.

주의할 것은 편집 저작물의 저작권은 일반 저작물의 저작권과 성격이 다르다는 점입니다. 편집 저작물은 소재의 선택·배열·구성에 창작성이 있는 저작물이기 때문에 저작권도 소재의 선택·배열·구성 그 자체, 즉 창작성 있는 편집 방침에만 미칩니다. 소재 자체에는 편집 저작물에 저작권이 미치지 않는다는 점을 주의해야 합니다.

예를 들어 A가 세바시 프로그램 중 인문학 강연 프로그램 중에서 조회 수가 높았던 50개를 자기 나름대로 기준을 세워서 선별하여 구성한 영상 모음을 제작하여 유튜브에 올렸다면, 이런 영상 모음도 편집 저작물이 될 수 있습니다. 그러나 영상 모음의 저작권은 그렇게 구성한 편집 방침에만 미칩니다.

따라서 B가 똑같은 세바시 영상 50개를 같은 순서로 구성해 영상 모음을 제작하면 A의 저작권을 침해한 것이 됩니다. 그러나 A가 영상 모음에 들어 있는 각 영상의 저작권까지 갖는 것은 아닙니다. 각 영상의 저작권은 제작자나 방송사에게 있기 때문입니다. 따라서 B가 A와 다른 방식, 예를 들어 인문학이 아니라 〈논어〉, 〈맹자〉 등 중국 고전을 기준으로 선별한 영상 모음을 제작했는데, 그중에서 같은 강의 한두 개가 A의 영상 모음에 있다고 해서 A의 저작권을 침해했다고 주장할 수는 없습니다.

데이터베이스

편집 저작물과 구별해야 하는 것으로 데이터베이스가 있습니다. 편집 저작물은 편집 방침에 창작성이 있어야 하지만, 데이터베이스는 창작성이 없어도 됩니다. 창작성은 없더라도 소재를 일정한 규칙에 따라 모아 놓아서 검색할 수 있게 했다면 데이터베이스가 될 수 있습니다. 따라서 동창회 명부 같은 것은 누가 하더라도 같거나 비슷하게 만들 수밖에 없어서 편집 저작물은 될 수 없지만 검색할 수 있으므로 데이터베이스는 될 수 있습니다.

데이터베이스는 창작성이 없어도 되므로 저작물이 아닌 경우가 많습니다. 그래서 데이터베이스에서는 저작자 개념이 없고, 데이터베이스를 제작하는 데 투자한 사람을 데이터베이스 제작자라고 해서 그 사람이 권리를 가질 수 있습니다. 데이터베이스 제작자는 데이터베이스를 함부로 복제하거나 배포·방송·전송하는 것을 금지할 권리를 갖습니다(저작권법 제93조 제1항).

저작자의 인격을 보호해요
ㅡ 저작인격권

지식재산권의 하나인 저작권은 크게 저작인격권, 저작재산권, 저작인접권으로 구분됩니다. 저작인격권이란 저작자가 자신의 저작물에 대하여 가지는 인격적 권리를 말합니다. 저작인격권에는 공표권, 성명표시권, 동일성유지권이 있습니다. 저작인격권의 개념 설명과 '함께 읽는 판례'를 통해 저작자의 다양한 권리를 살펴보겠습니다.

07-1 • 저작인격권이란?

07-2 • 공표권 ㅡ 저작물을 공표할 수 있는 권리

07-3 • 성명표시권 ㅡ 저작물에 이름을 표시할 수 있는 권리

07-4 • 동일성유지권 ㅡ 저작물의 변경(변형)을 막을 수 있는 권리

함께 보면 좋은
동영상 강의

07-1 저작인격권이란?

저작인격권(저작권법 제2장 제3절)은 저작자가 자신의 저작물에 대하여 가지는 인격적 권리를 말합니다. 인격권은 원래 사람에게만 주어지는 권리입니다. 사람 이외에는 오직 하나, 저작물만 인격권을 갖습니다. 그래서 저작인격권은 매우 특별합니다.

"글은 곧 사람이다"라는 말을 들어 본 적이 있지요? 글에서 그 사람의 정신적, 인격적인 면을 평가받기 때문에 하는 말입니다. 이처럼 우리는 작품을 통해서 작가의 인격적인 면을 평가하는 경우가 많습니다. "저렇게 감동적인 영화를 만드는 것을 보니, 저 감독은 마음이 매우 따뜻할 거야"라든가, "저렇게 저질스러운 동영상을 만들다니, 저질스러운 사람이네" 이런 식으로 말이지요. 그래서 저작자와는 별도로 그의 작품에도 인격권을 인정해 주는 것이 저작인격권입니다.

저작물도 특허, 상표, 디자인과 함께 지적 재산(IP: intellectual property)에 속하지만 특허인격권, 상표인격권, 디자인인격권 같은 것은 없습니다. 오직 저작물에만 인격권이 존재합니다. 저작인격권에는 공표권, 성명표시권, 동일성유지권이 있습니다. 이런 저작인격권은 오직 저작자만이 갖습니다.

이와 달리 저작재산권은 제3자에게 양도할 수가 있습니다. 원래는 저작자에게 저작재산권이 있지만, 양도하면 그때부터는 양도받은 사람이 저작재산권자가 됩니다. 그러나 저작인격권은 양도할 수 없습니다. 오직 저작자만이 저작인격권을 가지며, 다른 사람에게 이전할 수도 없고 상속도 안 됩니다. 그래서 저작자가 사망하면 저작인격권은 그냥 소멸할 뿐입니다. 저작인격권의 이런 성질을 **일신 전속성**이라고 합니다. 저작인격권은 저작자 한 사람에게만 전속한다는 의미입니다.

07-2 공표권 — 저작물을 공표할 수 있는 권리

공표권은 저작자가 자신의 저작물을 공표할 것인지, 공표한다면 언제 어떤 방법으로 공표할 것인지를 선택할 수 있는 권리입니다. 공표권은 아직 공표되지 않은 저작물에 적용됩니다. 저작권법 제11조는 공표권을 다음과 같이 규정하고 있습니다.

> **저작권법**
>
> **제11조(공표권)**
> ① 저작자는 그의 저작물을 공표하거나 공표하지 아니할 것을 결정할 권리를 가진다.

저작물이 공표되면 허락받지 않고 공표되었더라도 저작물의 공표권은 소멸된다고 봅니다. 그러나 이에 반대하는 견해도 있습니다. 단, 저작자의 허락을 받지 않고 공표하면 공표권을 침해한 책임을 져야 합니다. 예를 들어 시인이 시를 썼다면 책으로 출판할 것인지, 블로그에 올릴 것인지, 동영상으로 낭송할 것인지 등은 시인만이 결정할 수 있습니다. 저작자인 시인이 아직 시를 공표하지 않았는데, 다른 사람이 시인의 허락도 받지 않고 블로그에 올리면 공표권을 침해하는 것이 됩니다.

▶ 공표권은 성명표시권과 밀접하게 관련되어 있어요. 성명표시권은 셋째마당 07-3절을 참고하세요.

작가가 작품을 창작했지만 아직 공개할 정도는 아니어서 좀 더 다듬은 후 공표해야겠다고 생각하는 경우도 있고, 또 일기장이나 습작 노트에 써놓은 수준이어서 다른 사람에게 공개하기가 부끄러워 영원히 공개하지 않는 경우도 있습니다. 이런 상황에서 다른 사람이 작가의 의사도 묻지 않고 블로그나 게시판에 작품을 공개하면 세상의 평가를 받게 되겠지요? 그리고 이러한 평가는 작가의 인격을 평가하는 것으로 이어지기도 합니다. 그러므로 작품을 공개할지, 그리고 공개한다면 언제 어떤 방법으로 할 것인지는 오로지 저작자만이 결정할 수 있도록 해야 합니다. 이것이 저작권에 공표권을 둔 취지입니다.

토플이나 토익 시험을 치른 사람이 시험 문제를 공개하면 공표권 침해인지 논란이 있습니다. 이런 시험 문제는 수험생에게는 이미 공개되었으므로 미공표 저작물이라고 보기 어렵습니다. 그러나 시험을 주관하는 기관에서는 수험생에게 시험 문제를 외부에 공개하지 않겠다고 사전 동의를 받는데, 이런 경우에는 어떻게 볼 것인지 모호합니다. 또 극적인 반전이 일어나는 영화의 관객이나 오디션 프로그램의 방청객에게 결말을 발설하지 않도록 서약을 받는 경우가 있는데, 이런 서약을 위반하고 결말을 공개하면 공표권 침해가 될까요? 아직 사례는 없지만 한번 생각해 볼 문제입니다.

미공표 저작물에 대한 공표

저작권법 제11조 제2항을 보면 저작자가 미공표 저작물의 저작재산권을 양도하거나 저작물의 이용을 허락한 경우에는 상대방에게 저작물의 공표를 동의한 것으로 추정한다고 규정하고 있습니다. "저작자가 일단 저작물의 공표에 동의하였거나 저작물의 이용을 허락함으로써 공표에 동의한 것으로 추정되는 이상 비록 그 저작물이 완전히 공표되지 않았다 하더라도 그 동의를 번복하고 이를 철회할 수는 없다"고 판시했습니다(대법원 2000. 6. 14.자 99마7466 결정).

07-3 성명표시권
― 저작물에 이름을 표시할 수 있는 권리

저작자가 작품을 공표하는데, 아직 세간의 평가를 받기에는 미흡하다고 생각하면 가명 또는 무명으로 공표할 수 있습니다. 그런데 작품 이용자가 저작자의 의사를 무시하고 본명을 밝히면 저작자는 의도하지 않게 평가를 받게 됩니다. 이를 막기 위해 저작권법은 다음과 같이 성명표시권을 규정하고 있습니다.

> **저작권법**
>
> **제12조**(성명표시권)
> ① 저작자는 저작물의 원본이나 그 복제물에 또는 저작물의 공표 매체에 그의 실명 또는 이명을 표시할 권리를 가진다.
> ② 저작물을 이용하는 자는 그 저작자의 특별한 의사 표시가 없는 때에는 저작자가 그의 실명 또는 이명을 표시한 바에 따라 이를 표시하여야 한다. 다만 저작물의 성질이나 그 이용의 목적 및 형태 등에 비추어 부득이하다고 인정되는 경우에는 그러하지 아니하다.

그러므로 다른 사람의 저작물을 이용할 때에는 저작자가 원하는 대로 표시해 주어야 합니다. 저작자가 본명을 썼는데 본명을 지우거나, 다른 이름을 쓴다거나, 가명이나 무명으로 공표하려 했는데 함부로 본명을 밝히면 모두 성명표시권 침해가 됩니다.

다른 사람의 작품을 마치 자기 작품인 것처럼 공표하는 것을 흔히 표절이라고 합니다. 표절을 하면 성명표시권 침해가 될 가능성이 매우 큽니다. 다른 사람의 작품에 저작자의 이름이 아니라 자기 이름을 표시하기 때문입니다. ▶ 표절은 438쪽을 참고하세요.

다만 "저작물의 성질이나 그 이용의 목적 및 형태 등에 비추어 부득이하다고 인정되는 경우"에는 성명 표시를 생략해도 된다고 규정하고 있습니다. 예를 들어 백화점 매장이나 화랑, 레스토랑, 호텔 로비 같은 곳에서는 분위기를 살리기 위해 음악을 은은하게 틀어 놓는 경우가 많습니다. 그때 음악 한 곡이 끝날 때마다 누가 작사가·작곡가 이름을 방송해야 한다면 어색할 것입니다. 그래서 이런 부득이한 경우에는 성명 표시를 생략할 수 있도록 해준 것입니다.

판례 윤정아 사건

교육부가 초등학교 3학년 2학기 국어 교과서에 산문 제목과 지은이 이름을 바꾸어 실어 문제가 된 사건입니다. 초등학교 6학년인 윤정아가 창작한 산문 제목 '내가 찾을 할아버지의 고향'을 '찾아야 할 고향'으로 고치고, 지은이를 3학년 4반 황정아라고 성을 바꾼 사건입니다.

법원은 저작자의 동의나 승낙 없이 성명을 표시하지 않았거나 가공의 이름을 표시하여 저작물을 무단 복제하는 것은 성명표시권의 침해에 해당한다고 판시했습니다.

가공의 이름인 황정아로 표시한 이유가 어린이의 실명을 공개하는 것이 바람직하지 못하다는 교육 정책의 목적 때문이었다고 하더라도, 그러한 사정만으로는 저작자가 창작자임을 주장할 수 있는 성명표시권을 침해할 정당한 사유가 되지 않는다는 것입니다(대법원 1989. 10. 24. 선고 88다카29269 판결).

함께 보면 좋은
동영상 강의

07-4 동일성유지권
― 저작물의 변경(변형)을 막을 수 있는 권리

동일성유지권이란?

저작권법 제13조에서 "저작자는 그의 저작물의 내용, 형식 및 제호의 동일성을 유지할 권리를 가진다"고 규정하고 있습니다. 이것이 동일성유지권입니다. 저작인격권 중에서 가장 중요하면서도 문제가 많이 일어나는 권리이니 잘 알아 두어야 합니다. 그러므로 다른 사람의 저작물을 이용할 때에는 내용이나 형식, 제호(제목)를 함부로 변경해서는 안 됩니다. 단순한 오류나 오탈자를 수정한다거나 문법적으로 맞지 않는 부분을 고치는 정도로는 동일성에 손상이 없으므로 동일성유지권을 침해한 것이 아닙니다. 그러나 작가가 일부러 문법에 맞지 않게 틀린 표현을 사용하는 경우도 있는데, 이때 작가에게 허락을 받지 않고 수정하면 동일성유지권 침해가 성립됩니다.

인터넷 블로그 소설을 쓰는 작가를 사례로 들어 설명해 보겠습니다. 이 작가의 인터넷 소설이 유명해지자 한 출판사에서 오프라인으로 책을 내보자고 제의하여 출판하게 되었습니다. 인터넷 소설에서는 문법에 맞지 않게 오류가 난 것처럼 표현한 것을 흔히 볼 수 있는데 이 작가의 소설에도 적지 않았습니다. 그중에 말을 생략할 때 쓰는 점 6개 줄임

함께 보면 좋은
동영상 강의

표(……)를 이용해 한 페이지 가득 찍어 표현한 부분이 있는데, 출판사 교정자가 이 부분을 맞춤법에 맞게 점 6개로 수정한 것입니다. 그러자 작가는 자기가 일부러 맞춤법과 다르게 표현했는데 허락도 받지 않고 수정한 것은 동일성유지권을 침해한 것이라면서 한국저작권위원회에 분쟁 조정을 신청했습니다.

작가는 그냥 말이 없는 정도가 아니라 지극히 말이 없는 상황을 표현하려고 일부러 점을 한 페이지 가득 찍어 놓았다고 합니다. 그런데 그것도 모르고 점 6개로 수정한 것은 자신의 의도를 왜곡하고 작품의 동일성을 손상시킨 행위라고 주장했습니다. 아닌 게 아니라 점을 한 페이지 가득 찍어 놓고 보니 그냥 말이 없는 정도가 아니라 지극히 말이 없는 상황이라는 것이 시각적으로도 느껴지기는 합니다. 결국 출판사에서 사과를 하고 작가가 원하는 대로 사후 조치를 취하는 것으로 결론이 내려졌습니다.

유튜브에서는 자기 계발 서적 등을 요약해 주거나 신문 기사를 편집해서 알려 주는 동영상 콘텐츠를 볼 수 있습니다. 이때 잘못 요약하거나 편집하면 동일성유지권을 침해할 수 있으니 주의해야 합니다. 또 대중가요를 부르는 영상을 촬영하여 유튜브에 올리는 경우도 많습니다. 이때 자기 나름대로 독창성과 개성을 발휘하기 위해 대중가요 원곡을 지나치게 변형해서 부르면 동일성유지권을 침해할 수 있습니다. 요즘 인기를 끌고 있는 오디션 프로그램에서는 개성을 발휘하기 위해 기존 대중가요를 크게 변형해서 부르는 경우가 많습니다. 이런 경우 미리 대중가요의 작사가·작곡가에게 개작과 편곡을 할 수 있도록 사전 동의를 받아야 합니다.

동일성유지권 침해가 성립되는 조건

특이한 것은, 동일성유지권 침해가 성립되려면 변경해도 원래 저작물의 본질적 특징은 유지하고 있어야 한다는 것입니다. 변경한 정도가 심해서 원저작물의 본질적 특징을 아예 느낄 수 없을 정도가 되면, 동일성유지권을 침해한 것이 아니라 아예 완전히 새로운 작품을 만든 것으로 보기 때문입니다.

이와 관련하여 미술의 표현 양식인 콜라주를 예로 들 수 있습니다. 콜라주는 사진이나 그림에서 필요한 부분이나 조각을 오려 붙여 재구성하는 기법입니다. 잡지책 화보 사진 한 장을 잘게 찢어서 콜라주 작품을 만들면 원래 있던 화보 사진의 본질적 특징은 느낄 수 없게 됩니다. 이렇게 되면 콜라주 작품은 화보 사진을 변형한 작품이 아니라 아예 새로운 작품이 되는 것입니다. 따라서 화보 사진을 이용해 만들었지만 화보 사진의 동일성유지권을 침해한 것은 아닙니다.

앞에서 번역, 편곡, 변형, 각색, 영상화 등의 방법으로 원래 작품을 변형하여 만든 작품을 2차적 저작물이라고 했지요? 그럼 2차적 저작물을 만들면 동일성유지권을 침해한 걸까요? 이것도 매우 중요한 문제입니다. 예를 들어 소설 《토지》를 영어로 번역하거나 영화로 만들면 당연히 원작 소설을 어느 정도 변형하게 됩니다. 그렇다면 이런 번역물이나 영상화를 통해 2차적 저작물을 작성하면 동일성유지권을 침해하는 걸까요? 물론 원저작자로부터 번역이나 영상화를 해도 된다는 허락을 받았다면, 번역 또는 영상화하는 범위 내에서 변형해도 **좋**다는 것이므로 크게 문제되지 않습니다. 그런데 허락을 받지 않고 번역이나 영상화를 했다면 동일성유지권 침해가 성립하는 것인가의 문제입니다. 이 문제의 분명한 해답은 아직 나오지 않았습니다. 법원의 판례도 이 문제에 관해서는 오락가락 하고 있습니다. 동일성유지권 침해가 된다는 판결도 있고, 그렇지 않다는 판결도 있습니다.

'가요 고독 사건'은 동일성유지권 침해를 인정한 판결입니다. 방송사에서 〈가요 드라마〉라는 단막극을 방영하면서 원작곡자의 동의 없이 〈고독〉이라는 가요곡을 편곡한 후 아코디언과 전자 오르간 등의 악기와 휘파람, 콧노래 등으로 연주해서 드라마의 주제 음악과 배경 음악으로 이용한 사건입니다. 이 사건에서 법원은 〈가요 드라마〉가 가요 〈고독〉의 동일성을 침해했다고 판결했습니다.

반면에 '돌아와요 부산항에 사건'은 동일성유지권 침해가 성립하지 않는다고 판결했습니다(서울서부지방법원 2006. 3. 17. 선고 2004가합4676 판결). 가수 조용필이 불러서 국민가요가 된 〈돌아와요 부산항에〉는 원래 〈돌아와요 충무항에〉라는 가요의 가사 부분을 변형한 2차적 저작물입니다. 이 판결에서는 허락 없이 2차적 저작물을 작성한 것만 저작권 침해로 인정하고 동일성유지권 침해는 인정하지 않았습니다. 인터넷 뉴스 기사에 따르면 1심 판결 이후에 원작자와 침해자 사이에 배상금 2억 원을 물어 주고 합의가 이루어졌다고 합니다. 어쨌든 이렇게 판결이 엇갈리니 업계에서는 혼란스러울 수밖에 없습니다. 어느 쪽이든 분명한 기준을 마련해서 조속히 해결해야 할 문제입니다.

지금까지 내용을 요약하면, 동일성에 손상이 없을 정도의 사소한 변형, 예를 들어 단순한 오탈자를 수정한 정도로는 동일성유지권 침해가 성립하지 않습니다. 반면에 치나치게 변경해서 원래 작품의 본질적 특징까지 사라져 버리는 정도에 이르면 그때에는 아예 새로운 작품이 되어 버리기 때문에 역시 동일성유지권을 침해한 것이 아닙니다.

성명표시권의 경우와 마찬가지로 부득이한 경우 변경해도 동일성유지권 침해가 성립하지 않을 수 있습니다. 예를 들어 컬러 사진을 흑백 서적에 실으면 부득이 흑백으로 인쇄될 수밖에 없습니다. 이런 부득이한 경우에는 동일성유지권 침해는 성립하지 않습니다. 그러나 다른 사람이 제작한 영상물을 유튜브 영상으로 제작하면서 상영 시간을 줄이기 위해 일부 내용을 삭제·편집하는 것은 부득이한 경우라고 볼 수 없습니다. 이런 경우에는 사전에 허락을 받는 것이 안전합니다.

📒 **판례** **동요 음표 변경 사건**

일명 '올챙이송'의 창작자와 계약을 맺고 동요 비디오물을 만들면서 창작자의 성명을 표시하지 않고, 그의 다른 동요 '손발 체조'를 비디오물과 CD에 수록하면서 원곡에는 '미'로 되어 있는 8분음표 하나를 '라'로 바꾼 사건입니다.

법원은 "음표 하나가 바뀐 동요 '손발 체조'는 가사가 있는 부분이 12마디밖에 되지 않는 아주 짧은 곡일뿐만 아니라, 음 하나만 바뀌어도 곡 전체 분위기에 상당한 영향을 미칠 수 있는 점을 고려할 때 원고의 저작물에 관한 동일성유지권이 침해된 것이다"라고 판시했습니다. 이 사건에서 피고는 일반적으로 유아용 비디오물에는 원저작자의 성명을 표시하지 않는 것이 업계의 관행이라고 주장했는데, 법원은 그것이 업계의 공정한 관행이라고 보기는 어렵다고 하여 성명표시권의 침해 역시 인정했습니다(서울 중앙지방법원 2007. 7. 23. 판결).

08

저작자의 이익을 보호해요
― 저작재산권

저작재산권이란 저작물을 일정한 방식으로 이용함으로써 발생하는 재산적 이익을
보호하는 권리입니다. 저작재산권은 복제권, 공연권, 공중송신권, 전시권, 배포권, 대
여권, 2차적저작물작성권의 7가지 권리로 구성됩니다. 저작재산권의 개념 설명과
'함께 읽는 판례'를 통해 저작자의 다양한 권리를 살펴보겠습니다.

08-1 저작재산권이란?

저작재산권은 저작물을 일정한 방식으로 이용함으로써 발생하는 재산적 이익을 보호하는 권리입니다(저작권법 제2장 제4절). 저작재산권은 복제권, 공연권, 공중송신권, 전시권, 배포권, 대여권, 2차적저작물작성권의 7가지 권리로 구성되어 있습니다. 그중 공중송신권은 다시 전송권, 방송권, 디지털음성송신권으로 나뉩니다.

저작재산권은 저작인격권과 달리 다른 사람에게 양도하거나 상속할 수 있습니다. 저작재산권을 양도하거나 상속하면 그때부터 저작재산권자가 바뀌고, 저작자와 저작재산권자가 서로 달라질 수 있습니다. 따라서 저작권과 관련하여 계약할 경우에는 누구와 계약을 체결해야 하는지 확실히 알아봐야 합니다. 또 계약서에도 저작자와 저작재산권자를 분명히 구분하여 기재해야 안전합니다.

저작재산권을 양도할 때는 전체를 양도할 수도 있지만, 7가지 권리를 각각 개별로 양도할 수도 있습니다. 예를 들어 복제권과 배포권은 A에게, 공연권은 B에게, 영상화 등 2차적저작물작성권은 C에게 따로따로 양도할 수 있습니다.

또한 7가지 권리 중 하나의 권리도 다시 세분해서 지역이나 기간을 구분하여 양도하거나 이용을 허락할 수 있습니다. 예를 들어 어떤 뮤지컬 공연권을 양도할 때 국내 공연권은 A에게, 일본 공연권은 B에게, 미국 공연권은 C에게 각각 나누어 처분할 수 있습니다. 그러므로 라이선스 계약과 같은 저작권 계약을 체결할 때는 이런 부분까지 세심하게 주의를 기울여야 합니다.

유튜브에 동영상을 올릴 때 조심해야 할 저작재산권

뮤지컬을 영상으로 찍어 유튜브에 올리려면 복제권과 전송권을 누가 가지고 있는지 확인해서 그 사람과 계약을 체결해야 합니다. 만약 두 사람이 복제권과 전송권을 각각 나누어 가졌다면 두 사람과 각각 계약을 체결해야 합니다. 영상으로 촬영(녹화)하는 것은 복제가 되고, 유튜브에 올리는 것은 전송이 되기 때문입니다. 이런 부분을 잘못 처리했다가는 크게 낭패를 볼 수 있습니다. 만약 복제와 전송은 허락받지 않고 공연 허락만 받는다면 로열티(사용료)를 다 지불하고도 저작권 침해자로 몰려 애써 녹화한 영상을 사용하지 못할 수도 있습니다. 그뿐만 아니라 막대한 손해배상 책임을 지는 것은 물론이고 전과자가 되고 벌금까지 내야 할 수도 있습니다.

함께 보면 좋은
동영상 강의

08-2 복제권 — 똑같이 복제할 수 있는 권리

저작권을 영어로 카피라이트(copyright)라고 하는 것에서 알 수 있듯이, 복제권은 저작재산권 중에서 가장 기본이 되는 권리입니다. 복제란 "인쇄·사진 촬영·복사·녹음·녹화 그 밖의 방법으로 일시적 또는 영구적으로 유형물에 고정하거나 유형물로 다시 제작하는 것"을 말합니다(저작권법 제2조 제22호). 소설이나 시를 인쇄하는 것, 그림이나 조각품을 사진 촬영하는 것, 논문을 복사하는 것, 강의나 노래를 녹음하는 것, 뮤지컬이나 오페라를 녹화하는 것 등이 여기에 해당합니다. 원래 모든 저작물은 무체물입니다. 즉, 형체가 없습니다. 소설이나 음악, 미술, 영상 등 이런 모든 저작물은 다 무체물입니다. 무체물인 저작물을 인쇄·사진 촬영·복사·녹음·녹화 그 밖의 방법으로 복제하면 유형물이 생깁니다. 저작물은 무체물이므로 어떤 형태로든 고정시켜 유형물로 만들면 저작물을 인식하고 감상하기에 매우 편리합니다. 그러므로 복제는 저작물의 이용과 감상을 하는 데 필요한 행위이고, 그런 만큼 저작재산권 중에서도 가장 기본이 되는 권리입니다.

 미술 저작물, 사진 저작물, 건축 저작물도 무형물이에요

미술 저작물, 사진 저작물, 건축 저작물은 처음부터 캔버스, 인화지, 건물 등 유형물에 고정되어 표현됩니다. 유형물에 고정되지 않은 상태로는 표현할 방법이 없기 때문에 유형물이라고 생각할 수 있지만 원칙적으로는 무형물입니다.

흔히 소설책이나 만화책, 음악 CD, 영화 DVD 같은 유형물을 저작물이라고 알고 있습니다. 그러나 정확히 말하면 책이나 CD, DVD는 저작물이 아니라 저작물을 복제한 유형물, 즉 복제물입니다.

복제는 영구적으로 고정하는 것뿐만 아니라 일시적으로 고정하는 것도 해당합니다. 이 부분도 주의해야 합니다. 이것은 주로 스트리밍 서비스를 염두에 두고, 그것까지 복제로 본다는 의미입니다. 따라서 인터넷으로 스트리밍 서비스를 제공하려면 저작재산권자로부터 전송을 허락받는 것은 물론이고, 복제해도 된다는 허락도 받아야 합니다.

▶ 스트리밍 방식은 '음성이나 영상 등을 인터넷에서 내려받아 따로 저장하지 않고 실시간으로 재생하는 기술'이라고 알려져 있지만, 사실은 일시적인 저장에 해당합니다. 그러므로 재생되고 나면 잠시 후에 저장된 파일이 사라져서 재생할 수가 없습니다.

📑 인터넷의 링크 관련 사건

인터넷에서 링크(link)가 복제에 해당하는지 논란이 있는데, 대법원 판례는 아직까지는 이를 부정하고 있습니다. 대법원은 "인터넷에서 이용자들이 접속하고자 하는 웹 페이지로 쉽게 이동할 수 있게 하는 기술을 의미하는 인터넷 링크는 링크하고자 하는 저작물의 웹 위치 정보 내지 경로를 나타낸 것에 불과하고, 유형물에 고정하거나 유형물로 다시 제작하는 것이 아니므로 복제에 해당하지 않는다"고 판시했습니다(대법원 2009. 11. 26. 선고 2008다 77405 판결; 대법원 2010. 3. 11. 선고 2009 다4343 판결).

데스크톱(PC) 환경뿐만 아니라 모바일 기기에서 실행되는 응용 프로그램인 애플리케이션, 즉 일명 앱(app)의 경우도 마찬가지입니다. 대법원은 "인터넷 링크를 하는 행위는 저작권법상 복제, 전시 또는 2차적 저작물 작성에 해당하지 않으며, 이는 모바일 애플리케이션에서 인터넷 링크와 유사하게 제3자가 관리·운영하는 모바일 웹 페이지로 이동하도록 연결하는 경우에도 마찬가지이다"라고 판시했습니다(대법원 2016. 5. 26. 선고 2015도16701 판결). 그러나 이에 반대하는 취지의 고등법원 판결도 있으므로 주의해야 합니다(서울고등법원 2017. 3. 30. 선고 2016나2087313 판결).

08-3 공연권
— 상연·연주·가창·상영·재생할 수 있는 권리

저작권법은 공연의 의미를 "저작물 또는 실연·음반·방송을 상연·연주·가창·구연·낭독·상영·재생 그 밖의 방법으로 공중에게 공개하는 것을 말하며, 동일인의 점유에 속하는 연결된 장소 안에서 이루어지는 송신(전송을 제외한다)을 포함한다"고 정의했습니다(저작권법 제2조 제3호). 사실 공연은 저작권법에서 가장 복잡하고 난해한 개념입니다. 그러나 이 정의를 하나하나 풀어 보면 그리 어렵지 않다는 것을 느낄 것입니다.

함께 보면 좋은
동영상 강의

① 공연은 저작물은 물론이고 실연·음반·방송도 재생하는 방법으로 이루어질 수 있어요

연극과 같은 저작물은 물론이고 가수의 노래나 연주, 배우의 연기 같은 실연도 공연의 대상이 됩니다. 또 이들의 노래 연주나 연기를 녹음한 음반, 녹화한 방송을 재생하는 방법으로도 공연은 이루어질 수 있습니다.

따라서 A가 작곡한 가요를 B가 노래하고 C가 음반에 녹음하여 대중 앞에서 틀어 주면 A의 가요(저작물)와 B의 노래(실연)와 C의 음반에 대한 공연이 각각 이루어지는 셈입니다. 이런 음반을 대중 앞에서 틀어 주려면 원칙적으로는 A, B, C 모두에게 각각 허락받아야 합니다. 다만 저작권법은 이런 경우 공연 허락은 A로부터만 받으면 되고, B와 C는 허락받지 않아도 되지만 보상금은 지급하도록 하고 있습니다(저작권법 제17조, 제76조의2, 제83조의2).

② 공연은 상연·연주·가창·구연·낭독·상영·재생 그 밖의 방법으로 이루어져요

상연과 상영은 어떻게 구별될까요? 무대에서 직접 관객에게 보여 주는 것이 **상연**이고, 기계나 전자 장치 등으로 녹화물을 재생해서 보여 주는 것이 **상영**입니다. 중요한 것은 재생(상영)도 공연에 해당한다는 것입니다. 즉, 노래나 연주, 연기를 직접 하든, 음반이나 DVD 같은 것을 재생하든 모두 공연에 해당합니다.

③ 공중에게 공개하는 것이어야 해요

단, 혼자서 또는 가족이나 친구 몇 명 앞에서 노래를 부르는 것은 공연이 아닙니다. 공연은 영어로 퍼블릭 퍼포먼스(public performance)라고 합니다. 이처럼 프라이빗(private, 개인의)이 아니라 퍼블릭(public, 공공의)이어야 공연이라 할 수 있습니다. 그런데 사람이 어느 정도 모여야 공중이라고 할 수 있을까요? 저작권법은 불특정 다수인 또는 특정 다수인이라고 명시하고 있습니다(저작권법 제2조 제32호). 따라서 지하철역사에서 노래를 부른다면 지나가는 사람이 몇 명 되지 않아도 불특정 다수인을 대상으로 하는 것이므로 공연이 됩니다. 또 음악회에 입장권을 내고 들어온 청중 50명 앞에서 노래를 불렀다면 특정 다수인을 대상으로 한 것이므로 역시 공연이 됩니다.

④ 동일인의 점유에 속하는 연결된 장소에서 이루어지는 송신도 공연에 해당해요

예를 들어 한 건물 안에 연주실이 여러 개 있는데 그중 101호실에서 콘서트를 개최하기로 하고 초청장을 돌렸습니다. 그런데 청중이 몰려와서 자리가 부족해지자 바로 옆에 있는 102호실로 안내하고 마이크와 송신 장치를 연결하여 송신했습니다. 이 경우 101호는 물론이고 102호실에서 연주 소리가 들리는 것도 공연에 해당한다는 뜻입니다. 101호실과 102호실 모두 동일인(건물주)이 점유(관리)하고 있고 서로 연결되어 있기 때문입니다. 따라서 102호실도 공연 허락만 받으면 됩니다. 송신 장치를 쓴다고 해서 따로 전송이나 방송 허락까지 받을 필요는 없습니다.

송신이란 신호를 다른 곳으로 보내는 것을 의미합니다. 원래 공연은 송신이 아니라 직접 이용, 즉 현장에서 이루어질 때를 의미하는 개념이지만, 동일인의 점유에 속하는 연결된 장소에서 송신이 이루어진다면 그것까지는 공연으로 본다는 취지입니다.

⑤ 전송은 공연에서 제외돼요

전송은 쉽게 말해서 인터넷으로 송신하는 것을 말합니다. 따라서 예시한 사례에서 102호로 연주를 송신하는데 인터넷을 사용하면 그것은 공연이 아니라 전송이 됩니다. 따라서 101호에는 공연 허락을, 102호에는 전송 허락을 각각 따로 받아야 합니다.

📖 노래방 음악 재생 사건

노래방에서 음악 저작물을 재생하여 이용할 수 있도록 한 것도 공연에 해당한다는 판결이 있습니다. 법원에서는 "저작권법상 공연이라 함은 저작물을 상연·연주·가창·연술·상영 그 밖의 방법으로 일반 공중에게 공개하는 것을 말하며, 공연·방송·실연의 녹음물을 재생하여 일반 공중에게 공개하는 것을 포함한다. 여기서 일반 공중에게 공개한다는 것은 불특정인 누구에게나 요금을 내는 정도 외에 다른 제한 없이 공개된 장소 또는 통상적인 가족 및 친지의 범위를 넘는 다수인이 모여 있는 장소에서 저작물을 공개하거나, 반드시 같은 시간에 같은 장소에 모여 있지 않더라도 위와 같은 불특정 또는 다수인에게 전자장치 등을 이용하여 저작물을 전파, 통신함으로써 공개하는 것을 의미한다"고 하면서 "피고인이 경영하는 이 사건 노래방의 구분된 각 방실은 고객을 4~5인가량 수용할 수 있는 소규모에 불과하다. 그러나 피고인이 일반 고객 누구나 요금만 내면 제한 없이 이를 이용할 수 있는 공개된 장소인 위 노래방에서 고객들로 하여금 노래방 기기에 녹음 또는 녹화된 이 사건 음악 저작물을 재생하는 방식으로 저작물을 이용하게 한 이상, 피고인의 위와 같은 행위는 일반 공중에게 저작물을 공개하여 공연한 행위에 해당된다"고 판시했습니다(대법원 1996. 3. 22. 선고 95도1288 판결).

08-4 공중송신권
─ 방송, 인터넷 전송, 웹 캐스팅을 할 수 있는 권리

공중 송신이란?

공중 송신이란 "저작물·실연·음반·방송·데이터베이스를 공중이 수신하거나 접근하게 할 목적으로 무선 또는 유선 통신의 방법에 의하여 송신하거나 이용에 제공하는 것"을 말합니다(저작권법 제2조 제7호). 쉽게 말하면 공중 송신은 콘텐츠를 유무선 송신하는 모든 형태를 가리키는 넓은 개념입니다.

다만 공중 송신은 공연과 마찬가지로 공중(public)을 대상으로 하는 것이어야 합니다. 따라서 공중에 해당하지 않는 특정 소수인에게 행하는 송신, 즉 전화나 팩스, 이메일 등 포인트 투 포인트(point-to-point) 송신은 공중 송신에 해당하지 않습니다.

공중 송신에는 방송, 전송, 디지털 음성 송신이 포함됩니다. 이 3가지는 각각 별개의 권리입니다. 따라서 방송을 하려면 방송 허락을, 전송을 하려면 전송 허락을, 디지털 음성 송신을 하려면 디지털 음성 송신 허락을 각각 받아야 합니다.

방송과 전송의 구별

콘텐츠 산업 현장에서는 방송과 전송을 구별하는 것이 매우 중요합니

다. 저작권법상 **방송**은 "공중이 동시에 수신하게 할 목적으로 음·영
상 또는 음과 영상 등을 송신하는 것"을 말합니다(저작권법 제2조 제8
호). **전송**은 "공중의 구성원이 개별적으로 선택한 시간과 장소에서 접
근할 수 있도록 저작물 등을 이용에 제공하는 것을 말하며, 그에 따라
이루어지는 송신을 포함"합니다(저작권법 제2조 제10호).

쉽게 말해 이용자가 동시에 수신하면 방송, 각자 원하는 시간에 수신
하면 전송이라고 생각하면 됩니다. 즉, 공중이 동시에 수신해야 하는
것을 방송이라고 하고, 공중이 자기가 원하는 시간을 선택하여 수신
할 수 있는 것을 전송이라고 합니다.

KBS, SBS, MBC, EBS 같은 지상파 방송 프로그램을 TV를 통해 보는
시청자들은 방송 시간에 맞추어 모두 동시에 시청하게 됩니다. 그 시
간을 놓치면 재방송을 봐야 하는데, 재방송 역시 모든 시청자가 같은
시간에 보게 됩니다. 이것이 방송입니다.

이에 반해 같은 프로그램을 방송사 홈페이지에서 제공하는 인터넷
다시보기 서비스(VOD 서비스)를 통해서도 볼 수 있는데, 이때는 시청
자가 각자 원하는 시간에 볼 수 있습니다. 이것이 전송입니다. 즉 같
은 콘텐츠라고 하더라도 그것을 모든 이용자가 동시에 수신해야 한

 인터넷 TV는 방송일까요, 전송일까요?

IPTV 같은 인터넷 TV는 방송일까요, 전송일까요? IPTV에는 지상파 방송을 그대
로 재송신하는 것도 있고, 다시보기 서비스도 있습니다. 전자는 방송이고 후자는 전
송입니다.

다면 방송이고, 이용자가 각자 원하는 시간에 수신할 수 있다면 전송입니다.

팟캐스트, 웹 캐스팅 — 디지털 음성 송신

원래 공중 송신 개념에는 방송과 전송만 있었습니다. 그러다가 2000년대 중반부터 흔히 인터넷 방송이라고 하는 웹 캐스팅(팟캐스트) 서비스가 나타나면서, 이것을 방송 또는 전송 중 어느 영역으로 취급해야 할지 판단하기 어려운 부분이 생겼습니다. 이 문제를 해결하기 위해 2006년 저작권법의 공중 송신 개념에 디지털 음성 송신이란 새로운 형태의 송신을 추가했습니다.

저작권법은 디지털 음성 송신을 "공중으로 하여금 동시에 수신하게 할 목적으로 공중의 구성원의 요청에 의하여 개시되는 디지털 방식의 음의 송신을 말하며, 전송을 제외한다"고 정의했습니다(저작권법 제2조 제11호). 예컨대 인터넷에서 실시간으로 음악을 청취할 수 있게 해주는 비주문형(동시간형) 웹 캐스팅을 들 수 있습니다. 이런 서비스는 이용자(수신자)가 웹 사이트에 접속하거나 특정한 서비스 메뉴 등을 클릭함으로써 이용자의 수신 정보(IP)와 송신 요청 신호가 서비스 제공자 쪽 서버에 전달되어야만 송신이 개시됩니다. 이런 점에서 요청에 의해 개시된다고 하는 것입니다.

웹 캐스팅

웹 캐스팅은 웹(web)을 통한 방송(broadcasting)을 말하며 수신자가 비디오나 오디오를 선택하여 클릭하면 디지털 스트리밍 방식으로 콘텐츠가 전달됩니다. 웹 캐스팅은 주문형과 동시간형으로 구분됩니다. AOD(audio on demand) 또는 VOD(video on demand) 등 주문형 웹 캐스팅은 수신자가 원하는 시간에 이용할 수 있습니다. 방송사가 공중파로 방송하는 동일한 뉴스나 중계 프로그램을 실시간으로 내보내는 동시간형 웹 캐스팅(simulcasting)도 있습니다.

팟캐스트나 웹 캐스팅 같은 디지털 음성 송신은 온라인을 통해 실시간으로 음(음성·음향)을 서비스하고, 이용자는 흘러나오는 음을 실시간으로 듣는 것입니다. 디지털 음성 송신은 이용자가 동시에 수신한다는 점에서는 방송과 같고 전송과는 다릅니다. 그러나 송신이 방송사에서 일방적으로 이루어지는 게 아니라 이용자의 요청에 의해서 개시된다는 점, 즉 쌍방향적 성질을 가진다는 점에서는 전송과 같고 방송과는 다릅니다.

콘텐츠 서비스와 관련해서 방송과 전송을 구별하는 게 자주 문제가 되지만, 디지털 음성 송신과 전송을 구별하는 것도 자주 문제가 됩니다. 음원 서비스 사업자가 디지털 음성 송신 서비스를 하려면 저작인접권자(실연자, 음반 제작자)에게 보상금만 지급하면 되지만(저작권법 제76조, 제83조), 전송 서비스를 하려면 사전 허락을 받아야 합니다(저작권법 제74조, 제81조).

서비스 사업자로서는 자신의 서비스가 전송보다 디지털 음성 송신으로 취급되는 것이 유리합니다. 그런데 기술이 발달함에 따라 외형상으로는 디지털 음성 송신인 것처럼 보이지만 실제로는 전송과 거의 유사한 효과를 발휘하는 서비스가 가능해지고 있습니다. 이런 서비스를 디지털 음성 송신과 전송 중 어느 쪽으로 취급할 것인지와 관련하여 저작인접권자와 음원 서비스 사업자 사이에 이해관계가 크게 대립합니다.

이렇게 전송인지 방송인지, 디지털 음성 송신인지 구분하기 어려운 서비스가 자주 나타나기 때문에 아예 이러한 서비스를 **유사 전송**이라고 부르고 있습니다.

2014년 국내 음악 시장에 삼성전자의 음악 스트리밍 서비스가 출시되면서 큰 논란이 일어났습니다. 서비스의 성격이 전송인지 디지털 음성 송신인지, 어떤 이용 계약을 적용해야 하는지를 두고 날카로운 대립 상황이 발생한 것입니다. 이 서비스를 시작으로 국내 음악 시장에 새로운 기술로 무장한 유사 전송 형태의 신규 음악 서비스가 속속 등장함에 따라 저작권자와 유통 사업자 간에 갈등 상황이 점점 격해졌습니다.

음악 사용료는 한국음악저작권협회와 같은 신탁 관리 단체의 규정에 따라 정해지는데, 이런 신탁 관리 단체에서는 전송과 방송, 디지털 음성 송신의 사용료를 각각 다르게 부과하고 있습니다. 그런데 이런 유사 전송 서비스에는 어떤 사용료 규정을 적용해야 할지 모호했던 것입니다.

이에 한국저작권위원회의 주도로 '디지털 음성 송신 적격 요건'이라는 일종의 가이드라인을 도출합니다(2015. 5. 29.). 디지털 음성 송신으로 보려면 이 가이드라인에서 정한 요건을 충족해야 한다는 것입니다. 그 주요 내용은 다음과 같습니다.

디지털 음성 송신 적격 요건

① 동시 수신 회피 기능 금지

일시 정지 후 정지 시점에서 다시 듣기 기능, 곡 넘기기 기능, 곡 처음부터 듣기 기능이 포함될 경우 수신의 동시성이 충족되지 않으므로 전송으로 본다. 다만 기술적인 문제로 싱크로율에 차이가 발생하는 경우나 이용자가 없는 채널에 최초의 이용자가 접근할 때 채널에서 정한 순서대로 처음부터 재생되는 경우는 디지털 음성 송신으로 본다.

② 채널 편성 및 선곡 제한

- 채널의 편성은 3시간 이상이어야 한다.
- 특정 가수 또는 특정 앨범 위주로 채널을 편성하여 이용자가 사실상 특정 가수 또는 특정 앨범을 선택하여 청취하는 것과 유사한 효과를 갖는 경우에는 전송으로 본다.
- 지상파 방송사의 라디오 프로그램을 재편성 없이 송신하는 경우에는 디지털 음성 송신으로 본다.

③ 가수 또는 곡 검색을 통한 특정 곡의 청취 기능 금지

가수 또는 곡 검색으로 이용자가 특정 곡을 선택하여 청취할 수 있다면 전송으로 본다. 다만 가수 또는 곡 검색 결과 해당 가수 또는 곡이 포함된 채널만 보여 주는 경우라면 전송으로 보지 않는다.

④ 특정 이용자 1인만을 위한 채널 편성 기능 금지

특정 이용자가 자신만 듣기 위해 자신이 스스로 선택한 곡만 모아 채널을 구성할 수 있도록 하는 것은 이용자가 특정 곡을 선택하여 청취하는 것과 동일한 효과를 갖는다는 점에서 전송으로 본다.

이 가이드라인은 법적 구속력은 없습니다. 그러나 팟캐스트나 웹 캐스팅 같은 음악 송신 서비스와 관련하여 전송인지 아닌지 분쟁이 발

생할 경우 참고할 가치가 있습니다. 또 법원에서도 이 가이드라인은 중요한 참고 자료가 될 것입니다.

📖판례 프리 리슨 서비스 사건

"피고인들이 운영하는 사이트를 통하여 이용자인 공중이 방송하기와 방송 듣기의 두 방식으로 음원 청취가 가능하다. 방송하기는 회원으로 가입한 후 피고인들의 사이트에 업로드된 음원을 포함한 수많은 음원들 중에서 듣고 싶은(방송하고 싶은) 곡을 2곡 이상 선택하여 방송하기 버튼을 클릭하면 선택한 곡으로 이루어진 방송 채널을 생성할 수 있는 창이 뜨고, 채널명을 입력한 후 확인 버튼을 클릭하면 바로 듣는 것이 가능해진다. 방송 듣기는 그와 같이 생성된 수많은 방송하기 채널 중 특정 채널을 선택한 후 방송 듣기 버튼을 클릭하면 바로 방송 중인 음악을 듣는 것이 가능하다. 이 중에서 방송하기는 음원을 듣고 싶은 사람이 자신이 선택한 시간과 장소에서 자신이 선택한 음원을 처음부터 들을 수 있는 것이어서, 스트리밍 방식에 의한 주문형 VOD 서비스와 실질적 차이가 없는 점에서 전송으로 보아야 한다. 다만, 반드시 2곡 이상을 선택해야 하고 1곡을 반복해서 듣거나 듣고 있던 도중에 이를 중지하고 바로 다른 음원을 들을 수 없다는 한계가 있기는 하다. 그러나 듣고 싶은 2곡을 선택하고 방송하기 버튼을 클릭한 다음 반복 재생 버튼을 클릭하면 반복해서 2곡을 계속 들을 수 있으므로, 그러한 한계는 제한적이다"고 판시한 사례가 있습니다(서울남부지방법원 2013. 9. 26. 선고 2012노1559 판결).

함께 보면 좋은
동영상 강의

08-5 전시권 — 전시할 수 있는 권리

전시권이란?

전시는 미술 저작물 등의 원작이나 복제물을 공중에게 보여 주는 것입니다. 저작자는 미술 저작물 등의 원작이나 복제물을 스스로 전시하거나 다른 사람이 전시하는 것을 허락 또는 금지할 수 있는 권리를 갖습니다. 바로 저작권법 제19조에서 규정한 전시권입니다. 여기서 '미술 저작물 등'이란 미술 저작물, 건축 저작물, 사진 저작물을 말합니다. 따라서 기타 저작물에는 전시권이 적용되지 않습니다.

 디지털 아트는 전시일까?

전시는 원래 원본이나 복제물, 즉 유형물(물건)을 보여 주는 것입니다. 그런데 오늘날 디지털 아트라고 해서 원본이나 복제물을 통하지 않고 디지털 파일 상태로 컴퓨터 모니터를 비롯한 다양한 형태의 스크린, 심지어는 아무런 스크린도 없는 허공에 현시(顯示)하는 예술 형태가 나타나고 있습니다. 이러한 예술 형태가 저작권법에서 전시에 해당하는지, 아니면 다른 권리의 대상이 되는 행위인지 모호합니다. 만약 전시에 해당할 경우, 이러한 예술 작품을 보여 주려면 저작권자에게 허락받아야 합니다.

그러나 저작권법에서 전시는 어떤 기계나 전자 장치를 통하지 않고 유형물을 직접 관람할 수 있도록 진열하거나 게시하는 것을 의미합니다. 따라서 미술, 건축, 사진 저작물을 필름, 슬라이드, TV 영상, 또는 그 밖의 다른 장치나 공정을 통해 보여 주는 것은 공연의 일종인 상영에 해당한다고 봐야 합니다. 또한 그 과정에서 인터넷을 통하면 전송에, 방송을 통하면 방송에 해당합니다.

판례 **달력 사진 사용 사건**

달력에서 오려낸 사진을 액자에 넣어 병원 복도에 걸어놓아 사진 저작물의 전시권을 침해했다고 소송한 사례입니다. 이 사건에서 법원은 다음과 같은 점을 주목했습니다.

1. 달력의 사진은 달마다 계절의 특성을 시각적으로 표현하기 위해 날짜, 요일과 함께 게재되는데, 사진이 달력에서 분리되면 이러한 시각적 효과를 기대할 수 없을 뿐만 아니라, 분리된 사진으로는 날짜와 요일을 전혀 알 수 없으므로 달력의 일부라고 할 수 없고 단지 독자적인 사진 예술품으로 인식된다는 점

2. 달력을 판매할 때 전시를 허락한 직접적인 대상은 어디까지나 달력 전체이고, 그 안에 포함된 사진은 달력 전체를 하나의 저작물로 전시할 수 있는 범위 내에서 부수적으로 전시되는 것을 허락하는 데 불과하다는 점

3. 달력에서 사진을 분리하여 독자적으로 전시하면 달력의 일부로서가 아니라 새로운 사진 작품을 전시하는 것에 해당한다는 점

4. 인쇄 기술의 발달로 달력의 사진과 필름으로 인화한 사진을 구별하기가 쉽지 않다는 점

5. 원고가 사진 저작물을 대여할 때 액자로 전시하는 경우와 달력에 게재하는 경우를 구별하고 있는 점

앞의 내용을 종합하면, 원고는 사진을 달력에 게재하여 전시하는 용도로만 사용을 허락했다고 볼 수 있으므로, 달력을 구입한 사람들이 달력에서 사진만 오려낸 후 액자에 넣어 공중이 볼 수 있는 장소에 전시하는 행위는 허락된 범위를 넘는 것으로서 원고의 전시권을 침해한 것이라고 판시했습니다(서울중앙지방법원 2004. 11. 11. 선고 2003나 51230 판결).

08-6 배포권 — 배포할 수 있는 권리

배포권이란?

배포는 저작물의 원본이나 복제물을 공중에게 대가를 받거나 받지 않고 양도 또는 대여하는 것을 말합니다(저작권법 제2조 제23호). 이런 배포 행위를 통제할 수 있는 권리가 배포권입니다.

따라서 저작물의 복제물, 예를 들어 서점에서 구입한 책을 다 읽고 나서 중고 책으로 팔거나 빌려주는 것도 배포권의 대상이 되므로 저작권자의 허락을 얻어야 합니다. 그럼 중고 책을 판매하는 중고 서점이나 동네 도서 대여점은 어떻게 될까요? 이들은 수많은 중고 책을 팔기도 하고 빌려주기도 하는데, 그때마다 저작자에게 일일이 허락받지는 않습니다. 왜냐하면 배포권에는 최초 판매의 원칙이라는 중대한 예외 규정이 있기 때문입니다.

최초 판매의 원칙이란 저작권법 제20조 단서에 규정되어 있는 원칙을 말합니다. 저작물의 원본이나 복제물이 일단 저작

▶ 최초 판매의 원칙은 권리 소진의 원칙이라고도 합니다. 이는 최초 판매가 이루어지는 것과 동시에 배포권이 소진되어 버린다고 해서 붙인 이름입니다.

권자의 허락을 받아 최초 판매가 이루어지면 그다음부터는 배포권이 작용하지 않는다는 것입니다. 즉, 배포권은 저작물이나 복제물이 맨 처음에 판매될 때 한 번만 적용되며, 그 이후부터는 적용되지 않습니다. 서점에서 책이 처음 팔리는 순간에 최초 판매가 이루어진 것이므

로, 그 이후에는 배포권으로 금지할 수 없습니다.

 소리바다 사건

배포는 책이나 CD처럼 유형물을 양도하거나 대여하는 것을 의미합니다. 그러나 컴퓨터 파일은 유형물이 아니므로 내려받거나 보내면 전송일 뿐 배포는 아닙니다.

유명한 소리바다 사건의 항소심 판결에서는 이러한 입장을 따라 배포는 전송의 개념에 대비되어 저작물이나 복제물이 유체물 형태로 이동하는 것을 의미하며, 이용자가 특정 MP3 파일을 공유 폴더에 저장한 채 소리바다 서버에 접속함으로써 다른 이용자가 이를 내려받을 수 있게 한 행위는 그 자체만으로 MP3 파일의 양도나 대여가 있었다고 볼 수는 없어 배포에 해당하지 않는다고 판시했습니다(서울고등법원 2005. 1. 12. 선고 2003나21140 판결).

08-7 대여권 — 빌려줄 수 있는 권리

대여권이란?

배포권은 최초 판매의 원칙에 따라 크게 제한을 받습니다. 그 결과 책이나 비디오테이프, DVD 등을 대량으로 구입하여 일반인을 대상으로 빌려주는 대여점이 크게 늘어났습니다. 이런 대여점이 성행하면 저작자는 크게 손해를 보게 됩니다. 예를 들어 책이나 DVD를 100명에게 팔 수 있는데 대여점에서 1개를 구입해서 100명에게 빌려주면 저작권자는 99개를 팔 수 있는 기회를 잃어버리는 셈이 되지요. 이러한 손해로부터 저작권자를 보호하기 위해 최초 판매의 원칙에 다시 예외를 규정했는데 바로 대여권입니다.

저작권법 제21조의 대여권은 상업용 음반이나 상업적 목적으로 공표된 프로그램을 영리 목적으로 대여하는 행위에는 최초 판매의 원칙이 적용되지 않고 저작자의 허락을 받도록 한 것입니다. 다만 대여권은 상업용 음반(CD 등)과 프로그램에만 적용되며, 책이나 영상물 같은 저작물은 해당되지 않습니다.

그러므로 시중에서 판매하는 음악 CD나 컴퓨터 프로그램을 빌려주는 대여점을 운영할 수는 있지만, 먼저 저작권자에게 허락을 받아야 합니다. 그런데 음악 CD나 컴퓨터 프로그램을 대여해 주는 곳을 본 적 있나요? 우리나라에 그런 대여점은 없습니다. 만화, 잡지, 무협지 등을 빌려주는 도서 대여점이나 비디오테이프, DVD 등을 빌려주는 영상물 대여점이 있을 뿐입니다.

요즘에는 인터넷이 발달하면서 CD 등 음반을 직접 구매하는 것보다 유료로 음원 파일을 내려받거나 스트리밍하는 방식을 사용하고 있지요. 또한 도서나 영상 역시 대여점이 점점 줄어들거나 사라지고 있습니다. 도서 대여점은 특히 소설이나 만화, 무협지 등의 판매를 크게 감소시키는 측면이 있어 이 분야 작가들은 도서에도 대여권을 적용해 줄 것을 강력히 청원하고 있는 상황입니다. 만약 가뜩이나 영세한 도서 대여점이 저작자에게 허락받고 영업해야 한다면 결국 사용료를 내야 할 터이므로 사정은 더욱 어려워질 것입니다. 영화나 드라마도 넷플릭스 등이 나타나면서 인터넷을 이용해서 유료로 회원 가입을 하면 휴대전화로 얼마든지 자유롭게 시청할 수 있는 상황입니다.

함께 보면 좋은
동영상 강의

08-8 2차적저작물작성권
― 번역·편곡·변형·각색·영상화할 수 있는 권리

2차적저작물작성권이란?

2차적저작물작성권은 복제권과 함께 저작권 침해가 가장 많이 일어나는 매우 중요한 권리입니다. 복제는 원저작물과 똑같은 유형물(복제물)을 만드는 것이고, 2차적 저작물 작성은 원저작물과 똑같지는 않지만 실질적으로 유사한 저작물을 만들어 내는 것을 말합니다. 즉, 원저작물과 똑같이 만드는 것이 복제이고, 똑같지는 않지만 실질적으로 유사하게 만드는 것이 2차적 저작물 작성입니다.

따라서 저작자에게 허락받지 않고 원저작물과 똑같이 만들면 복제권 침해가 되고, 원저작물과 실질적으로 유사하게 만들면 2차적 저작물 작성권 침해가 됩니다. 전자는 불법 복제이고 후자는 표절이라고 생각하면 쉽습니다.

복제물은 원저작물과 똑같기 때문에 불법 복제물인지 아닌지는 누가 보더라도 비교적 쉽게 판단할 수 있습니다. 그러나 표절, 즉 실질적으로 유사한 것인지는 사람마다 생각이 다를 수 있어 판단하기 어렵습니다. 그래서 실제 재판까지 가는 경우는 표절, 즉 2차적 저작물인지 아닌지를 둘러싸고 다툼하는 경우가 대부분입니다.

▶ 표절 여부를 판단하는 기준은 셋째 마당 〈스페셜 05〉 '표절의 기준과 저작권 침해 여부 판단하기'를 참고하세요.

그동안 다양한 분야에서 표절과 모방에 관한 논란이 많았습니다. 예를 들어 디자인은 현대 사회에서 수많은 제품을 차별화하는 요인으로 작용해서 사람의 삶을 풍요롭게 하지만, "하늘 아래 새로운 것은 없다"는 말이 있듯이 세상에는 닮은 듯하면서도 다른 것들이 많습니다. 그래서 표적과 모방 문제로 분쟁이 일어나곤 합니다.

표절은 시나 글, 노래 등을 지을 때 남의 저작물의 일부를 몰래 가져다 쓰는 것을 말해요. 다른 사람의 작품을 마치 자신이 창작한 것처럼 공개하거나 사용하는 것을 뜻하지요. 그래서 법률적 용어보다는 윤리적·도덕적 개념으로 쓰입니다. 표절은 쉽게 판단하기 어려워 자신의 창작물을 지키려고 때로는 법정 싸움까지 하는 경우도 있습니다. 예를 들어 아이디어를 베끼거나 보호 기간이 만료된 저작물을 마치 자신의 아이디어, 작품인 것처럼 공개한 경우 등은 저작권 침해는 아니지만 표절한 것으로 볼 수 있습니다. 표절은 다른 사람의 저작물을 허락받지 않고 이용한다는 점에서는 저작권 침해와 비슷해 보이지만 약간 다르므로 잘 알아 둬야 합니다.

모방은 다른 것을 본뜨거나 본받는 것으로, 사회 집단 구성원 사이에 나타나는 의식적·무의식적인 반복 행위를 말합니다. 표절과 마찬가지로 법률 용어보다는 윤리 개념으로 쓰입니다. 그럼 표절을 판단하는 기준부터 알아봅시다.

표절을 판단하는 기준
그런데 저작물의 어떤 부분이 표절에 해당하는가 하는 문제는 사람마다 생각이 다를 수 있어서 판단하기 어렵습니다. 이처럼 모호하고 어려운 표절의 판단 기준은 무엇인지 알아보겠습니다.

다음 그림은 A라는 저작물을 조금씩 변형하거나 새로운 창작성을 더하여 A'''라는 또 다른 창작물로 만들어 가는 과정을 보여 줍니다.

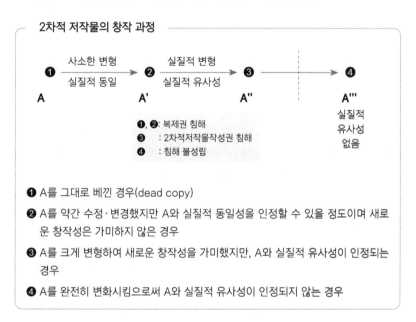

2차적 저작물의 창작 과정

❶, ❷: 복제권 침해
❸ : 2차적저작물작성권 침해
❹ : 침해 불성립

❶ A를 그대로 베낀 경우(dead copy)
❷ A를 약간 수정·변경했지만 A와 실질적 동일성을 인정할 수 있을 정도이며 새로운 창작성은 가미하지 않은 경우
❸ A를 크게 변형하여 새로운 창작성을 가미했지만, A와 실질적 유사성이 인정되는 경우
❹ A를 완전히 변화시킴으로써 A와 실질적 유사성이 인정되지 않는 경우

이때 ❶과 ❷는 A의 복제권을 침해한 것이고, ❸은 A의 2차적저작물작성권을 침해한 것입니다. 그러나 ❹는 비록 A를 기초한 저작물이지만 변경 정도가 심해서 A와 실질적 유사성이 없는 정도에 이르렀으므로 A의 저작재산권을 침해한 것은 아니며 A와는 별개로 완전히 독립된 저작물이 됩니다. 즉, 기존 저작물 A와 실질적 유사성을 상실하는 바로 그 순간부터 A'''는 완전히 독립된 저작물이 됩니다. 여기서 A'와 A''가 표절에 해당합니다.

저작권 침해, 즉 표절이 되려면 다음 4가지 요건이 필요합니다.

> **저작권 침해의 요건**
>
> 1. 저작권이 침해된 저작물이 창작성을 갖추고 있어야 해요.
> 2. 저작권 침해를 주장하는 자(원고)가 저작물의 저작권을 가지고 있어야 해요.
> 3. 피고 저작물이 원고 저작물을 모방해야 해요.
> 4. 원고 저작물과 피고 저작물 사이에 동일성 또는 실질적 유사성이 있어야 해요.

이 중에서 첫 번째와 두 번째 저작권 침해 요건은 앞에서 살펴보았으니, 여기에서는 세 번째와 네 번째 요건인 모방과 실질적 유사성을 살펴보겠습니다.

모방한 증거

저작권은 모방을 금지하는 권리입니다. 따라서 다른 사람의 저작물을 모방해야 저작권을 침해한 것이 됩니다. 만약 모방하지 않고 독창성 있게 만들었다면 당연히 저작권 침해에 해당하지 않겠죠? 다음 사례를 통해 창작물과 모방의 관계를 살펴보고 저작권 침해 여부를 판단해 보세요.

사례

드라마 대본에서 모방을 입증하지 못한 경우

A가 창작한 만화 〈바람의 나라〉를 B가 〈태왕사신기〉라는 드라마 대본을 집필하면서 침해했다고 해서 문제가 된 사례가 있습니다. 〈바람의 나라〉는 고구려 3대 대무신왕 무휼을 주인공으로 한 장편 역사 만화이고, 〈태왕사신기〉는 고구려 16대 광개토대왕을 주인공으로 한 드라마입니다.

〈바람의 나라〉와 〈태왕사신기〉의 주인공은 각각 다르기 때문에 시대적 배경도 수백 년 차이가 납니다. 그러나 두 작품 모두 주인공의 수호신으로 고구려 벽화 사신도(四神圖)의 청룡, 주작, 백호, 현무가 등장합니다.

이 사건에서 법원은 두 작품이 비록 유사하게 느껴지지만, 그것은 우리 민족의 문화유산인 사신도를 원고와 피고 둘 다 이용한 데서 오는 것이지, 피고의 작품이 원고의 작품을 모방한 데서 오는 것은 아니라고 하여 저작권 침해를 인정하지 않았습니다.

모방에 해당하지 않아 저작권 침해로 볼 수 없는 경우를 살펴보겠습니다.

모방에 해당하지 않아 저작권 침해로 볼 수 없는 경우

우연의 일치	모방하지 않았는데 단순히 우연의 일치로 저작물이 같은 경우 아무리 똑같아 보여도 저작권을 침해한 게 아니예요.
공통 소재 이용	공통 소재를 이용한 결과 유사한 저작물이 나왔다 해도 저작권을 침해한 게 아니예요. 예를 들어 이순신 장군을 소재로 한 영화를 만든다면 굳이 모방하지 않아도 위인을 다룬 영화는 어느 정도 유사한 작품이 나올 수밖에 없기 때문이죠.
공유 저작물의 이용	공유 저작물을 이용하면 모방하지 않아도 유사한 작품이 나올 수 있으므로 이 경우도 저작권 침해가 아니예요.

그렇다면 모방한 것을 어떻게 입증해야 할까요? 저작권 침해자가 모방 사실을 자백하지 않는 이상 저작권을 침해했다고 주장하려면 다음 2가지 방법이 있습니다.

① 접촉과 유사성

저작권 침해자가 저작자의 창작물에 접촉(access)했거나 접촉했을 개연성이 높다는 사실과, 두 저작물 사이에 유사성(similarity)이 있다는 사실을 입증하는 것입니다.

사례

드라마 〈여우와 솜사탕〉이 〈사랑이 뭐길래〉를 표절한 경우!

1991년 〈사랑이 뭐길래〉는 국민 드라마라고 할 정도로 인기가 꽤 높았습니다. 2001년 〈여우와 솜사탕〉 역시 큰 인기를 얻었어요. 그런데 〈여우와 솜사탕〉이 〈사랑이 뭐길래〉를 표절했다고 해서 저작권 침해 소송이 제기되었습니다.

원고 측에서는 〈여우와 솜사탕〉의 작가가 모방한 직접적인 증거는 없지만, 자신의 드라마가 국민 드라마라고 할 정도로 인기를 끌었으므로 피고가 이 드라마를 보았을(접촉했을) 개연성이 높다는 점과, 두 드라마 사이에 유사성이 있다는 점(등장인물의 성격이 비슷하고 갈등 관계가 유사함)을 제시하여 모방이 있었다는 점을 입증하는 데 성공했어요.

② 현저한 유사성

두 저작물 사이에 모방이 없었다면 발생하기 어려운 현저한 유사성(striking similarity)이 존재한다는 점을 제시함으로써 모방을 간접적으로 입증하는 방법입니다.

 사례 드라마에서 현저한 유사성을 입증한 사례

〈사랑이 뭐길래〉에서 모범생인 여자 주인공이 놀기 좋아하는 남자 주인공에게 "너 그렇게 놀기만 하다가는 나중에 행려병자로 죽을 거야"라고 말하는 대사가 나옵니다. 그런데 〈여우와 솜사탕〉에서도 여자 주인공이 남자 주인공에게 비슷한 상황에서 거의 같은 대사를 하는 장면이 나옵니다.

'행려병자'라는 말은 일상생활에서 거의 쓰지 않는데, 비슷한 상황에서 비슷한 대사가 나오고, 특히 행려병자라는 똑같은 단어를 사용한 점은 모방하지 않았다면 발생하기 어려운 현저한 유사성이라고 볼 수 있습니다. 〈여우와 솜사탕〉 사건에서 원고는 이런 점을 제시하여 모방이 있었음을 간접적으로 입증하는 데 성공했어요.

실질적 유사성

실질적 유사성은 쉽게 말하면 유사한 정도가 본질적인 특징이 공통될 정도에 이른 것을 말합니다. 그러므로 저작권 침해가 성립하려면 유사한 정도로는 부족하고 두 작품 사이에 실질적인 정도로 유사성이 있어야 한다는 것입니다. 바꿔 말하면, 작품을 창작할 때 기존 작품과 사소한 정도로 유사한 것은 저작권 침해가 되지 않는다고 보면 됩니다. 이처럼 저작권 침해가 되려면 모방과 실질적 유사성 이렇게 2가지 요건이 필요합니다. 이 2가지 요건은 서로 별개이므로 모두 해당해야 저작권을 침해한 것이 됩니다.

[첫째마당]
35쪽 02-1절
송영식 외 2인, 《지적재산법》, 세창출판사, 2018, 434쪽.

[셋째마당]
360쪽 06-3절
송영식 외 2인, 《지적재산법》, 세창출판사, 2018, 430쪽.

363쪽 06-4절
카토 모리유키(加戶守行), 《저작권법 축조강의》(4쇄 개정판), (사)저작권정보센터, 2018, 120쪽.

364쪽 06-4절
우치다 스스무(內田晉), 《(문답식) 입문 저작권법》, 신일본법규출판주식회사, 2000, 51쪽에서 재인용.

상표법 제34조(상표등록을 받을 수 없는 상표) 제1항 제1호에서는 "…파리협약 동맹국…의 훈장·포장·기장, 적십자·올림픽 또는 저명한 국제기관 등의 명칭이나 표장과 동일하거나 이와 유사한 상표…."

《판례시보(判例時報)》 1578호, 139쪽.

서울대학교 기술과법센터, 《저작권법주해》, 박영사, 2007, 221쪽에서 재인용.

367쪽 06-5절
카토 모리유키(加戶守行), 《저작권법 축조강의》(개정판), (사)저작권정보센터, 1994, 93쪽.

송영식 외 2인, 《지적재산법》, 세창출판사, 2018, 434쪽.

371쪽 06-6절
코이즈미 나오키(小泉直樹) 외 3인 편, 《저작권 판례 100선》, 유히카쿠(有斐閣), 2019, 56쪽에서 재인용.

374쪽 06-7절
우치다 스스무(內田晉), 《(문답식) 입문 저작권법》, 신일본법규출판주식회사, 2000, 71쪽.

375쪽 06-7절
저작권심의조정위원회, 《연극·영화 관련 저작권 문답식 해설》, 저작권심의조정위원회, 1991, 101쪽, 104쪽.

376쪽 06-7절
허희성, 《2011 신저작권법 축조개설(하)》, 명문프리컴, 490쪽.

384쪽 06-7절
이해완, 《저작권법》, 박영사, 2013, 740~741쪽.

427쪽 08-4절
이해완, 《저작권법》, 박영사, 2013, 342쪽.

429쪽 08-4절
김동희, 〈신규 음악 송신 서비스 관련 저작권 상생협의체 운영 경과 보고서〉, 한국저작권위원회, 2015.

439쪽 스페셜 05
법원에서는 "어떤 저작물이 기존의 저작물을 다소 이용하였더라도 기존의 저작물과 실질적인 유사성이 없는 별개의 독립적인 신 저작물이 되었다면, 이는 창작으로서 기존의 저작물의 저작권을 침해한 것이 되지 아니한다"라고 판시했습니다(대법원 1998. 7. 10. 선고 97다34839 판결).

저작권법 둘러보기

저작권법 전문은 국가법령정보센터(http://www.law.go.kr/)에서 '저작권'을 검색하면 살펴볼 수 있습니다. ★는 2020년 2월 4일 일부 개정 또는 신설된 규정을 표시한 것입니다.

출처: 국가법령정보센터, 2020. 4. 29.

찾아보기